JN123669

JAPANESE PSYCHOTHERAPIES TODAY

あたらしい日本の心理療法

臨床知の発見と一般化

池見　陽　浅井伸彦 編
Ikemi Akira　Asai Nobuhiko

遠見書房

はじめに

　本書『あたらしい日本の心理療法』という書籍を執筆するにあたって，共同編集者である池見陽氏より以下のような問いを賜った。

　「あたらしい日本の心理療法」でいいのでしょうか？　「あたらしい」が「日本」にかかっているように読めます。心理療法にかかるなら,「日本のあたらしい心理療法」となるのではないでしょうか？

　これは，森田正馬の森田療法，吉本伊信の内観療法，成瀬悟策の臨床動作法の3つを指す言葉として使われてきた「日本の心理療法」を修飾するために，形容詞の「あたらしい」を添えた言葉である。心理療法，カウンセリング，あるいはメンタルヘルスに興味関心をお持ちの方であれば，これら3つの「日本の心理療法」について多少なりとも名前を聞かれたことがあるだろう。
　森田療法は1919年に，内観療法は1940年代頃に，そして臨床動作法は1960年代頃に作り出され，今や日本生まれの三大心理療法として国際的にも広く知られている。認知療法や行動療法が1950〜60年代頃に創始されたことを考えると，非常に早い時期に生まれてきた。昨今，認知療法や行動療法はその第3世代として，マインドフルネス（第2世代は認知行動療法といわれる）が世界の趨勢のひとつとなってきていることに加え，Sigmund Freudから始まる精神力動的な心理療法にエビデンスを見出していっていることなど，「心理療法」の世界でも時代が変遷していっている様子がうかがえる。そんな中，「日本の心理療法」についてはどうだろうか。いわゆる「日本の心理療法」に関しては，少なくとも書籍ベースでは，（私の単なる主観かもしれないが）上記3つの心理療法で時代が止まってしまっているかのようにも見える。数年前にアメリカやヨーロッパ，アジアの各地に国際学会への参加のため赴いた際，何度も各国で現地の書店を訪れた。そんな時に決まって行くのは臨床心理学や心理療法のコーナーであるが，そこでも前述した3つの心理療法のみ簡単な記述が見られるにとどまり，ほとんどの書籍には日本の心理療法に関する記述自体が見当たらなかった。アメリカで3〜4年に1度行われているThe

Evolution of Psychotherapy Conference（心理療法の進化会議）で，The Milton H. Erickson Foundation の代表を務める Jeffrey Zeig と話したり，その他の参加者と話した際も，私のことを日本人と見て話題に出されるのはその3つのいずれかであった。日本人の認識ですら，これら3つの心理療法＝「日本の心理療法」なのだから，他国でも当然これら3つの心理療法が知られているのがせいぜいであろう。では，本当に日本の心理療法とはこの3つしかないのだろうか。日本でも数々の臨床実践がなされてきており，独自の考え方や心理療法，工夫がなされてきた。それらは単なる欧米からの輸入にとどまってはいない。

　さて，ここまでこの「はじめに」に，「日本」という言葉を何度使ってきただろうか。これを読まれている方は，私が，日本に対しての愛国心や愛着から，日本での発祥というものにこだわっているように感じられたかもしれない。もちろん私には日本に対して愛着がないわけではないが，何も日本にこだわりたい気持ちから本書を編集しているわけではないということを釈明したい。ここで，本書を編集するにあたって関心を持っている3つの事柄についてシェアしたい。

①日本人＊が日本で心理臨床を行うにあたり，クライエントの多くが日本人であること
②言語，地理，文化的側面（また時差の側面）から，日本から外部への発信が制限されやすいこと
③こころを扱うということの複雑さ，こころの健康（メンタルヘルス）の特殊性

　このうち③については，第1章で詳しく述べたい。よって，ここでは①と②について言及することとする。まずは①について。Freud から始まる心理療法の多くは欧米からの輸入によるものであり，さらに昨今の比較的新しい心理療法の流れもまたそうである。それに対して，日本人が日本で心理療法を行う対象となるクライエントの多くは，日本人である。これまで欧米において生み出されてきた心理療法が，

＊「日本人」が定義するところは難しい。単に日本語を母国語とする日本語話者であっても，それだけでは日本人であることにはならないし，日本という島国で生まれ育つことがその絶対的な条件でもない。日本文化はさまざまな文化から数多くのものを取り入れてきたため，純粋な日本文化とは何かということについては曖昧といわざるを得ない。それと同様に，日本人という概念自体も操作的定義に過ぎないが，ここでは言語による合意がなされていると仮定して「日本人」という言葉を便宜的に使用する。

日本文化の中で，あるいは日本人に対して，同じように通用するかというと，同じように通用する部分もあれば，そうでない部分もあろう。私は家族療法をこれまで専門として学び実践を行ってきたが，家族療法で対象となる「家族」は，欧米との違いが大きく見られるところかもしれない。イエ制度，ムラ社会，ウチとソトという言葉で表されるような日本文化（あるいは日本という地域で生じている固有の現象など）を前提に，日本という文脈において心理療法，ひいては人のこころについて考えることは非常に重要であると考えられる。当然，英語と日本語の文法構造に真逆の部分が多いように，欧米と日本（あるいはアジア）とを対比させることで，何か新しい視点が見えてくる可能性は十分にある。

　次に②について。日本では英語話者が少なく，また地理的にも島国であることから，「日本に住む日本人」として，他国との交流が難しかったという側面がある。ここ数十年においては日本においてもグローバル化が進み，インバウンドやアウトバウンドが増えているとはいわれるものの，比較的には日本人の海外や外国語に対する心理的障壁は低くないことがうかがえる。実際に国際学会に参加しても日本人と出会う確率は極めて低い。（先日，2021年11月に，ダイアローグにかかわる日本発信の新しいオンライン国際会議の実施運営を試みた。その際に感じたこととしては，インターネットを介することで海・国境を越えて，また同時通訳を利用することで，言語を超えての交流が可能である一方で，日本が英語圏（主にヨーロッパやアメリカ）と地理的に離れていることから，共通言語としての英語での国際会議であるにもかかわらず，時差によって時間帯をどう設定するかが非常に悩ましかった。）

　以上のように，本書では日本において日本人のクライエントに対して行っている工夫，それによって生み出されてきた心理療法の数々について，まずは日本人向けに発信を行うことで，日本で独自に行われる工夫の可能性を読者のみなさまと共有したい。また，遠くない未来には本書の内容を日本国外へ向けても発信できればと願う。さらに，このような試みが，こころの健康（メンタルヘルス）という複雑なものに対する新たな視点を形成していくことで，多様性を持ったヒューマニスティックな心理支援へとつながることを期待している。

　2022年9月

一般社団法人国際心理支援協会　代表理事　浅井伸彦

目　次

あたらしい日本の心理療法

第1章
「標準心理臨床」は存在するか？

浅井　伸彦

I　はじめに

　こころの健康（メンタルヘルス）とは，いったい何のことを指しているのであろうか。冒頭から大きな問いではあるが，あえてここから始めることとしたい。（主に身体に関する）医療には，「標準治療」という概念がある。標準治療とは，エビデンス（科学的根拠）の観点から，科学的に推奨される治療のことをいう。だが，精神科医療，あるいは心理臨床においては，身体医療と同じように捉えることは困難に思われる。バイオ・サイコ・ソーシャルモデル（生物心理社会モデル）という言葉が表すように，折衷・統合的なアプローチは医学（生物学）的，心理的，社会的といった複数の側面から行われてきている。またエビデンスに基づいたアプローチの重要性については公認心理師試験などでも説かれているが，これらで十分たり得るほどひとのこころはそう単純ではない。

　通常，エビデンスといわれるときには，統計学的に測定された数値がその根拠として用いられることが多い。不安や抑うつといった構成概念を，数値によって測定することに限界があることはもちろん，そもそもひとのこころとは何なのか，どのようにしてこころは生じるのか，メンタルヘルスとは何なのかといった数多くの問いが解決されないまま，精神医療や心理臨床は今も行われている（そもそも解決という言葉がふさわしいかもわからない）。とはいえ，本章は，このような数多くの問いをそのままにした状態で行われる精神医療や心理臨床に対する批判では決してない。むしろ，このようないつでも曖昧なままである心と，どのようにして向き合うかを考えた場合，「標準心理臨床」という言葉があるとすれば，それは一体何を指す

のだろうかという新たな問いを，本章における論考の出発点としたい。

　さて，本書のタイトルは「あたらしい日本の心理療法」である。にもかかわらず，ここでは「日本の」や「心理療法」どころか，「ひとのこころ」や「標準心理臨床」という壮大なテーマを持ち出している。結論からいうと，その多様性あるこころに向き合うには，全世界全国共通のエビデンスベースドな心理療法だけではなく，多様性のある心理支援が必要であると考えている。その中の多様性のいくつかとして，また日本という土地柄あるいは日本人の言語や文化，関係性という特殊性を持つアプローチとして，日本での心理療法の発展可能性・発展の必要性について，ここでは述べたい。

　では，ここで本論に入る前に，このような書籍を編集するに至った私自身の経歴について，簡単に紹介をしておきたい。大学学部時代は社会学部社会学科の産業心理学専攻（今では名称が変わり心理学専攻になっている）で臨床心理学を含む心理学や精神医学を学び，大学院では家族療法やブリーフセラピーを中心に学んできた。大学や大学院では，人間性心理学を専門とする先生方からも学ぶ機会をいただくなど，精神分析や認知行動療法といったメインストリームではないところから自分の臨床は始まったように感じている。システムズアプローチによる家族療法の臨床をメインにしながらも，その後 EMDR（Eye Movement Desensitization and Reprocessing）や TFT（Thought Field Therapy）などのトラウマケアに興味を持ち，臨床催眠，ブレインスポッティング，ソマティック・エクスペリエンシング® など，トラウマケアに関する複数の技法の習得と，ナラティヴ・セラピーやオープンダイアローグといった社会構成主義的な考え方へと興味が向かっていった。その他にも，マインドフルネスやポジティヴ心理学，また本書でご執筆いただいているアプローチについても，この流れの中で学ばせていただいた。ひとのこころや，ひとの関係性への興味は未だ尽きることを知らず，あくまで理解の途上でありながらも，個人的に考えてきたことについて述べたい。

II　分かつことのできない身体とこころ

　心身一如という言葉があるように，また心身医学でその対象とされるように，こころと身体は決して分けることはできない。むしろ私たちが「こころ」や「身体」という言葉によって，これらは全く別物として捉えられやすくなっているが，元来一つ（心身一如）であるといえる。生物心理社会モデルという言葉も，この言葉を

用いる時点で生物と心理，社会とを分離して「分けて」捉えることを余儀なくされている。

　不安や恐怖などの精神症状＊は，身体への大きな影響をもたらす。例えば不安になれば「胸がモヤモヤする」かもしれないし，また恐怖を感じれば「肩がすくむ」かもしれない。ジェームズ＝ランゲ説では，「悲しいから泣くのではなく，泣くから悲しいのである」としているが，「不安だから胸がモヤモヤするのか，胸がモヤモヤするから不安なのか」，あるいは「怖いから肩がすくむのか，肩がすくむから怖いのか」ということも同じように考えられる。これらは「一方が原因で，もう一方が結果」という直線的な関係ではなく，ある意味この関係は円環的にも捉えられるし，両方がセットとして同時発生的に存在しているとも捉えることができる。よくわからない「こころ」というものを視覚的に示し，理論化した Sigmund Freud の功績は大きいが，それと同様に，こころと身体の関連性からエネルギーとして捉えた Wilhelm Reich，その Reich から始まるエネルギー心理学を応用したソマティック（身体的）なアプローチが発展したこともある意味必然であり，重要な指摘であった。本書で取り上げられてるボディ・コネクト・セラピー，タッピングタッチは，そのようなソマティックな観点から心へとアプローチしたものであり，またオリジナルは日本由来ではないが，Eugene Gendlin のフォーカシングもまた出自は違えど，ソマティックな観点を重要視したことは同じである。本書では，池見が開発したフォーカシングの方法として，エイジアン・フォーカシング・メソッズが紹介されており，それも参考にされたい。

Ⅲ　人間のリソースとしてのイメージ

　非常に個人的な話ではあるが，私が大学生や大学院生のとき，イメージ療法や催眠療法，EMDR などに対し，懐疑的であった。それは，単なる無知からくるものであり，未熟ながらもそれまでの生活の中で手にしてきた知識からのバイアスによるものであった。当時は，あくまで無知と「イメージするだけで〜はずがない」「暗示を与えるだけで〜はずがない」「目を左右に動かすだけで〜はずがない」という決めつけによって，学びの可能性を閉ざしてしまっていた。現在でこそ，イメージや催

　＊　ここでは便宜的に「精神症状」や「身体症状」という言葉を用いるが，まさにこのような言葉が作られ，用いられることで，それらは現実にあるものとして捉えられるようになったといえる。

眠，EMDR を臨床の中で扱うようになったが，EMDR をはじめとするトラウマ臨床の中で，イメージや催眠の重要性を感じるようになった。当時，「イメージするだけでは……」とどこか軽視していたように思うが，それこそが自分の想像力の欠如であった。

　さて，人には感情と感覚，思考（あるいは認知），そしてイメージという外界を捉えるさまざまな仕組みがある（インプット）。また，自らの内界にあるものを表現し，外界に働きかける仕組みとしては，行動・運動，反射運動，言動（言語）などがある（アウトプット）。これらはさらに細分化することもできるが，このことは世界を言語によって定義づけているに過ぎず，このような言語によるカテゴリー化には限界がある。このことについては本論とは外れるため，別の機会に改めたい。これらを用いる能力には人によって大きく差があり，感情や感覚を感じる力が著しく高い人もいれば，論理的，あるいは抽象的に思考する能力が高い人もいる。当然ながら，イメージする力が高い人も，そして低い人もいることから，イメージする力が比較的低い（であろう）私には，イメージを有効に扱うことのできるイメージが持てなかったのである。

　イメージする力が高い人の用いる「イメージ」は，良くも悪くも大きく作用する。例えば視覚的イメージがトラウマ記憶として残ることは，イメージ力が作用した結果として症状を作り上げたともいえるし，イメージに対して対抗できる最も有効な手段の一つはイメージであるとも考えられる。イメージ力がトラウマの形成に大きく関わっているのならば，イメージ力をもって対抗をすることは一考に値する。先にソマティックな視点について述べたが，身体感覚としてトラウマが残っているのならば，身体感覚を持って対抗をする。ある意味当たり前のことではあるが，目には目を歯には歯を，イメージにはイメージを，である。得意不得意こそあれ，多かれ少なかれイメージ力は誰にでもあり，クライエントの持つ力を有効活用できる環境を提供するには，セラピストも向き合う必要があるのかもしれない。本書で紹介されているホログラフィートークは，そのイメージ力を有効活用するための一つのコンテクストとして有用である。John G. Watkins らによる自我状態療法の亜流ともいわれるが，催眠を用いなくても行える（クライエントが持つイメージ力を含めた）リソースを信頼した技法であるといえよう。

IV　自然と自己治癒力

　1928年，Alexander Fleming によるペニシリンの発見が現代医学に与えた影響は大きいとされる。ペニシリンは人類が生み出した最初の抗生物質であり，これによって多くの感染症患者が救われた。西洋医学の発展により，東洋においても西洋医学が，現代における標準治療への道を進んだ。抗生物質が使えるようになったことが医療の大きな進歩となったことは言うまでもないが，このように「科学的に身体の構造や病気を解明する」ということが主流になったことは，どこか身体が元来持つ力への信頼を薄くしてしまった感も否めない。骨折した時の骨の癒合，手術（切除・縫合）後の回復は身体が持つ力なしでは生じず，回復の主体はあくまで身体の持つ自己治癒力（自然治癒力）なのである。現代医学は，身体に対しても完璧なものではなく，自己治癒力が十分に発揮されるための補助を，医学がしているに過ぎない。歯科の虫歯治療にしても「虫歯を治す」という言葉が用いられるものの，実際には虫歯に侵食された部分を削り取り，代替となる詰め物や（銀歯やセラミックなどによる）カバーで形を整えることを「治す」と呼んでいるのである。一度失われた歯は再生しない（再度生えてはこない）し，腕が切断してなくなってしまえば，腕そのものは再生できない（再度生えてはこない）ため，義肢を用いる。つまり，抗生物質や手術などによって我々が受けている恩恵は計り知れないのだが，決してそれに妄信的になるのではなく，別の角度，つまり自己治癒力という観点から考えることも忘れてはいけない。忘れてはいけないどころか，自己治癒力があってこそ成り立っているといえよう。医学において，自己治癒力を中心においたものが東洋医学であり，例えば漢方薬は自然の中に存在するもの（生薬）を元とし，東洋医学で気血水と呼ばれる構成要素のバランスを整えることで，自己治癒力を賦活している。

　さらに壮大な話になるが，この世界は絶妙なバランスを持って造られている。ほんの少しでも地球の軌道が変われば，地球は生物が生きられないところになる。また潮は毎日満ち引きを繰り返し，季節は春夏秋冬を繰り返し，氷河期と間氷期のサイクルは大きく変わることなく続いていく。人間に限らず，すべての動植物の構造は複雑怪奇で，未だに人間の頭や技術では人工的に動植物を造ることは不可能である。身体構造で考えた場合でも，ホメオスタシス（生体恒常性）によって，血圧や体温，体液の浸透圧などは「ゆらぎ」ながらも，一定に保たれている。また脳の可

塑性にしてもそうである。脳の一部が機能を失ったとしても，その部位が本来担当していた機能を別の部位が大なり小なり補うことができるなど，心身が持つ自己治癒力の働きの不思議さを語るには，枚挙にいとまがない。また，身体を構成する5大栄養素（タンパク質，脂質，糖質，ビタミン，ミネラル）は自然界から摂取できるようにあらかじめ用意されている。うまくできすぎてはいないだろうか？あたかもマンガやゲームの世界だ。前もって攻略するためのアイテムやイベントは用意されているかのようだ。だが，この世界はマンガでもゲームでもなく「リアル」である。この絶妙にバランスの取れた「リアル」な世界はたしかに此処にある。すべての基礎的なものはこの世界に用意されていると考えられる。

　ここまでは身体医学に関して話を進めてきた。精神医学あるいはメンタルヘルスに関してはどうだろうか。精神医学においては，1952年にクロルプロマジン，1957年にイミプラミンが発見された頃から（さらに早くには，1940年代にリチウムの抗躁薬としての効果が発見されている），西洋医学において向精神薬の開発が盛んに行われ出した。それ以来，向精神薬による治療が精神科での第一選択となっている。特に1988年に抗うつ薬として，SSRIであるプロザック（一般名：フルオキセチン）が席巻してから，SSRIはうつ病に対する第一選択薬となるばかりでなく，不安症や強迫症においても第一選択薬となり，世界中でSSRIをはじめとした抗うつ薬が大量に処方され続けている。東洋医学においても，抑肝散や半夏厚朴湯，加味逍遥散などの漢方薬が精神症状に用いられ，その有効性が認められる。ただし，SSRIなどの向精神薬が使えなかった場合や，その補助として使われるにとどまるなど，漢方薬の薬効を感じにくいという人も少なくない。鍼灸など経絡へのアプローチも東洋医学に由来するものであり，本書で紹介されているボディ・コネクト・セラピーやタッピングタッチも経絡へのアプローチという考え方が色濃く反映されているといえよう。

　上述のように，精神医学においては向精神薬の開発やそれらの組み合わせ（カリフォルニア・ロケットなど）ということが注目されてきた。また心理療法（あるいは精神療法）では，FreudやCarl G. Jungらによる独自の理論化，認知行動療法のような形で認知モデル・行動モデルなどのモデル化，家族療法やナラティヴ・セラピーのような関係性や視点の変化による問題維持構造の変化など，さまざまな形で「こころ」へのアプローチが試みられてきた。まさに百花繚乱といえよう。ここで今一度，以下のことを踏まえて，自己治癒力（自然治癒力）ということについて考えてみたい。

- 身体とこころとは分けることはできない
- すべての基礎的なものは，世界にあらかじめ用意されている
- こころや現実は，成長と社会における（言語使用を含めた）関係性の中で構成される

　私たち人間，ひいては動物としては，「幸せに生きる」ことよりも「生存する」ということに重きが置かれている。原始時代，あるいは野生動物のことを考えてみれば自明であるが，この世は適者生存であり，環境・状況に適応できなかった場合には生きていけない。食物連鎖という意味では，人間はあたかもその頂点にいるようも思えるが（人間を食糧として生き延びる種がいないため），他の種に食糧とされるという危険性に限らず，他の種（あるいは同種）に攻撃され，生き延びることができないという事態はいくらでも起こりうる。そのため，生存戦略として危険を避けるように造られていることを考えると，「恐怖」や「不安」といったネガティヴな感情や「痛み」「不快感」などの感覚が，「楽しさ」「嬉しさ」といったポジティヴな感情や「快感」といった感覚よりも強いのは当然である。

　そのため，人間が生き延びるためには，ネガティヴな感情・感覚は完全になくすべきものではない。これらは生き延びるための「警告」であり，それに圧倒されてしまわない限り，本来的に必要なものである。ただ，時折その「警告」は強すぎる，あるいは多すぎるストレッサーやトラウマティックなストレッサーにより，躁状態や焦燥，過度な不安など精神の過活動，抑うつや無気力といった過鎮静を起こしたり，解離や行動化，認知の変容を引き起こす。それらは持続することで一部が「精神症状」と呼ばれ，一部は Freud によって防衛機制とも呼ばれた。また，認知行動療法の用語でいえば，コーピングの一種であるともいえる。そのような自然な生存戦略としての精神症状を元の状態に戻す方法は，世界にあらかじめ用意されていると私は考えている。具体的な提案については後に少しだけ触れたいが，その前に個人という単位を超えた二者以上から成る関係性について述べたい。

Ｖ　関係性における安全と安心

　家族療法，特にシステム論的家族療法では，コミュニケーションの相互作用する人間同士の関係性の単位をシステムと呼んでいる。例えば，コミュニケーションの

相互作用は二者以上の人間の間で行われるため，その関係性をカップルシステム，家族内の関係性を家族システム，そしてセラピストとクライエントの間で行われる関係性をセラピスト－クライエントシステムと呼ぶ。ひとが持つ感情や感覚，思考などについてはすでに触れたが，主観を持つ個人だけを単位として考えるのではなく，このように「システム」という相互にコミュニケーションを継続する関係性をも単位として考えることは有用である。

　あらゆる動物の中で，人間のみが言語を扱えるように設計された。人間は「言語」を手に入れることによって，社会や文化というものを生み出した。言語を用いたコミュニケーションが生まれたことも，偶然ではなく必然である。つまり，人間という動物が言語を扱えるように設計されている以上，人間は「言語を用いたコミュニケーションを続けながら，他者とともに生きること」が前提となっているのではないだろうか。例えばスティルフェイス実験という実験がある。乳児とその母親が交流している間に，母親が無表情になった場合，乳児がどのように反応するかを見る実験である。この実験の結果では，母親が無表情になった直後，瞬時に乳児の表情が変わり，母親の表情の変化を取り戻そうと試みる様子が見られている。その他，Daniel Stern のいう情動調律という言葉でも表されるように，人間の成長や回復を考えるにあたって，この関係性という観点は決して外せないものといえる。

　オープンダイアローグの姉妹版ともいえる未来語りのダイアローグ（アンティシペーション・ダイアローグ）の開発者である Tom Arnkil は，対話を安全・安心に行えるダイアロジカル・スペース（対話的空間）の重要性を問うており，これは本書で紹介している松木の催眠トランス空間とも合致する。また，トラウマケアにおいても安全・安心な場所を作ることは非常に重視されている。このような他者との安全で安心できる関係性の構築そのものが，自己治癒力を存分に発揮させるには重要なのである。

VI　自己成長力と自己治癒力

　次に，このような自然や人間中心のアプローチを行った先駆者の一人として，Carl R. Rogers の話題を提示したい。Rogers は，いわずと知れたパーソンセンタード・アプローチの創始者であり，Abraham Maslow らと並ぶ人間性心理学のリーダー的存在の一人でもある。彼の人間観として十分機能する人間（fully functioning person）という言葉が使われる。人間は元来，自己成長することができ，治療的パ

ーソナリティ変化のための必要十分条件さえあれば，クライエントは自らを維持・強化できる実現傾向（actualizing tendency）を備えた存在であるとしたものである。この 6 条件のうちセラピストの態度にかかわる 3 条件のことを特に中核三条件（受容・共感的理解・一致）と呼んでいる。彼は人間の力を強く信じており，彼はある意味人間の自己治癒力を促進させることを，自らのセラピーの中で体現していたのかもしれない。

　次に，Rogers とは全く正反対のようにも捉えられる，通称「砂漠の魔術師（Wizard of the Desert）」Milton Erickson について述べたい。Erickson は 20 世紀最大の心理療法家とも呼ばれ，現代催眠（通称エリクソン催眠）の創始者である。Erickson の経歴の詳細については他書に譲るが，彼の天才的な臨床を学ぼうと何人もの臨床家，研究者が彼の元を訪れた。臨床において，彼の患者（彼は医師であるため，あえてここでは患者と呼ぶ）にした質問に対し，「なぜ，あなたはそのように言ったのですか？」とある人が尋ねたところ，「それは，彼（彼女）にそれが必要だったからだ」と答えたという話は有名である。彼はその鋭い観察力と経験から，目の前にいる患者の必要とする言葉や状態，課題を見つけ出して提示することができたという。その Erickson が，晩年 Rogers に関して「彼は私に似ている」と言っていたという話がある。このように Rogers も Erickson も，人間の持てる力が発揮されるための環境，文脈を生成していたと考えることができるかもしれない。

　Erickson の臨床は，あまりに天才的であったがために（そして彼の持っていたポリオなどの重篤な身体障害，生育歴，たゆまぬ努力があったために），決して誰もが真似できるものとはいえなかった。また，Erickson も自身のセラピーを体系化することを好まなかった。そのため，多くの臨床家，研究者たちがこぞって彼の臨床を研究し，その影響を大いに受けて，家族療法やブリーフセラピー，エリクソン催眠が作られていった。

　ここで一旦，私自身の話に戻ろう。私は前述のように家族療法やブリーフセラピーから臨床を始め，人間性心理学やトラウマケアの影響も受けつつ，家族療法由来のフィンランド発のアプローチであるオープンダイアローグの国際トレーナーとなった。オープンダイアローグのトレーナーズトレーニングを，フィンランドで 2 年間にわたって学んできた中で気づいたことがある。それは，オープンダイアローグが非常にベーシック・エンカウンター・グループと似ているということである。また，それに加えて Harlene Anderson のコラボレイティヴ・アプローチは，Rogers のパーソン・センタード・アプローチと非常に似ている。

　Erickson の臨床は，他の臨床家，研究者らによって，家族療法やブリーフセラピーといったセラピーに再構築されていき，それがナラティヴ・アプローチやダイアロジカル・アプローチとして脱構築されてきたことで，それらナラティヴ，コラボレイティヴ，あるいはダイアロジカルなアプローチは，Erickson に似ているといわれた Rogers のパーソン・センタード・アプローチや，ベーシック・エンカウンター・グループが元来示してきたものへと回り回って，戻ってきたのではないかと考えている。

　さて，そろそろ自己治癒力のところまで話を戻そう。オープンダイアローグは対話という形式を用いた自己治癒力を賦活させるアプローチではないかと考えている。前述のように，人間が「言語を用いたコミュニケーションを続けながら，他者とともに生きること」が前提となっているのであれば，一対一の閉鎖された特殊な関係性の中で行う操作的なセラピーよりも，精神的に危機的な状況で，安全で安心な関係性の中（ダイアロジカル・スペース），複数人で対話するということの方がはるかに自然であり，そのことによって自己治癒力を賦活させる方法であるのではないだろうか。

　さらに未完了の動作を完了に導くソマティック・エクスペリエンシング® や，いまここの身体感覚の気づきに向けるマインドフルネスは，同じく nature oriented なアプローチであると感じている。昨今注目されているポリヴェーガル理論も，本来動物に備わっている自律神経系の力を表すものといえる。以上のように，人間の頭で考えて薬や心理療法を開発していくのみならず，元来大切にされてきた自然にあったもの，自己治癒力というところへと立ち返るべきなのではないだろうか。

VII　多様性と愛

　さて，ここまで自然へと還る考えの重要性について述べてきたが，これは人間によって開発されたものを否定しているわけではない。むしろ，オープンダイアローグにおいてもポリフォニー（多声性）といわれるように，違った意見や考え方が出てくること，それを場に漂わせることをむしろ奨励している。無数の意見や考え方を一つの「正しい」ものとして統一すること自体がコントロールであり，自然とはいえない。当然，折衷や統合の形も一つではない。「あれか，これか」ではなく「あれも，これも」であり，多様性があること自体が安心・安全感を生み，セラピューティックになりうる。日本でも新しい依存症や強迫症に対するアプローチとして，

条件反射制御法が生み出され，心理社会的統合的アプローチとして，ホロニカル・アプローチが生み出された。本書ではこれらを紹介しているが，本書で紹介しきれない無数の日本的アプローチが存在するであろうし，また多くは未だ名前すらつけられていない（そして，今後も名付けられることのない）ものと考えられる。

　ここまで長々と書いてきたが，ひとまずの結論として述べたいことは，以下の通りである。

　①標準医療のような「標準心理療法」は存在しない
　②心身を分かつことはできず，多様性あるアプローチが望まれる
　③自然や心身が元来持つ力にも，より目を向けることが重要である

　最後に，重要な指摘をしたい。オープンダイアローグの Jaakko Seikkula らが，2005 年に『治療的会話の治癒的要素：愛の体現としての対話（Healing Elements of Therapeutic Conversation: Dialogue as an Embodiment of love)』というタイトルの論文を執筆している。また，本書でも紹介する P 循環療法でも P 感情，P 気と呼ばれるポジティヴな要素の重要性について述べられている（詳しくは第 10 章を参照のこと）。愛とポジティヴな感情（要素）は完全なイコールではないが，ここに何らかの共通点は見出だせるようにも思える。これらのように一見科学的とは言い難いものが，実は重要なのではないだろうか。我々は実験室のネズミではない。いや，ネズミであっても本来は実験室の中で見られる結果は，あくまで特殊な環境下における反応でしかない。人間には，(実験) 環境を統制することはできないということをそろそろ認めてもいいのではないか。数量化して統計学的に扱えるものにこだわらず，簡単に測定できないものも，より認められるようになっていけば，心理臨床領域における未来はより明るいものとなるであろう。

　　文　　献
坂本真佐哉監修，浅井伸彦編著，松本健輔著（2021）はじめての家族療法―クライエントとその関係者を支援するすべての人へ．北大路書房.
村山正治監修，本山智敬・坂中正義・三國牧子編著（2015）ロジャーズの中核三条件〈一致〉カウンセリングの本質を考える 1．創元社.
Rogers, C. R. (1957) The necessary and sufficient conditions of therapeutic personality change. Journal of Consulting Psychology, 21; 95-103.
Seikkula, J. (2005) Healing elements of therapeutic conversation: dialogue as an embodiment of love. Family Process, 44(4); 461-475.

第2章

エイジアン・フォーカシング・メソッズ

池見　陽

I　序文——あたらしい日本の心理療法としての エイジアン・フォーカシング・メソッズ

　心理療法に国籍があるわけはないから，「日本の心理療法」という表現はいったい何を意味しているのだろうかと，しばらく考え込んでしまった。簡単に言ってしまえば，それは日本で進化している，あるいは日本でインディジナスに発生した心理療法を言うのであろう。そして，さらに厳格に言うならば，それらは日本語で着想されたものだといった限定も付くかもしれない。さてしかし，このワールドワイドでボーダレスな今日において，そのような「ガラパゴス的」心理療法を見つけることは可能なのだろうか。

　私は長年「フォーカシング（Focusing）およびフォーカシング指向心理療法（Focusing-Oriented Therapy）」に取り組んできたし，今も取り組んでいる。フォーカシングはオーストリア系アメリカ人哲学者 Eugene Gendlin 博士が考案したものである。そして，Gendlin の思想背景には Wilhelm Dilthey, Edmund Husserl, Martin Heidegger など主に大陸系哲学の歴史がある。個人的に日本がたいへん好きだった Gendlin 先生だが，彼の思想背景には日本の哲学・宗教学・心理学の影響はみられない。大学院のころの指導教官が Gendlin 先生だった私は心理臨床の場でフォーカシングを実践し，それを研究し，その考え方や実践を展開し（Ikemi, 2005, 2010, 2011, 2014, 2017, 2019, 2021a；池見，1995，1997，2016，2019；池見編，2016；Krycka & Ikemi, 2016），最近では「体験過程モデル」（The Experiential Model）を提唱するに至っている（Ikemi, 2021b；池見，2022）。それは，フォ

ーカシングなどの心理面接では如何なる相互作用が私たちの体験に作用しているのか，といったことを言い表す理論モデルである。この一連の仕事は西洋思想に根ざすフォーカシングを発展させたもので，それは「あたらしい日本の心理療法」には該当しない。日本国籍を有する私が考えた，という意味では辛うじて「日本の心理療法理論」と言えるかもしれないが，そもそもすべて日本語で発想されたものでもない。そういった理由から，私が展開している「体験過程モデル」は「日本の心理療法」と位置づけるには無理があり，それについてはレファレンスを示すに留め，本章の内容からは切り離しておきたい。

　香港・台湾や中国本土のフォーカシング指導者・実践家たちからは「池見陽老師（「老師」は日本語の「先生」とおおよそ同義）はアジア的だから親しみやすい」と評されていると耳にしたことがある。それは私がアジア人であるという人種を指しているのではなく，私が考案してきたフォーカシング実践のうち，いくつかの方法にはアジアのフレーバーが鮮明だからであろう。具体的には，「漢字フォーカシング」「スペース・プレゼンシング」「観我フォーカシング」と「青空フォーカシング」に彼らは注目しており，どれも中国の関係者の間ではよく知られている。最近になって，私はこれらの方法を「エイジアン・フォーカシング・メソッズ」（Asian Focusing Methods［複数形］）とあらためて命名しておくことにした。「スペース・プレゼンシング」「青空フォーカシング」と「観我フォーカシング」はどれも，私が日本語を話し，日本に住んでいなければ着想できていなかったテイストが滲み込んでいる。そのようなテイストに明晰に気づく以前に「日本的」なテイストが私のフォーカシング実践の中に入り込んでいたのである。そのことを認識し，そのようなテイストを意図的に取り上げ，それらを中心に据えた複数の方法（メソッズ）を「エイジアン・フォーカシング・メソッズ」と命名したのである。

　エイジアン・フォーカシング・メソッズは日本で着想されたもので，いくつかの日本語表現がなければ，こういった発想は浮かんでいなかっただろう。しかし，こういった表現について考えてみると，それらのほとんどは中国でも同じ漢字を用いて，同じ意味で使われている。「執着」「正念・雑念」「我・無我」「青空」などがその一例である。こういった言葉が用いられるために，中国人からみると「池見陽老師はアジア的で親しみやすい」となるし，私も中国でこれらのメソッズについて説明しやすい。どうやら，私が「日本的」と思っていたのは視野狭窄的な見地からで，大きくみると私のテイストは「アジア的」だったことに気づき，この総称に思い至った。

　さて，上記にあるアジアの「フレーバー」や「テイスト」は具体的に何を意味するのか。それについては後から記述することにするが，その前に私が考案した「漢字フォーカシング」（池見，2012；前出・河﨑・岡村，2013）を私は「エイジアン・フォーカシング・メソッズ」には含んでいないので，先にこれについて少しだけ解説しておくことにする。「漢字フォーカシング」は漢字で表現することができる中国人，日本人，韓国人，シンガポール，マレーシアや世界各地の華僑の方々のほか，中国語や日本語をかなり勉強した者にしか使えない。そのため，私は「漢字フォーカシング」を英文論文で紹介したことがなく，また欧米豪のワークショップでそれを取り上げたこともない。漢字がわかる人にしか伝えることができないこの方法は正しく「エイジアン」ではあるが，他の「エイジアン・フォーカシング・メソッズ」諸法に見られる仏教の影響がないため，これは毛色が違うものとして「エイジアン・フォーカシング・メソッズ」に含むことを控えている。

　「漢字フォーカシング」も「体験過程モデル」同様，そもそも人の体験は言葉や概念で構成されていないことを出発点にしている。具体的に人に体験されるのは言葉や概念から零れ落ちている「意味の感覚」（フェルトセンス）である。漢字が使える人は，言わんとするフェルトセンスを漢字が適切に表しているかどうかを確認することができる。クライエントが困っている状況がどんなふうに感じられているのか「漢字一字」で表してみると，状況の新しい理解が開いてくることがある。それは漢字一字（象徴）とクライエントの体験を交差（crossing）させる作用によって生起すると考えられている。

　昇格して本社に戻ってきたある会社員が「本社に馴染まない」と抑うつ感情と不安感を訴え，2度の復職に失敗していた。3度目の復職を試みるために産業カウンセラーと相談することになり，私の面接を受けることになった。カウンセラーの私には，この人が言う「本社に馴染まない」とは，正確にはどんな感覚なのかを追体験することができなかった。そこで，それを漢字一字で表現することを求めた。すると，本人にも意外であったが，「怖」の一字が浮かび，ここではじめて上司からパワハラとも思える扱いを受けていることが語られた。「上司に負けないぞ」と毎朝自分に気合を入れていたが，本当はそうしなければならないほど上司を怖れていたことに気づいた。この上司がいない職場に復職することになり，症状はほぼ消失，医師による投薬も大幅に減った。この事例と共同研究者によって提供された中国での事例を合わせて，漢字フォーカシングの可能性を報告したのはもう10年も前のことになる（池見，2012）。その論文はインターネット上のリポジトリーで公開され

ているため，詳細はそちらに譲ることにする。

Ⅱ　フォーカシング

　エイジアン・フォーカシング・メソッズの「フレーバー」を解説する以前に，まずは「フォーカシング」とは如何なるものなのかを明確にしておかなければならない。それを理解してはじめて，何が本来のフォーカシングで，何がエイジアンな味付けなのかが識別可能となるだろう。

　アメリカ合衆国の哲学者で，心理学者 Carl Rogers にカウンセリングを学び，後にフォーカシングを考案するなど著名な心理療法家でもあった Gendlin は「フォーカシング」という語を 2 つの意味で用いている。まずは，心理療法のクライエントが言い淀み，まだ言葉になっていないが確かに「感じられている意味」（felt meaning）に触れ，それを言い表そうとする行為を「フォーカシング」（focusing）と名付けた。そして，そのような「内なる行為」（inner act）に取り組むクライエントは心理療法のアウトカムが良好であることを示した。この「内なる行為」すなわちフォーカシングにおいては，クライエントは言葉にする（象徴化する）度に変容していく体験過程に触れており，未形成の意味感覚を適切に言い表そうとしている。

　1974 年の講演の中で Rogers（American Personnel and Guidance Association, 1974; Rogers, 1980, p.141）は Gendlin の「体験過程」を次のような例を挙げて解説しているのが興味深い。エンカウンター・グループのファシリテーターが参加者の男性の話を聞いていると，彼は父親に対して「腹が立っている」ように聴こえ，それを確認してみた。すると男性は，そうではないのだという。「じゃあ，不満なのか」と問うてみると，「いや，それでもない」と返事し，「じゃあ，がっかりしているのか」と尋ねると，男は「そうだ！　あ，それだ！」と発言する。彼は「腹が立つ」「不満」「がっかり」といった言葉（言語象徴）を，彼にうすうすと感じている意味感覚（felt meaning）に参照しているのである。うすうすと感じられた意味（felt meaning）が言葉によって言い表されることによって，彼は自分がいったい何を感じていたのかがわかり，「そうだ，がっかりしていたんだ！」とわかり新しい意味が成立している。同様に，心理療法のクライエントが「最近は不安が強くて……いや，不安じゃないか……イライラするんです……というよりも何か腹が立っているようで……」と語るとき，このクライエントは「不安」「イライラ」「腹が立つ」といった言語象徴を彼が感じている意味の感覚（felt meaning）を参照

しながら語っているのである。その結果, 彼が体験しているのは「不安」→「イライラ」→「腹が立つ」といった一連の体験の流れ, すなわち体験過程（experiencing）であり, 単に「彼は不安を体験している」とは言えないし, 彼の体験を「不安」と同定することもできない。

　こういった例にみられるように, フォーカシングには不可欠な要素がいくつかある。そのひとつは, 未だ言葉になっていないが, うすうすと感じられる意味の感覚の存在, これをフェルトセンス（felt sense）あるいはフェルト・ミーニング（felt meaning）という。もうひとつは, フェルトセンスについて省みる反省的な意識である。すなわち, それは「この感覚はなんと表現したらいいのだろう」と試みる姿勢である。そして, さらにもうひとつは, そのフェルトセンスを言い表すことが可能な言葉（象徴）の存在である。フェルトセンスを言葉に「当てはめる」のではなく, 感じられた意味と言葉を「掛け合わせる」（crossing）ことによって, 言葉が新たな意味として機能するのである。Rogers が示した例では, 男は辞書にでている「がっかりしている」の定義に自分の体験を当てはめたのではない。「がっかりしている」という語は, いまや彼が父親に対して感じている複雑巧妙なありさま（intricacy）を言い表す語として新しいニュアンスを帯びて機能しはじめているのである。実際にフォーカシングをしている人は複雑巧妙な意味感覚をメタファーなどを用いて表現することが多い。例えば, 次のような発言である。「何か行き詰まっている, というか, 胸の中にコンクリートの壁があるような感じがして……」。すなわち, 「行き詰まっている」という表現・概念では彼がこの状況において感じている複雑巧妙な感覚を表現することが十分にできず, 「胸の中のコンクリートの壁」というメタファーを用いているのである。ここで, 「コンクリートの壁」は字義的な意味を離れ, 彼が状況を生き進もうとして感じる複雑巧妙なありさまを指し示す語へと変容しているのである。

　著作 "Focusing"（Gendlin, 1981/2007）ではクライエントが自然に行なっている「フォーカシング」が誰にでも理解でき, 誰でもがその「内なる行為」を体験することができるように, 体験過程に触れる方法をマニュアル化し, 6つのステップからなる一組のインストラクション（教示法）に仕上げられている。厳密には, それは「フォーカシング・ショート・フォーム」（Gendlin, 1981/2007, pp.201-202）と記されているが, 一般的にはこれが「フォーカシング」として世に知られることになった。すなわち, 「フォーカシング」という語は心理療法のクライエントに限定されず, 人が体験過程に触れるためのマニュアルあるいは技法を意味するようにな

ってきた。本章でも，「フォーカシング」という語は，「人が自然に言葉として形成されていない複雑巧妙な感覚に触れ，それを言い表そうとしている」という「内なる行為」という意味と「一定の手順がある方法（技法）」といった二重の意味で使用していることを前置きしておきたい。

　Gendlin は哲学者であったために，フォーカシングには豊かな現象学・実存主義哲学の奥行きがある。亡くなられたらすぐに，2 冊もの哲学書（Gendlin, 2018ab）が発行されているという事実は，今後彼の哲学が注目されてくることを予感させている。「ジェンドリン哲学とフォーカシング」を解説することはあまりにもスケールが大きな企画になり，本書の目的を離れてしまうが，ここでは一点だけ触れておきたい点がある。それは Gendlin の哲学および心理療法論文に散見される "implying" の概念についてである。

　「からだの生きる過程はどの瞬間においても，さらに進んで生きる過程に傾いている……」，「体験のかけらはさらなる環境とのかかわりを暗に示して（imply）おり……」（Gendlin, 1973）——これらの文に示されている考え方を例示してみよう。「空腹感を感じている」といった体験のかけらは「さらに進んで生きる過程」や「さらなる環境とのかかわり」に傾いている。つまり，「何かを食べに行くこと」を指し示している。そしてそれは食べられるものならなんでもいい，どこでもいい，ことを指し示しているのではなく，少し注意してみると，空腹ではあっても「今日はラーメンではない」とか，混雑した店には入りたくないなど，かなり特定的に次に進んで行くるありさまを投げかけている。私の最初の著作『心のメッセージを聴く』（池見，1995）では，体験として感じられているものは「メッセージ」であると捉えている。実際に空腹感を感じている人が目の前にいれば「なに食べたい？　どこのお店にいく？」と訊くだろう。体験は未来の方向に向かっていて，どうであればいいのかをすでに「知っている」。それは論理的な演繹ではなく（例：二日の間は同じものを食べない主義である。昨日はラーメンを食べた。故に，今日は，ラーメンは食べない），身体的な実感（bodily felt sense）として，どうであれば「腑に落ちる」のかがすでにうすうすと感じられているのである。工業文明に暮らす私たちは，意識をもたないメカニズムと同じように人の体験について考えてしまう癖がある。「故障の原因は？」と同じように「空腹の原因は？」とか「不安の原因は？」といった考え方をしてしまう。しかし，それらの問いから得られる答えは体験の「説明」には役立つかもしれないが（例：血糖値が下がっているから空腹を感じる），その問いは体験，あるいは人の意識の性質を見落としたものである。体験それ自体は，

どう生き進むのかといった本来的な生の可能性を投げかけ続けている。人が話しているうちに,「あ,わかった,こうすればいいんだ」と気づくことができるのは,心理療法家など他者によって与えられた解釈や他者が施した技法のためではなく,体験それ自体が本来の実存の可能性に開かれており,その可能性を常に,すでに「投げかけている」からである。だからこそ,「クライエント中心」に面接を進めていっても人は問題解決に至ることができるのである。

　さて,このような考え方を継承し,しかも実践において「アジア的」な進め方をしていくエイジアン・フォーカシング・メソッズとはいかなる実践か,これから解説していくことにしたい。

Ⅲ　エイジアン・フォーカシング・メソッズ（Asian Focusing Methods）

1．導入（スペース・プレゼンシング・観我フォーカシング・青空フォーカシングに共通）

「椅子に座って,呼吸に気づくことから始めましょう。"息を吸おう,吐こう"などと考えなくても,空気は勝手に鼻から入ってきて鼻から出ていきます。入ってきたことに気づいたときは"入っている"という言葉を声に出さないで静かに言ってみましょう。空気が出ていったときは,"出ていく"と声に出さないように言ってみます。また,両方の坐骨に体重が均等に乗っているかに気づいてみましょう。少し動いて調整してもいいですよ。坐骨は前後にも動くので,前後に動いてみて,自分にとって気持ちがいい姿勢を見つけましょう。坐禅をするときは"正しい姿勢で座らなくてはいけない"と思い込んでいる人がいますが,それではアタマで考えて坐ることになります。アタマで考えるのはやめて,空気の出入りに気づき,重心の心地よいバランスに気づくようにしていましょう。

　"空気が入ってくる,出ていく",それを観察しては言葉にしていく。それを繰り返します。雑念が何も浮かばずに,ただ坐って空気の出入りをみていることができていれば,それは素晴らしい瞑想ですから,フォーカシングなどする必要はありません。

　しかし,雑念が浮かんでくることがあります。そのときは,雑念に気づくようにします。そして,気づいていることを,声に出さない言葉にしていきます。例えば,"時間が気になっているんだな"や"職場のことが気になっているんだな"などです。そうすると,すぐに消滅する雑念があります。また気づいても消滅せず,それに巻き込まれてしまうような雑念があります。例えば,いつの間にか職場の仕事や人間関係についてファンタシーが始まっている,といった状態です。このように"長居している"雑念がいるときは,以下のA（スペース・プレゼンシング）,B（観我フォーカシン

グ），又はC（青空フォーカシング）に進みます。まずは，パートナーに『雑念がきている』ことを教えてあげてください。
　　パートナーは“雑念について一言だけ仰ってください”と訊いたうえで，このワークをしている本人はどのように進めていきたいかを確認します。また，本人が上記ＡＢＣについてよく知らない場合，パートナーが説明したり，ＡＢＣの中から適切だと思われるアプローチを提案する場合があります」

　欧米の方々とフォーカシングをする機会が増えている私は，彼らとセッションをしていてクライエント（フォーカサー）が「アタマでもっていっている」，すなわち認知的思考が優勢になり，「自力」でやっているように見えてくるのである。セッションの冒頭から，「何を取り上げようか」，「その話題は適切だろうか」などとアタマで考えている実践者が多い。それに対して，エイジアン・フォーカシング・メソッズでは正念（マインドフルネス）の中にただ坐り，雑念が「やってくる」のを待つ。やってきた雑念に対して自力でなにかしようとは思わず，ただ気づいているようにする。日本の実践者の中には自力で「雑念を払おう」とすることもあるが，エイジアン・フォーカシング・メソッズではこれは行わない。「長居している雑念」がきていれば，それを「観る」ようにする。具体的には，３つの方法の中から，フォーカサーの希望やパートナーに適切と思われる方法を選択して進めていくことになる。

2．スペース・プレゼンシング（Space Presencing）

「いま，浮かんでいる雑念について，それを思うとどんな感じがあるか確かめてみます。胸やお腹などを参照するといいでしょう。そのことを思ったとき，胸やお腹など“からだの真ん中”はスッキリしていますか？　すっきりしていなければ，そこにどんな感じがありますか？」

（架空例）
　「職場のことを思うと胸の辺りに重たい固まりがあるように感じています」〈では，その固まりはどこに行きたがっているか，想像してみましょう。固まりに聞いてみてもいいですよ〉「この固まりは須磨の海岸に行きたがっています」〈ではそこに行かせておきましょう。須磨の海岸をイメージして，そこに行かせます。いいですか？〉「何だか海岸ではないように思えてきました」〈では，違う場所の方がいいか，それに聞いてみましょう〉「海岸よりも波打ち際，塩水に浸かりたいみたいです」〈では，そこに移動させましょう。いいでしょうか？〉「はい，塩水がかかると，溶けていく

みたいで気持ちがいいです」〈それでは，そこに行かせて，溶けていくことに気づいておきましょう。そして，また空気が鼻から入ってくる，出ていく，それを観察して，また雑念がやってきたら教えてください〉

　フォーカシング・ショート・フォームには「クリアリング・ア・スペース」という手順がある。気になっている事柄や気持ちを「どこかにいったん置いておく」手順である。私はクリアリング・ア・スペースの臨床的意義は大きいと思い，それについて事例や方法論的考察を行ってきた（池見，1997；池見編著，2016, pp.118-127；Ikemi, 2015；増井・池見，2020）。しかし，クリアリング・ア・スペースでは「どこに置いておこうか」や「どうやって置こうか」などとアタマで考えて，うまく進まない場合もあることをみてきた。そこで，アタマで考えるのに代えて「それはどこに行きたがっていますか？」といった介入を行ったところ，上手く距離が置けるようになることを経験して，このような介入を「スペース・プレゼンシング」（Space Presencing）と命名（Ikemi, 2015）した。「どこに置こうか」と「自力」で置くのではなく，「他力」に任せておくという視点の転換である。

3．観我フォーカシング（Kanga Focusing）

「空気が入ってくる，出ていく……（共通の導入）……」

（実例１：男性）
　「気持ちがいいところに入ってきています。それを続けていると時間が終わっちゃうという感じがでてきて，非常に今，心地いいので続けたいという気持ちと，この場でないとできないことをしたいという気持ちと……」〈折角の機会なので何かしないといけないと思っているのですね。まず，そんな自分がいることに気がついておきましょう。（8秒）そして，ちょっと想像力を使って，そんなふうに考えている自分はどんな自分なんだろう，その姿を想像してみてください，どんな服装をしているとか，歳はどれくらいかとか。（29秒）〉「今，浮かんできたのは，歳は4，50歳で（3秒）修行僧で，朱色の衣を着ているので多分テーラワーダ，小乗仏教というか，ミャンマーのお坊さん，うん…（中略）…忙しく托鉢しているお坊さんがいる」〈そのお坊さんが何かあなたに伝えていたら……〉「うん，あの，繋がりというか，平和というか，穏やか，そんなメッセージがきています」〈じゃあ，そのお坊さんに感謝しておきましょう。（30秒）それではまた呼吸を観るところに戻りましょ

う，また何か雑念が浮かんできたら教えてください…（以降省略）…〉

（実例2：女性）

「自分に対して厳しい自分がいる」〈じゃあ，自分に厳しい自分はどんな姿をしているでしょうか，どんな年齢とか性別でしょうか〉「年齢ははっきりわからないんですけど，でも，ちょっと若そうかな。で，うん，なんかこの，嬉しそうにキャピキャピしているんですけど，その足元になんか剣山がある感じがします。その剣山の上で，イタタと言いながら嬉しそうに踊っているようなイメージがちょっとでてきました」〈なんとなく痛々しいですね〉「でも，そんなに痛がっている感じがないですね…（中略）…ベリーダンスの衣装を纏っていてアラビアっぽい感じ，トルコとか…（後略）」〈じゃあ，まずこんな自分がいるんだ，ということに気づいておきましょう。（7秒）〉「はい」〈そんな自分が何かあなたに伝えていたら，何を伝えているでしょう〉「"床はこれぐらいがちょうどいい"と踊りながら言っています…（中略）…バランスがいい，浮かんできたのは，それくらいです。チクチクとして痛みを感じたり，足元をみたり，振り返ることができたりするというのは，一つの方向に走らなくて，とてもバランスがいい…（以降省略）」

　上記の例では，雑念を運んできている「我」があることに気づいて，それをイメージしてみる。そして我に感謝するようにする。例え本人が気に入らない我であったとしても，それがいなければ今の自分もいないので，まずは感謝しておく。我が弱っているときは，コンパッションの言葉（"私が幸せでありますように；May I be well and happy"）をそれに届ける。コンパッションを送ることによって，弱っていた我が元気を取り戻した例を私は数多くの日米欧豪のワークショップ等で経験してきた。この表現には何かしら力があるようで興味深い。もう一つ興味深い点として，いろいろな我が立ち現れては消滅していくのを観ている主体は誰なのだろうか。この中立の観察者を「無我」としておきたい。

4．青空フォーカシング（Blue Sky Focusing）

「空気が入ってくる，出ていく……（共通の導入）……雑念が長居していたら，それに気づいておきましょう。その雑念を思ったとき，どんなフェルトセンス（気分）がありますか？　例えば胸の中がゴチャゴチャしてスッキリしないという具合に，フェルトセンスは胸の中やカラダで感じられることがあります」

（架空例）

　「仕事のことを思うと胸に重たい……圧のようなものを感じます」〈では，それに気づいておきましょう。そして，その胸の「圧」が空の雲だとしたらどんな雲か想像してみましょう〉「ああ，暗い色の雨雲ですね，大きいです」〈はい，雲の下にいたら雨が降ってくるかもしれませんので雲の上にあがり，空から雲を見下ろすようにしましょう。高度を上げていき，空になりましょう。上から先ほどの雲を見下ろすとどのように見えますか？〉「はい，下から見ていたら大きな雲に見えましたが，上から見ると，それほど大きくもありません，そして色が下から見ていたときに比べて明るいです。よく見ていると雲の中で稲妻が見えます。雷の音もしています」〈それをしばらく見ていましょう。気づくことがあれば教えてください。（1〜2分後）〉「雨雲の中にはいろいろな感情があるみたいです。ざーっと雨を降らせたい，雷を響かせたい，ああ，『イライラしている』という言葉が浮かんできました。あるプロジェクトについてですね。イライラしている自分がいます。そう思うと納得できます」〈イライラしている自分がいるんだな，と気づいておきましょう〉「イライラしている，というか，不満とか，思うことがいろいろあるのに，それを自分の中に閉じ込めているみたいです。もう少し自分の気持ちを同僚たちと話してもいいのかなと思いました」〈では，自分の中に閉じ込めておくのではなく，同僚たちと話してみたい気持ちがあることに気づいておきましょう〉「はい，雲が小さくなっていきました」〈はい，それでは，また空になって，下を眺めてみましょう。今のことの他にも，いろいろな思いや気持ちがあるかもしれません。それらは雲です。そして，あなたは空です。いろいろな思いや感情に巻き込まれません。人生の雲たちが現れたり，風に流され形を変えたり，消滅していくのを眺めていましょう。"あの雲はある人との関係の雲だな"とかに気づくことがあります。その場合は，その雲には入らず，ただ気づいておきましょう。しばらく人生の雲たちを眺めていましょう。いま，どんなふうに見えていますか？（しばらくこれを続けた後）それでは，地上にいる自分を探してみましょう。地上の自分は何をしていますか？〉「犬と散歩をして空を見上げています」〈では，空から地上の自分にコンパッションを送ります。"私が健やかで幸せでありますように"この場合は私は空と地上の自分の両者です。声に出す必要はありません。何度かこの言葉を届けましょう。（少し間を置いて）それでは，また空気の出入りに気づいておきましょう。空気が鼻から入ってくる，空気が鼻から出ていく……。〉

Ⅳ　ま　と　め

　フォーカシングは概念的思考を超えた思考様式である。通常用いる概念（言葉）を一旦停止させて，その概念では十分に言えていない感覚に触れてみる。例えば，「仕事のことでイライラしている」という場合，「イライラ」という概念を一旦停止して，仕事がどのように感じられているかと改めてフェルトセンスに触れてみる。「イライラ」という言葉だけでは表現できない意味の感覚を新しく言い表していく中で，取り上げている事柄について新鮮な視点が開いてくる。

　フォーカシングをすることに対しての身構えを少し緩めて，「マインドフルに坐る」という正念の「基地」をまずは築いておく。そこにやってくる「雑念」を行きたがっているところに行かせて手放していくスペース・プレゼンシング，あるいは「雑念」の背景にある我を観察する観我フォーカシング，あるいはまた，いろいろな雑念が空の雲で，それらを眺めて，自分にコンパッション（慈悲）を送る青空フォーカシング，私は自分のマインドフルネスとフォーカシングの経験からこのようなワークを見出してきた。

　本章を執筆していて，また興味深い経験をした。それはフォーカシングを書くときは，理論的なスタイルで書けるものの，エイジアン・フォーカシング・メソッズになると理論的な書き方ができなくなっていた。そこで，エイジアン・フォーカシング・メソッズの実際を提示するに留めておくことにした。坐禅についていろいろな解釈を論じるよりも，まずは坐りなさい，ということと同じなのかもしれない。

　とはいえ，研究者としての私の我は，これらについての研究に触れずに筆を収めるわけにはいかないらしい。これらのメソッズは心理療法の最初から最後まで継続的に行った例は未だ報告されていない。そこでこれらの方法のアウトカム研究や事例研究は今のところ存在しない。また，エイジアン・フォーカシング・メソッズを行うと決めていても，その場の相互作用によって，観我フォーカシングになるのか，青空になるのか，スペース・プレゼンシングになるのか，セッションが始まってみなければわからない面もある。そのため，これらの方法を単独のものとみなしてその効果を検討するのは難しいかもしれない。

　観我フォーカシングについては，実際のセッションの逐語記録を公開し，それをめぐって理論的な考察が提示された論文が本章と時期を同じくして活字になろうとしている（光石・池見，2022）。また青空フォーカシングについてはいくつかの研

究論文があり（阪本・西森・山岡ら，2016；山岡・米持・西森ら，2016），また不妊治療などでの応用についてブログ記事などがインターネット上で公開されている。青空フォーカシングを最初に自分以外の人に行った，いわばイニシャル・ケースは池見編著（2016，pp.153-161）に公開されている。今後，いろいろな応用や研究，あるいは方法論的改良がなされていくことを期待している。

謝辞：実例1と実例2の掲載については本人たちの承諾を受け，NPO法人SKYエス・ケー・ワイにより資料提供を受けた。実例の方々およびNPO法人SKYに感謝いたします。

文　　献

American Personnel and Guidance Association (1974) Distinguished Contributors to Counseling Film Series: Carl Rogers on Empathy.（YouTube: https://www.youtube.com/watch?v=iMi7uY83z-U）

Gendlin, E. T. (1973) Experiential psychotherapy. In: Corsini, R. (Ed.): Current Psychotherapies. Itasca, IL: Peacock, pp.317-352.（ジェンドリン，E.（2021）体験過程療法．In：ジェンドリン，E.・池見陽（池見陽・村瀬孝雄訳）：セラピープロセスの小さな一歩．金剛出版．

Gendlin, E. T. (1981/2007) Focusing. New York; Bantam Books. [Reissue; 2007]

Gendlin, E. T., Casey, E., & Schoeller, D. (Eds.) (2018a) Saying What We Mean: Implicit Precision and the Responsive Order. Evanston, IL; Northwestern University Press.

Gendlin, E. T. (2018b) A Process Model. Evanston, IL; Northwestern University Press.

Ikemi, A. (2005) Carl Rogers and Eugene Gendlin on the bodily felt sense: What they share and where they differ. *Person-Centered & Experiential Psychotherapies,* 4(1); 31-42.

Ikemi, A. (2010) An Explication of Focusing-Oriented Psychotherapy from a Therapy Case. *Person-Centered and Experiential psychotherapies,* 9; 107-117.

Ikemi, A. (2011) Empowering the implicitly functioning relationship. *Person-Centered & Experiential Psychotherapies,* 10(1); 28-42.

Ikemi, A. (2014) A theory of focusing-oriented psychotherapy. In: Madison, G. (Ed.): Theory and Practice of Focusing-Oriented Psychotherapy: Beyond the Talking Cure. London; Jessica Kingsley Publishers, pp.22-35.

Ikemi, A. (2015) Space presencing: A potpourri of focusing, clearing a space, mindfulness and spirituality. The Folio: A Journal for Focusing and Experiential Therapy, 26(1); 66-73.

Ikemi, A. (2017) The radical impact of experiencing on psychotherapy theory: An examination of two kinds of crossings. Person-Centered & Experiential Psychotherapies, 16(2); 159-172.

Ikemi, A. (2019) A portrait of a person seen through the four dimensions of focusing. Journal of Humanistic Counseling, 58; 233-248.

Ikemi, A. (2021a) Stop to appreciate Gene's legacy and then step forward: Developments from Gendlin's focusing in senses of focusing Vol.1 (Moore J. & Kypriotakis N. Eds.). Athens; Eurasia Books.

Ikemi, A. (2021b) The Experiencing Model: Saying What We Mean in the Context of Psychotherapy. Paper presented at Saying What We Mean: A Symposium on the Philosophical and Psychological Works of Eugene Gendlin, Seattle, Seattle University (online), April 2021.

Krycka, K. & Ikemi, A. (2016) Focusing-oriented experiential psychotherapy: From research to practice. In: Cain, D., Keenan, K., & Rubin, S. (Eds.): Humanistic Psychotherapies: Handbook of Research and Practice, 2nd Edition. Washington, D. C.; American Psychological Association.

池見陽（2022）体験過程モデル―あるフォーカシング・セッションから言い表される論考．人間性心理学研究．39; 131-141.

池見陽（2019）表現のセンスとギヴズの創造的な出会い―体験過程とアートの相互作用をめぐって．臨床描画研究，34; 64-85.

池見陽（2012）漢字フォーカシング―暗在に包まれた漢字一字と心理療法．Psychologist：関西大学臨床心理専門職大学院紀要，2; 1-11.（関西大学学術リポジトリにて公開）

池見陽（1995）心のメッセージを聴く．講談社現代新書．

池見陽（1997）セラピープロセスとしてのフォーカシング―3つのアプローチ．心理臨床学研究，15(1); 13-23.

池見陽編著（2016）傾聴・心理臨床学アップデートとフォーカシング．ナカニシヤ出版．

前出経弥・河﨑俊博・岡村心平（2013）漢字フォーカシング．In：村山正治監修：フォーカシングはみんなのもの．創元社，pp.84-85

増井武士・池見陽（2020）治療的面接の工夫と手順―人間学的力動論の観点から．創元社．

光石歩乃佳・池見陽（2022）「観我フォーカシング」では何が起こっているのか―セッション・レポートからの考察．関西大学心理学研究．13; 17-27.（関西大学学術リポジトリにて公開予定）

Rogers, C. (1980) Empathic: An Unappreciated Way of Being in A Way of Being. Boston; Houghton Mifflin Company, pp.137-163.

阪本久美子・西森臨・山岡麻美・米持有紀子・池見陽（2016）「青空フォーカシング」の方法論的特色とその背景について．Psychologist：関西大学臨床心理専門職大学院紀要，6; 47-55.（関西大学学術リポジトリにて公開）

山岡麻美・米持有紀子・西森臨・阪本久美子・池見陽（2016）青空フォーカシングの体験記述と状態不安低減効果の検討．Psychologist：関西大学臨床心理専門職大学院紀要，6; 57-66.（関西大学学術リポジトリにて公開）

第3章

タッピングタッチ：ホリスティックケア

――「誰でも日常的にできる心のケア」としての理論と実践

中川一郎

I　はじめに

　オーストラリアのシドニーには，これまでにタッピングタッチを教えに行く機会が何度かあった。ある日のこと，街の電車に乗っていると，「このパンを持って行く？」と，女性が静かに声をかけてきた。私は，たまたまその人の横に立ち，ひとりで買い物かごを抱えて座っている高齢の彼女が気になって，上からちょっと眺めるように見てしまっていたのだ。そんな私に気づいた彼女は，私が何か物色していると思ったのだろう。

　日本では起こりようがないようなことで，一瞬，何を言われたのか分からなかった。しかし彼女が，買い物かごの中のパン1斤を，心も体も満たされないように見えた男に与えようとしていたのだと分かった時，心の戸惑いはすぐに嬉しさに変わった。なんてやさしいんだろう！

　経済的に余裕がありそうでもなく，もちろん恵んでやろうといった，上から下への視線でもない。私は，そのパンを差し出そうとした彼女の思いやりや優しさに，心を打たれる思いだった。オーストラリアは，お金にまみれ，モノにまみれて，あまり幸せな人がいないような気がしていたが，その心の豊かさを感じて嬉しくなった。人の奥底にある優しさや思いやりの心にふれて，とても感動したのである。

　これはずいぶん前のことだが，その時のノートをなんどか読み返していると，情景や気持ちが心によみがえってくる。そしてそこに，私たちが失っている大切なものとタッピングタッチの関連を感じるのである。

　タッピングタッチは，シンプルで誰にでもできる。それゆえに，まだ体験していない人には，たんなる軽いマッサージや，安易なリラクセーションなどの身体的な技法のように見えてしまうことがある。しかし，タッピングタッチをとおしたケアの体験のなかにこそ大切なものがある。人が人をケアすることで感じられる，やさしさ，思いやり，あたたかさ。そういうものこそタッピングタッチの本質なのである。

　タッピングタッチの冊子（中川，2019）に次のようなことを書いている。

　　「まずは，ゆっくり，やさしく，ていねいに息をしてみましょう。そして，ゆっくり，やさしく，ていねいに，自分と一緒にいてみましょう。そんなふうに自分をとり戻すことができたら，次は大切な人と一緒にいたり，お互いをケアしたりしてみましょう。今あるものを一つひとつ大切にしてみましょう。特別なことではありません。誰もが『ゆっくり，やさしく，ていねいに』の心地よさを知っています。そんなふうにするとき，本来の生活のリズムが戻り，自然に私たちの心身の知恵が働き，ほんとうに大切なことが見えてきます」

　このような素朴な体験が，どのように「こころのケア」として役立つのだろうか？私たちは今，人と人とのやさしい関わりを失っているようである。とくに，感染予防のためのマスクやソーシャル・ディスタンスによって，私たちは人との自然な関わりや交流といったものから遠ざかっているように思われる。そんな社会において，心身を癒し，関係性を改善する働きのあるタッピングタッチは，不安や孤独でさいなまれる私たちに，たくさんのことを提供してくれると思う。

　この章では，まずタッピングタッチがどのようなものなのか，その基礎に関して述べる。そして「誰でも日常的にできる心のケア」としての可能性について，その特徴などを含めて説明していく。そのうえで，病院での臨床事例をとおして，こころのケアとしての利用や応用のあり方を紹介する。タッピングタッチの具体的な方法や利用における注意点なども加えたので，日常や臨床に役立てていただければと思う。

Ⅱ　タッピングタッチの基礎

1．タッピングタッチとは？

『タッピングタッチとは，ゆっくり，やさしく，ていねいに，左右交互にタッチすることを基本とした，ホリスティックケアです』

これはタッピングタッチの一番シンプルな説明である。具体的な方法は後ほど説明するが，必要なエッセンスが書きこんであるので，まずはこれだけあれば始めることができる。ゆっくり，やさしく，ていねいに，ケアすることを日常にとり入れることで，より豊かで健康な生活を楽しむことができるだろう。

タッピングタッチは，誰でも簡単に学べるので，家族で一緒にすることもできる。病気や障害などのハンディがあっても，一緒に楽しみながら，心身のケアに役立てることができる。ケアしあっているうちに，あたたかさ，やさしさ，思いやりの気持ちが感じられてくる。

また，心身への負担の多い社会に住む私たちは，不安，緊張，痛み，不眠などのストレス反応を起こしがちであるが，タッピングタッチのセルフケアや相互ケアによって緩和することができる。また，関係性のストレスはつらいものであるが，コミュニケーションや関係性を良くする効果も期待できる。つまり「誰でも日常的にできる心のケア」としての利用が可能なのである。

「ホリスティックケア」という言葉は聞き慣れないかもしれない。ここではとりあえず，「全体的なケア」と理解しておいていただきたい。私たちには，心，体，関係性など，さまざまな側面があるが，タッピングタッチはそれらを全体的にケアするという意味を持っている。

そんなタッピングタッチだが，考案と開発の背景には，私が長年実践してきた臨床心理学，ホリスティック心理学，コミュニティ心理学などの理論が含まれている。そして，多くの人々とさまざまな専門家による実践によって育まれてきた。健康な人達に加えて，つらい病気で苦しんでいた人たち，慢性の痛みや苦しみを抱えていた人たち，死を間近にしていた人たちなど，多くの人たちとの出会いやふれあいも含まれている。

実践に加えて，さまざまな学術調査もおこなわれてきた。例えば，東邦大学名誉教授の有田秀穂氏と行った神経生理のリサーチでは，タッピングタッチによってセロトニン神経が活性化し，心理的にも良い効果があることを確認している（有田・

中川，2009；Nakatani et al, 2009）。

　このような臨床と研究の積み重ねによって，タッピングタッチの利用は一般や日常的な利用にとどまらず，専門分野でのケアとしての利用が広がっている。心理，医療，看護，福祉，介護，教育，被災者支援，子育て支援など，利用や応用はさまざまである。人をケアするさまざまな専門分野で，領域を超えて利用できるのである。

2．タッピングタッチの構成要素について

　ここではタッピングタッチの構成要素を 4 つにわけて説明する。それらは治癒的要素でもあり，タッピングタッチを理解するうえでとても大切である。

①ゆっくり，やさしく，ていねいに

　幼い子どもでも理解できる簡単なことなのだが，忙しい生活に慣れてしまっている私たちは，ゆっくり，やさしく，ていねいに生活しているだろうか？　人と一緒にいて，ケアしあう時間をとっているだろうか？　多くの人にとって，ゆっくり，やさしく，ていねいな生活ができるのは，長期の休みの時くらいではないだろうか？　反対に，ゆっくり，やさしく，ていねいに，一緒にいることで安心感が高まり，癒された経験を思い出してもらいたい。マインドフルネスでも知られているように，頭の働きを静めて，今を意識するようにすると，心身が楽になってくる。

　タッピングタッチでは，ゆっくり，やさしく，ていねいにふれてケアすることを大切にする。そのことを通してマインドフルになり，ケアする側もされる側も，心身が楽になる。そしてケアしあうことで，あたたかさ，優しさ，思いやりなどの気持ちが感じられてくる。タッピングタッチは，そのあたたかさ，優しさ，思いやりの気持ちを，誰でもが簡単に共有できるケアの方法である。またタッピングタッチは，「方法・技法」として利用できるだけでなく，「生活・生き方」への良い影響が期待できる。実際にケアするときだけでなく，日々の生活を少しずつでも「ゆっくり，やさしく，ていねいに」することで，より健康で豊かな生活を営むことができるのである。

②タッチ・ふれあい

　タッチやふれあいは，病気や介護が必要な人達だけでなく，私たちの生活や健康の維持に必要不可欠なものである。成長期の子ども達にとって，タッチやふれあい

は健康な発育にとても重要である。また成人にとっても，人との関わりやふれあいの機会がないと，孤独や不安を感じ，さまざまな悪影響をおよぼす。

　タッピングタッチは，「タッチ・ふれあい」を治癒的要素として取り入れることで，私たちが本来持っている自然治癒力とケアの能力を活かせるように工夫してある。安心して気軽にできるので，ひなたぼっこをするように，楽しくしあうことができる。このことは，人との関係性が希薄になり，孤立無援に陥りがちな社会に住む私たちにとって，とても役立つものだと思われる。

③左右交互・ゆらぎ

　タッピングタッチの開発において，ヒントにした治癒的原理の一つは，EMDR の「脳への両側性の刺激」である。

　EMDR は，米国の心理学者 Francine Shapiro（1995）が，目の左右の動きが心の変化をおよぼすことに注目して開発されたものである。多くの実践とリサーチを基に，心的外傷後ストレス障害，パニック障害，依存症，不安症など，さまざまな心理的な障害や病気に対して，とても有効な心理療法であることが確認されている。

　また EMDR は，プロトコルにしたがって行う専門的な心理療法である。心理的な効果が高い半面，安易に使うと副作用などの弊害がうまれるため，専門的な知識やトレーニングが必要とされている。

　そのために，EMDR の治癒的原理の応用に関しては，心理的な副作用などの懸念もあった。タッピングタッチの開発において，「治癒的効果があり，副作用がない」や「高度な技術やトレーニングを必要としない」といったことを必要条件にしていたため，十分な配慮や検証が必要であったのである。

　結果的には，20 年以上にもわたりさまざまな領域で利用されてきたが，違和感を覚える人さえも稀である。それは，「脳への両側性の刺激」よりも，「ゆっくり，やさしく，ていねいにケアする」ということを大切にすることで，誰もが安心して活用できるものになったからだと考えている。

　さらに，タッピングタッチの理解が深まり，「効果」よりも「ケア」の側面を重視するようになることで，もっと普遍的な「ゆらぎ」というものが本質であることを感じていった。

　「ゆらぎ」は物理学的に「揺動」ともよばれ，とくに「1/f」という周波数で示される揺動は，あらゆる生命活動や自然界に存在していることが知られている。これによって，生命活動が正常になったり，私たちに心地よさやリラクセーションをも

たらしたりしている。

　タッピングタッチの動きには，子どもをあやすときの動作や猫が足ぶみするような動作なども含まれている。これらの共通した特徴はゆらぎである。私は，タッピングタッチが有効かつ安全な理由は，自然界に存在する「ゆらぎ」が含まれているからだと考えている。

④ホリスティック（統合的）ケア

　「ホリスティック」という言葉は，ギリシャ語のHolos（ホロス）に由来していて，「全体的」とか「統合的」という意味がある。ホリスティックを理解するときに，「自己治癒力」や「エンパワメント」に加えて，「全体性」「全体性への傾向」「プロセス」という3つの概念が大切だと考えている（中川，2004）。

　タッピングタッチでは，このホリスティックな視点を基礎にして，「心」「体」「精神性・スピリチュアリティ」，そして「関係性」も含んだ要素を，統合的・全体的にケアすると考えている。

　ここでは簡単な例をとって，ホリスティックなケアのあり方を説明してみよう。例えば，子どもが頭痛で苦しんでいるとする。そんなとき，親はその子に頭痛薬を与えることで，痛みは治まるかもしれない。しかしながら，その子の頭痛は，学校でのトラブルや悩みによって起こっていたとしよう。そのような場合，一時的に頭の痛みは治まるかもしれないが，心の痛みやつらさは残ったままになるであろう。そして，また後ほど頭痛で苦しむことになりかねない。

　そんなとき，この親がタッピングタッチを知っていれば，しばらく時間をとって，心身のケアをすることができる。この機会にお互いの時間をとったり，それまでに話せなかったことを話したりすることで，心が楽になることもあるだろう。そうすれば，頭痛の緩和に加えて，心のケアにつながる可能性がでてくる。

　親が子どもに耳を傾け，理解や共感を示すことで，子どもの心は楽になるものである。タッピングタッチは，気軽にケアすることで，そのような時間を作ることができる。ケアの時間をとることによって，心身のケアに加えて，親子の関係性がより良くなる可能性も高まるだろう。

　タッピングタッチは，薬でも治療法でもない。そのため，必要な治療の代わりになるものではないが，心身のケアや関係性の改善のサポートになる。うまく活用することで，個人や家族を全体的（ホリスティック）にケアすることができるだろう。

図1　基本形（相互ケア）

3．タッピングタッチの3つの方法

　タッピングタッチには，「方法・技法」としての側面，「ケア・ケアリング」としての側面，そして「生活・生きかた」としての側面がある。このセクションでは，「方法・技法」としての側面に含まれる3つの方法を説明する。

①基本形（相互ケア）

　タッピングタッチの大切な特徴の一つは，「お互いのケア」が基本であることである。タッピングタッチにはセルフケアの方法もあり，必ずしあわなければならないものではないが，お互いのケアを基礎として大切にしている（図1）。

　お互いをケアする基本形の体験は，人のあたたかさ，やさしさ，思いやりの気持ちを実感させてくれる。やさしくケアされるとき，人は深く癒され，安心と信頼感をとり戻していくことができる。相手を大切にする行為をとおして，する側もされる側も，本来のやさしさや素敵な笑顔をとり戻して，とても嬉しい気分になる。

　現代社会は，ますます忙しくなり，人と一緒にいたり，ケアしあったり，ということが希薄になってきている。そのために不安や孤独感が高まり，心身の健康が損なわれているようである。そんな中，お互いをケアすることを体験し生活にとり入れられるタッピングタッチの社会貢献は大きいと感じている。

②タッピングタッチのセルフケア（TT セルフケア）

　現代生活では，一人暮らしの方も多く，一緒にするパートナーを見つけにくいことも多いものである。そして，不安や緊張を感じやすいストレスフルな社会に住む私たちにとって，自分自身でストレスを軽減したり，ネガティブな感情とうまくつきあったりする方法を身に着けていることは重要である。

　しかしながら，多くの人達にとって，心身の健康を維持するためのセルフケアを学ぶ機会は限られている。ともすると，ストレスや心の葛藤や不安をなんとか楽にしようとして，安易で依存的なものに手をだしてしまいがちである。私たちの周り

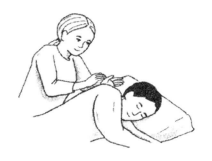

図2　TT セルフケア　　　　　　　図3　ケアタッピング

には，甘いもの，アルコール，ゲーム，動画，ネットなど，依存的になりやすいものが溢れているのだ。

そんな生活環境において，タッピングタッチはとても役立つ。「セルフタッピング」「腕だけ散歩」「ネコの足ふみヴァージョン」の3つのセルフケアの方法は，どれも簡単に体験したり，学んだりすることができるうえ，好みや用途に合わせて利用することができるのである（図2）。

私は，幼い子どもたちにとってもセルフケアが大切だと感じている。家族などでのお互いのケアの体験に加えて，自分自身の心身を大切にケアすることを学ぶことで，より良い人生を歩むことができると思う。タッピングタッチでお互いをケアしたり，自分で心身をケアしたりすることで健康な生活を営むことができるであろう。

③ケアタッピング

ケアタッピングは，相手をケアするときの方法である。健康度に関係なくすることができるが，とくに病気やケアが必要なときの方法として役立つ（図3）。

基本形の応用なので，タッチの仕方などはほぼ同じである。違いとしては，タッチするときに，よりソフトに，ゆっくりふれるようにする。病気や障害がある人にする場合は，タッチの強さや場所について，ていねいに聞きながらすることが大切である。

Ⅳの事例では，主にケアタッピングと TT セルフケアを活用した。

4．タッピングタッチの働きかけについて

タッピングタッチは，ホリスティックケアであり，①癒し，②気づき，③関係性，に働きかけるものである。ここでは，この3つの働きかけについて，事例を使って

説明する。どれも実際に体験した方からの感想を基にしているが、プライバシーに配慮し、ポイントを分かりやすくするために、簡単にまとめてある。

①癒し（心・体・スピリチュアリティへの働きかけ）

　私たちは、身体、心、精神性、関係性といった要素（側面）をもった存在である。タッピングタッチは、それらの要素に統合的に働きかけ、癒しの効果をもたらす。これまでの実践とリサーチからは、不安、緊張、痛み、不眠、抑うつ、ストレス反応などを和らげることが確認されている。

　ある方の夫は、手術の前日に不安が高まり、パニックを起こしてしまった。真夜中の出来事で、動悸と体の震えがとまらない様子をみて、一時は救急車を呼ぶことも考えられたそうだ。しかし、ちょうどタッピングタッチを習ったばかりで、不安の軽減にもなることを聞いていたので、夫を布団に寝かせた形で行ってみた。

　しばらくしていると、しだいに呼吸が深くなり、こわばっていた体がほぐれていくのが感じられた。かなり長く続けていると、静かな寝息とともに寝入ってしまった。翌日、十分に睡眠をとり、落ちつきをとり戻した夫は、無事に手術を受けることができた。

　「妻である私も、ふだんの夫からは想像もできない姿を見てかなり動揺しました。でも夫にしているうちに、私もどんどん落ち着いていくのを実感し、私自身も助けられました。今回の突然の危機を一緒に乗りきったことで、夫婦の絆がさらに深まったように感じています」

　この方の感想からは、パニックした夫への心のケアとしての有用性に加えて、夫婦の関係性への効果もあったことが分かる。

②気づき・マインドフルネス

　タッピングタッチは、ゆっくり、やさしく、ていねいにケアすることを大切にする。そのことで、気づきのある静かな状態（マインドフル）になることが多い。

　ある方は、タッピングタッチの体験で、自分自身の心が「無感覚・無感情」になっていたことに気づかれた。それまで仕事が忙しく、精一杯になっていて、人のことを思いやったり、大切に感じたりしていないことに気づかれたのである。

　「私は人を大切にしていなかったなぁ、人ってこんなに愛おしいんだなぁ。……実は、本来の自分は、もっと優しくて、もっと思いやりをもった存在なんだなぁと気づけたのです。なんだか涙が出てきました。不思議な感覚です」

　この方の感想から，忙しい生活を過ごすなか，知らない間に麻痺してしまっていた感覚が戻ってきたこと。そして，タッピングタッチのケアによって自分の状態に気づき，本来の自分をとり戻す機会になったことが見てとれる。

③関係性・コミュニケーションへの働きかけ

　タッピングタッチでやさしくケアされると，心身が癒され，大切にされている感じが伝わってくる。そして，している側も，相手へのやさしさや思いやりの気持ちを感じ，関係性やコミュニケーションが良くなることが多いのである。

　ある娘さんのお母さんは，高齢で慢性的な痛みがあり，気持ちが後ろ向きでいつも不機嫌であった。なんとか楽にしようと言葉で励まそうとしてもうまくいかず，優しく言葉をかけることもできなくなっていた。

　そんな中，母親とは心理的な距離があり触れることもなかったが，タッピングタッチを試してみた。はじめ，母親の反応は否定的であったが，10分ほどしていると「なんだか身体が温かくなって，心地よくなってきた」と柔らかな表情で話された。

　「なんとなく優しい気持ちになり，なんとも言えず照れ臭かったけれど，とてもありがたい気持ちになりました。1週間後に，再び母の家を訪れた時は，明らかに以前とは違った柔和な雰囲気で迎えてくれました。母との心理的な距離が近づいたようです」

　娘さんの感想からは，お母さんへの優しい気持ちと，より良い関係への期待が感じられる。する側もされる側にも気持ちの変化が起こり，関係性が変化することも，タッピングタッチの大きな特徴である。

Ⅲ　誰でも日常的にできる心のケアとして

　現代は，心理的な苦悩を体験し，支援を必要としている人がますます増えている。しかしながら，適切で十分な支援を受けられる施設やサービスは限られている。そのうえ文化的にも，カウンセリングなどの支援を受けることを躊躇する人が多いことも確かである。

　そんな中，タッピングタッチには，心身への癒しの効果に加えて，①気軽に話せるようになる，②話さなくてもよい，③心が癒される関係性がうまれる，などの特徴がある。それらを活かすことで，誰でも日常的に心のケアをすることができる。

　このセクションでは，これらの特徴にふれながら，「誰でも日常的にできる心の

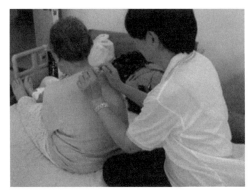

図4　避難所でのタッピングタッチ

ケア」としてのタッピングタッチを説明していく。これまでは西洋からの影響を受け，対面での会話を中心とした心理療法が主流であったが，日本発の東洋的な心のケアとして，理論と実践の両面で役立つことを期待している。

1．心のケアとしてのタッピングタッチ

　タッピングタッチが心のケアとしてどのように役立つか，例をとって見てみよう。写真（図4）に写っているのは，被災された高齢の方が，ボランティアからタッピングタッチをしてもらっているところである。生活されていた施設が津波で被害を受けたため，避難所に設置されたベッドで過ごされていた。

　タッピングタッチは，少し肩たたきのような感じがあるので，高齢の方にとって親しみやすいことが多い。ゆっくり，やさしく，ていねいに触れられることで，だんだんと気持ちや体がほぐれてくる。しばらくすると，相手に対する安心や信頼が感じられてきて，関係性やコミュニケーションがうまれてくる。

　静かにしてもらう人もいれば，話し始める方もおられる。話の内容は素朴なことが多く，する側も気軽に聞きながらタッピングタッチを続けることができる。この方の場合は，とても心地よさそうにしてもらいながら，避難所での生活のことなどを，ぽつぽつと話されていた。している側にとっても，ときどきあいづちを打ったり，質問したり，のんびりした心地よい時間である。

　このときは，ベッドの上に座りながらであったが，横になってもらうこともできる。痛かったり繊細だったりするところもあるかもしれないので，「ここは触れても大丈夫ですか？」といったふうに尋ねながら，相手にとって心地よいところをタッ

チしていくようにする。

　タッピングタッチをしていると，身体と心が楽になることが多い。身体的には，痛みや不快感が楽になることもある。そして，やさしく触れてもらいながら，気軽に話しているうちに関係性ができてくる。それによって心が癒される。

　心理学的にも，安心して話せることは心のケアとしてとても大切である。そんなに深刻な話でなくても，ちょっと自分の思いや気持ちを話せると，心が癒される感じがある。ケアしあったり，気軽に話したり，そういった時間が心のケアに繋がっていくのだと思う。タッピングタッチをしながら，そういう時間や関係性が自然にできていくのである。

　この写真（図４）の例では，ボランティアがタッピングタッチをしている状況であるが，同じことを子どもや家族でも気軽にすることができる。家族以外の親しい人などでも同じである。基本の「ゆっくり，やさしく，ていねいに，左右交互にタッチする」などを守りながら実施すれば，同じような効果を得ることができる。

　このことを利用して，看護や心理の仕事にも活用することができる。仕事で患者さんに触れることが多い看護師だとふだんのケアに加えることは難しくないであろう。後ほどの事例にあるように，病室で横になっている方へも，同じように行うことができる。

　また「誰でもできる心のケア」という特徴は，患者さんのケアに家族のリソースを活かすことにもつながる。簡単なので，短時間で介護している家族の人に教えて，してもらうことができる。これは，患者さんへのケアの時間が十分にとりにくい，という状況への打開策にもなるだろう。

　はじめての場合は，簡単に説明してから，試しにして見せるようにするとよい。そのうえで実際にタッピングタッチを体験してもらうことで，気軽な体験学習の機会になる。うまくできなくても，「ちょっと強いかな？」とか，「このタッチは気持ちいい？」とか言いながら，ふれあいや交流がうまれる利点がある。いったんやり方が学べれば，家族でのケアとして役立っていくだろう。

　心理職の方も，病棟で働くことが多くなっている。カウンセラーとしては，ふだん患者さんに触れることは少ないと思うが，適切な説明と許可があれば，問題なくできるだろう。もちろんカウンセリングルームでも行うことができる。触れることが適切でないと判断した場合は，タッピングタッチのセルフケアを一緒にしながら学んでもらうこともできる。

2．言葉に依らない心のケアとして

　先の例では，してもらっていると自然に話ができて癒されるということに関して述べた。しかし，タッピングタッチには，「話さなくてもいい，言葉を必要としない」という特徴もある。する側もされる側も，何も言わず，静かに行うことができるのである。

　ふつうカウンセリングでは，傾聴といって，相手の話をていねいに聞くことを重視する。そのためには，言葉によるコミュニケーションが大切で，それができない場合，なかなかカウンセリングとしては成り立ちにくい。

　しかし私たちは，他人に話したくないときもあるし，言葉にならないつらさを抱えていることもある。日本の文化では，人に自分の問題や悩み事を言うことを恥に思ったり，負担をかけることを避ける傾向がある。そんななか，話さなくても心のつらさが癒されるというタッピングタッチの特徴は大きいと思われる。

　そのうえ，知的障害などで言語的なコミュニケーションがとりにくい人への心のケアが可能になる。まだ言葉を持たない赤ちゃんや，事故などで言語能力を失った人へのカウンセリングなどへ応用することもできるのである。

　ゆっくり，やさしく，ていねいに触れたり，ケアしたりすること自体が，癒し効果のあるコミュニケーションになるようである。「非言語的コミュニケーションによる心のケア」，または「言葉に依らない心のケア」として位置付けることもできるだろう。

　そしてもう一つ，関連した特性として，タッピングタッチの基本の形では，同じ方向を向いて行うことがあげられる。従来のカウンセリングだと，面と向かって話すが，タッピングタッチをしている時は，同じ方向を向いて目を合わさない。この特徴も心のケアとして大切なポイントだと思われる。

　初期の精神分析の心理療法では，カウチに横になってもらい，患者さんの頭の辺りに座って行っていたようである。そうすることで，患者さんからはセラピストが見えず，自然に出てくることを気軽に話すことができた。自由連想してもらいながら，無意識のことを理解していったのである。

　タッピングタッチは，それを意識したわけではないが，相手に面と向かわずにいる，という点では似ている。してもらっていると，心身がほぐれて感情や涙が湧き出てくることもある。そんなとき，相手の目線を気にしなくても良いというのは大きな利点である。自分の自然な感情を隠さなくてもよいと，自分らしくあることが

でき，気持ちの発散や浄化が起こりやすいと思われる。

3．クライアント中心療法からみたタッピングタッチ

　ここでは，Carl Rorgers のクライアント中心療法の理論をあてはめて考えることで，「誰でも日常的にできる心のケア」としての理解を深めたいと思う。

　Rogers の理論では，カウンセリング（心のケア）の必要十分条件として6つの要素があり，その中でも，「受容」（無条件の積極的関心），「共感」（共感的理解），「一致」（自己一致）が大切だとされている（Rogers, 1980, 1986）。

　簡単な説明としては，「受容」とは，相手をそのまま受け止める姿勢で，批判とか評価をしない状態のことである。「共感」は，相手の気持ちを理解し，思いやりをもって接すること。そして「一致」は，気持ちと言動が一致していて，自分らしくある状態のことである。この理論では，カウンセリングに限らず，人間関係においてこれらの条件がそろうときに，心が癒され，自分らしさをとり戻し，人間としての成長が促進されると考えられている。

　タッピングタッチは，治療法ではないので，実施することで相手を変えようとか治そうとかはしないようにする。その代わり，ゆっくり，やさしく，ていねいに，基本の仕方に沿って行うようにする。そうしていると，相手への評価・批判的な気持ちが和らぎ，あたたかく優しい気持ちが感じられることが多い。

　タッピングタッチでは，あえて相手のことを思いやったり，共感しようとはしないが，自然に「受容」や「共感」といった条件がそろってくる。そのうえ，話しても話さなくてもよい状況のなかで，お互いが自分らしくあるということができる。これは Rogers の理論でいうところの「一致」ということにもあてはまるだろう。

　ふれてケアすることで，意図することなく「受容」「共感」「一致」という条件がお互いの関係においてそろうのである。心のケアは，専門家でなくても，ふだんの生活や関係性のなかでも可能であるという Rogers の視点は，タッピングタッチの体験に重なるのである。

4．パーソンセンタードケアからみたタッピングタッチ

　もう一つ，タッピングタッチの理解を深めるうえで役立つ理論がある。認知症の高齢者の心理を理解し，人としてケアするための理論「パーソンセンタードケア」である。

　開発者の Tom Kitwood（2019）によると，「自分らしさ」「結びつき」「携わる

こと」「ともにあること」「くつろぎ」などが，認知症の方々の心理的ニーズだとしている。これらのリストをよく見てみると，高齢者に限らず，どれも私たちの心の健康にとって重要なものであることがわかる。

とくに，関係性が希薄になり，人と一緒に仕事をしたり生活するという当たり前のことが得にくくなっている社会において，どれをとっても大切である。私たちは，人と良い関係を持ち，役に立ったり喜んでもらったりすることで，心の健康を保っている。それらが十分に得られないとき，私たちは不安になったり孤独になったりして，心が病んでいってしまうのである。

Kitwood は，上記の5つの心理的要素を花びらになぞらえ，それらのすべてに共通した中核要素として，「愛」を花の中心に置いている。私たちが人間らしく生きるために最も大切なものが愛である，という視点である。

この理念もタッピングタッチの体験とかさなり，私もまったく同感である。やはり私たちにとって一番大切なことは愛であり，私たちはそれをさまざまな形で体験したり，必要としたりしているのだと思う。ホロコーストを生き延びた精神科医・心理学者の Viktor Frankl（1947）は，「愛は，人が人として到達できる究極にして最高のものだ」と述べている。

タッピングタッチは高齢者や認知症のケアにも役立つ。「自分らしさ」「結びつき」「携わること」「ともにあること」「くつろぎ」などの要素が体験と重なるからであろう。家族での利用に加えて，高齢者のデイケアやグループホームでの利用も好評である。

高齢者にとって，ゆっくり，やさしく，ていねいに，ふれてケアされることはとても心地よいものである。そのうえ，タッピングタッチを相手にすることができるとき，より元気になることがとても印象的である。ただケアされるだけだと，リラックスして眠ってしまいがちだが，相手をケアすることで，とても元気になる人が多いのである。ふだんあまり笑わないような方が，とても楽しそうにされることも稀ではない。

ここでは，クライアント中心療法とパーソンセンタードケアの理論も含めて，タッピングタッチの「誰でも日常的にできる心のケア」としてのポテンシャルを説明した。

私は，タッピングタッチは，それ自体が何かをするというよりも，私たちに本来備わっている自己治癒力と相手をケアする能力に働きかけていると考えている。そ

して，やさしくケアしあうことで，心の健康や生活の質などが改善し，人間として
大切なことをとり戻すことに繋がるように思う。

Ⅳ　病院での臨床事例：Ｋさん

　ここからは，病院での臨床事例をとおして，タッピングタッチによるケアのあり
方を述べる。この事例も私が実際に関わった患者であるが，プライバシーを守るた
めに個人情報などを含めないようにする。
　患者のＫさん（男性，60歳）は，「間質性肺炎急性憎悪」という診断を受け，私
がお会いした時には，入院して3カ月になっていた。
　Ｋさんの症状は，肺胞壁の炎症と線維化による，呼吸困難，体力低下などであっ
た。治療計画は，「治療を施して，在宅酸素の指導のうえ退院」ということであった
が，症状が良くならないまま3カ月もの入院になっていた。
　家族関係は良くなく，元妻は入院当初のみ，娘さんがときどき洗濯物をとりに来
る程度であった。彼には「内縁の妻」がいて，退院したら一緒に住んで世話になろ
うと考えていたが，断られて別れることとなった。
　担当ナースとケースワーカーに付き添ってもらい，自宅を訪問することもあった。
しかし，呼吸や体力がついていかず，退院することが難しいという現実を知ること
になった。病状も改善せず，周りから見捨てられるような形になり，「もう死んでし
まいたい」との思いも高まっていた。
　病棟では，強い口調で怒ったりすることも多く，ケアスタッフも「あそこへ行っ
たらなんか言われる」と足が遠のいてしまっていた。ナースからは，「家族にも内縁
の妻にも否定され，怒りと落ちこみの気持ちをぶつける人がいないから，私達ナー
スにあたっているんだと思います」という感想があった。

1．1回目のタッピングタッチ

　私が初めて病室を訪れた時，Ｋさんは酸素吸入をしながら，仰向けに寝ておられ
た。息のしづらさに加えて，腹水によって腹部が大きく，苦しそうであった。私は
簡単な自己紹介をして様子を聞くと，病状がよくならないまま3カ月もたち，「これ
以上つらいことがない……もうはよ逝きたい……」とのことであった。
　私は彼の気持ちを受けとめたうえで，タッピングタッチのバリエーションである
「ケアタッピング」をしていった。大部屋なので,周りからはいろいろな音や声がし

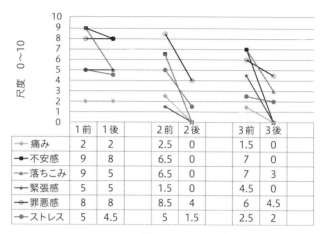

	1前	1後		2前	2後		3前	3後	
─◆─痛み	2	2		2.5	0		1.5	0	
─■─不安感	9	8		6.5	0		7	0	
─▲─落ちこみ	9	5		6.5	0		7	3	
─★─緊張感	5	5		1.5	0		4.5	0	
─●─罪悪感	8	8		8.5	4		6	4.5	
─●─ストレス	5	4.5		5	1.5		2.5	2	

図5　タッピングタッチによる心身の変化

てきたが，ナースが用意してくれたタッピングタッチの音楽を背景に，静かに丁寧に行った。

　15分ほどしてリクエストを聞くと，胸にして欲しいとのことだったので，胸の辺りをソフトタッチでしばらく触れるようにした。腹水でつらそうな腹部にもしばらく行った。一通り終わってから，タッピングタッチのセルフケアの仕方を教えた。彼の左手はうまく動かなかったが，しばらく自分で続けることができた。

　タッピングタッチの実践では，その効果を測定して役立てるために，VAS（主観的感覚尺度）を利用する。Ｋさんの場合も，承諾を得て，聞き取る形で測定させていただいた。

　VASは，痛みや身体感覚など，主観的にしか分からないものを測るための尺度で，医療や臨床における測定や研究によく使われるものである。タッピングタッチでは，「痛み」「不安感」「落ち込み」「緊張感」「罪悪感」「ストレス」を指標とし，それぞれの項目に対して，最低値を０，最高値を10として測定する。

　Ｋさんの場合，タッピングタッチをする前は，不安と落ち込みは９，罪悪感は８，緊張感とストレスが５，痛みは２という状態であった。実施後の測定値と比べると，気持ちの落ちこみが９から５へと変化した程度で，タッピングタッチの効果は限られているようであった（図５；１前後）。

　Ｋさんは，苦しいからか，言葉少なげであった。タッピングタッチが終わっても，とくに感想もなく，私はまた明日訪れることを告げて終わった。

2．2回目のタッピングタッチ

　翌日，再びナースと病室を訪れると，顔つきが穏やかなKさんがおられた。尋ねてみると，昨晩は，いつものような悪夢がなく，よく眠れて助かったとのことであった。

　よく聞いてみると，彼は毎晩のように，追いかけられたり，娘に責められているような夢でうなされ，十分な睡眠がとれずにいたことが分かった。久々によく眠れたことで，「もう死んでしまいたい」ではなく，「今晩も嫌なことが戻ってこずに眠れることを願う」といった感じであった。VASの測定では，不安，落ちこみ，緊張などの数値が下がっていた（図5；2前後）。

　この日の2回目のタッピングタッチも同じようにケアタッピングとセルフケアを中心に行った。前回と同じように静かに受けておられたが，とても心地よさそうで，関係性も感じることができた。そして帰る前には，わざわざ頭をもたげ，私と目を合わせ，ていねいに頭を下げられたのが印象的であった。

　終わってからのVASの測定では，痛み，不安感，落ちこみ，緊張感の4項目が0に下がり，タッピングタッチの効果が見られた。罪悪感は8.5から4と約半分になり，彼の家族へのつらい気持ちが軽減したかのようであった。

3．3回目のタッピングタッチ

　3日目の訪問では，Kさんは昨晩もよく眠ることができ，調子が良くなっていたことを知った。これまで，体のつらさと気持ちの落ち込みによって，リハビリに行けずにいたが，担当ナースは，これを機会に行けるのではと期待を膨らませていた。

　この日も基本的には同じようにケアタッピングを行った。リクエストで彼の腹部をタッチしていると，腫れがずいぶん楽になっていることを知らせてくれた。セルフケアの方法を使って，自分で腹部をタッチすることが役立ったようであった。

　VASの測定では，痛み，不安感，緊張感が0に下がった。落ち込みは7から3へ，緊張は6から4へと下がった。前日と比較すると変化量は少ないが，全体的に楽になったことが示されていた（図5；3前後）。

　終わる前に，セルフケアの方法のおさらいをすると，自分でしばらく腹部をタッチされていた。そして，また時間があれば来ると伝えて終わったが，これが私の最後の訪問とタッピングタッチになった。ナースからの連絡では，このあとリハビリには行けなかったが，とても心地よさそうにされていたとのことであった。

4．その後のナースによるケアと考察

　その後は，担当のナースによってタッピングタッチによるケアが継続された。二交代の激務のなか，定期的に実施するようなことは無理であったが，時間の許す範囲でおこなわれた。

　約1週間後にナースから連絡があった。あれからせん妄状態も強くなっていたのだが，タッピングタッチをして話していると，病院の中庭へ散歩に行くことができたとのことであった。ナースもこの機会を逃してはと，周りのスタッフを巻き込むような感じで，車いすに乗せて行ったようである。

　その時に送られてきた写真には，よい日差しの中庭で，ナースと一緒に車いすで両手をあげて嬉しそうにしているKさんが写っていた。2枚目の写真には，病棟の8人もの医療スタッフに囲まれて，親指を立てているKさんが写っていた。スタッフの皆さんも，とても喜んでおられる感じが伝わってきて感動したのを覚えている。

　Kさんにとって，中庭にいくのはこのときが最後になった。これ以降，呼吸状態がわるくなり，せん妄が強くなり，注射による鎮静なども必要になっていった。そして，この連絡の約2週間後に穏やかに亡くなられたことを知った。

　以上が事例の紹介である。ここからは，担当ナースの回想を中心に，ホリスティックケアとスピリチュアルケアという視点から考察してみたい。以下の文章は，ナースの言葉である。

　「タッピングタッチというケアのツールがあったから，対応しにくい患者Kさんの所へ行きやすかったです」
　「タッピングタッチをとおして，Kさんとの距離が近くなりました。もう少し話をきいてあげたいとか，そういう気持ちに変わっていきました」
　「いつも厳しいことを言う方だったので，ナースみんなは敬遠気味でした。……周りのナースの関わりも変わっていって，タッピングタッチのCDをかけてあげたりしていました」

　ナースの回想からは，ナース自身の気持ちと患者との関係性の変化がみられる。医療現場において，難しい患者さんへの対応はとてもストレスフルである。患者への心のケアに加えて，関係性の改善による利点が見えてくる。ここでは，Kさんが穏やかになられることで，周りとの関わりもよくなり，スタッフによるケアが楽になった。

「呼吸が苦しい患者に対して，薬剤だけでなく，関われる（ケアできる）ことがとても良かったです。呼吸を楽にするためにもモルヒネが使われることが多いけれど，それが効いてくるまで，一緒にいることができるとか……」

「タッピングタッチは可能な範囲で続けて，しているときは，穏やかな表情をされていました。なかなか持続性としてはなかったのですが，させてもらう私もＫさんを大切に感じることができました。……いいケアができたと思います」

　現場においては，限られたスタッフで多くの患者や利用者のケアを求められることが多い。この事例の場合も，二交代制の仕事環境に加えて，スタッフが病気で休んでいたりした。そんな状況の中，毎日はできなかったようであるが，「いいケアができた」という体験は大きいと思われる。

　あるベテランナースに教えてもらったことがある。自分たちナースがバーンアウト（燃え尽き症候群）するのは，十分なケアができていないと感じることが多いときだと。もっとケアしたい，ていねいな世話がしたいのにできない，その人を楽にしたり良くしてあげたいと思うのに，それができないことが心の負担になっていくとのことであった。

　反対に，患者に対して十分なケアができた，よいケアができた，と思える時は，喜びや仕事への充実感といったものを感じることができるであろう。今回の事例では，病気を治すことはできなかった。しかしながら，ナースとして「いいケアができた」と感じられたことは，とても良い質のケアがあったことを示唆するものであり，ケアする側とケアされる側の両方にとって大切なものであったと思われるのである。

　経営的な課題と人材不足の医療現場において，患者に対するケアがおろそかになっていることを憂う声が専門家から聞こえてくる。そんな中において，タッピングタッチは患者の心身のケアと関係性の改善に活用することができる。そして，ケアする側の心のケアにもなることを理解すると，タッピングタッチによるケアの時間の有効性がみえてくるように思われる。

「たぶん，Ｋさんにとってよかったことは，タッピングタッチによってケアしてもらうことによる「安心感」だったのではないかと思います。彼は家族に見捨てられたような気持ちで，とても孤独で不安だったと思います。自分の家族や人生を振り返ることで，後悔したり，自責の念で一杯だったのではないかと感じます」

「Kさんにとって，周りのナースに大切にされ，心安らかにいられたことは，スピリチュアルケアの視点からも，大切だったと感じています」

　これらの回想は，スピリチュアルケアについて語られている。

　Kさんの人生がどのようであったか分からない。だから想像するしかないのだが，家族関係などがあまりうまくいかなくて，つらい思いをされたのであろう。もしかしたら，家族に対してもきついことを言ったり，ときに暴力的だったりしたのかもしれない。そして，誰からも相手にされなくなり，もうこのまま死んでしまうのかもしれない，と感じた時，夢の中でも責められ，逃げ惑うような苦しさを感じたのだろう。

　死を間近にしたときなどに感じる心理的な苦痛を「スピリチュアルペイン」と呼ぶことがある。人生の意味の消失，死への不安，無価値，自責の念，空虚感などが含まれ，それまでの人生のあり方によって体験はさまざまである。人それぞれの生き方や受け取り方などによるものなので，そのペイン（痛み）をとるための薬はない。

　Kさんへの「スピリチュアルケア」とは何だったのだろうか？　私は，家族にも見捨てられ，人生の終わりを身近に感じていたKさんにとって，大切にケアされること自体がスピリチュアルケアになったと感じている。彼との時間を大切に感じ，あたたかい思いでケアして見守るケアスタッフがいたことは，彼の人生の最後にとって尊いことではなかったであろうか。私は，彼が私に対して無言で深く礼をされたときのことを思いだすことで，彼の人間性を感じ，彼の体験が分るような気がするのである。

　タッピングタッチがなくても十分なケアが提供されたと思う。しかし，タッピングタッチを活用することで，より良いケアができたこと。そして，Kさんがこの世を去る前に，穏和な自分をとり戻し，人とのあたたかい関わりを感じることができたことは，とても貴重なことでなかっただろうか。

　タッピングタッチのゆっくり，やさしく，ていねいなケアで，人のあたたかさや優しさを感じることができる。そんな素朴な体験が，私たちの心の深いところの痛み，スピリチュアルペインを癒すことがある。

Ⅴ　タッピングタッチの方法

1．基本形

タッピングタッチ：2人でおこなう基本型（簡易版）

ひなたぼっこのように，ゆったりと♪

力をいれたり，マッサージにならないように！

全体で15分くらいかけてすると効果抜群！

1〜2秒に，左右交互一回ずつのリズムで♪

交代してお互いをケアするようにしましょう♪

床に座ってもOK！

タッピング

①タッピングタッチをすることが決まったら相手の後ろに座ります。椅子でする場合は，じゃまにならないように，背もたれが脇にくるように座ってもらいます。

②相手の首から少し下がったところの，肩甲骨の内側の辺りに軽く手をそえます。「こんにちは，これから始めますよ〜」と相手の体に知らせるような感じで，ほんの数秒でOKです。

③手を置いていた肩甲骨の内側の辺りを，1〜2秒間に左右1回ずつのリズムで，左右交互に均等にタッピングします。タッピングは，指先の腹のところを使って，軽く弾ませるようにソフトにタッチします。

④しばらくタッピングできたら，背骨の両脇の筋肉をタッピングしながら，徐々に下りていきます。腰の辺りは，相手の後に立って「ゾウの鼻」タッチをします。ゾウの鼻のように，腕をぶらんと左右交互に振りながら，手の甲を相手の腰のあたりにポンポンと当てるようにします。

ゾウの鼻

⑤腰が終わったら，立ったままで肩や腕，そして首と頭をタッピングしていきます。首と頭は他の所よりも繊細ですので，相手に「首と頭もしてもい

いですか〜」と聞いてから行ってください。

⑥もう一度座って，背中に「ネコの足ふみ」タッチ
を行います。手を軽く丸め，ネコがその場で足ふみ
をするような感じで，左右交互にタッチしていき
ます。力を入れず，腕の重みを利用しながら，左
右に少し揺らぎながらおこなうと良いタッチにな
ります。

⑦手のひらで相手をやさしく包むようにタッチする
「コアラの木登り」も試してみてください。

⑧ここまでで一通りできたので，相手にしてほしい場
所やタッチの種類のリクエストを聞いて行います。
心地よく感じるところへのタッチはより効果的で
す。

⑨終わりに向けて，柔らかい手のひらで左右に触れる
「ソフトタッチ」をします。そして再び,肩甲骨の内
側あたりに軽く手をそえて静かにします。落ち着き
や暖かさが感じられ，最後は背中や腕を気持ちよく
何度かさすっておわります。

⑩全体を 15 分くらいかけてゆったりと行うのが理想
的です。ここまできたら，少し感想などを聞いてか
ら，交代して行うようにします。

ネコの足ふみ

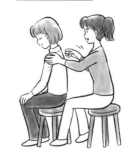

コアラの木登り

2．TT セルフケア（セルフタッピング簡易版）

①リラックスして，まずは顎から

　腕をブラブラして心身をほぐしてから，左右交互に，顎を軽
くタッピングします。顎の筋肉はとっても強く，ストレスや感
情に影響されやすく，硬くなっている場合がほとんどです。タ
ッピングしていて，なんだかあごが動かしたくなったら，口を
あけてほぐしてみましょう。大抵の場合，あくびが出始めます
が，心身がほぐれるサインのようなものです。

②楽しい気分で，頬をタッピング

　次は，頬をタッピングします。明るい笑顔をとりもどすためにも楽しい気分で行いましょう。基本型と同じように，ゆったりとしたリズムで左右交互にタッピングしてください。

③こめかみの辺り

　今度はこめかみの辺りをタッピングします。こめかみの辺りも結構広い場所です。目や頭の疲れ，頭痛，神経痛などに効果があるツボが縦に並んでいるので，まんべんなくタッピングしながら，気持ちよいスポット（ツボ）を見つけるような心持ちで行いましょう。

④額

　次は額ですが，眉毛の中央から少し上がった辺りを左右にタッピングしてください。ここの部分は，頭，目，顔などの健康を促進してくれます。

⑤頭全体を好きなように

　しばらくしたら，頭全体を好きなようにタッピングしてください。たくさんのポイントが刺激されて，気持ちがすっきりとすることでしょう。

⑥後頭部

　次に頭の後を下方向へタッピングしていきます。後頭部までたどり着いたら，髪の生え際に沿って左右にタッピングすると，頭の血行がよくなると共に，目や頭の疲れがほぐれます。

⑦ 首と肩へ

　少しずつ下がっていって，首と肩をタッピングします。やりにくい人は，腕をクロスして行ってもかまいません。

⑧ 胸

　今度は胸ですが，まずは鎖骨の下のくぼみの辺りを左右にタッピングします。それから胸全体をタッピングします。

⑨ 腹

　軽くタッピングしながら，胸から下腹まで徐々に下がっていきます。そして，軽く気持ち良い感じを基準にして，お腹をタッピングしてください。内臓に負担がかからないよう，強くしないように気をつけてください。ここでは「ネコの足ふみ」タッチを試してみてもよいでしょう。

⑩ 腰

　手をまわして，腰もタッピングしておきましょう。この時は，手首を回して指先でタッピングしても，手の甲を使って軽く叩くようにしても構いません。

⑪ もう少し楽しむ

　ひととおりの動作を行ったら，もう少ししたい所や心地よいところを見つけながら，もうしばらく自分を大切にケアする時

間を楽しみましょう。

⑫呼吸を整えてリラックス

　すべてが終わったら，両手を重ねて下腹において静かに呼吸を整えます。しばらくして落ち着いた心と体を味わいながら，リラックスするのもよいものです。最後に「よしよし」という感じでお腹を丸くさすりながら，リフレッシュして終わりましょう。

3．利用における注意点や配慮について

・ふれることの承諾を得る
・無理にしない，押しつけない，しつこくしない
・気楽に，楽しく，軽やかに
・マッサージにならないように
・相手の心地よさを聞きながらする
・のんびりと，ゆったりとした時間を楽しむように
・ケアとしての利用であり，治療を目的としない
・専門性を活かして安全に役立てる

タッピングタッチをしない方が良い状態
・身体接触が不適切なとき（セルフタッピングなどの利用を考慮する）
・触れられることへの違和感や身体感覚に異常があるとき
・精神的な病気により，妄想や幻覚などの症状があるとき

　　文　　　献
有田秀穂・中川一郎（2009）「セロトニン脳」健康法—呼吸，日光，タッピングタッチの驚くべき
　　効果．講談社．
Frankl, V. (1947) Ein Psycholog erlebt das Konzentrationslager. Wien.（池田香代子訳（2002）夜と
　　霧［新版］．みすず書房．）
Kitwood, T. (2019) Dementia Reconsidered, Revisited: the person still comes first. Open University
　　Press.
中川一郎（2004）タッピング・タッチ—こころ・体・地球のためのホリスティックケア．朱鷺書
　　房．
中川一郎（2019）タッピングタッチの理論と実践—ホリスティックケアから見えるブッダの教え．
　　タッピングタッチ協会．
Nakatani, Y., Nakagawa, I., Sekiyama, T., Seki, Y., Kikuchi, H., Yu, X., Sato-Suzuki, I., & Arita, H.(2009)
　　Tapping touch improves negative mood via serotonergic system（タッピングタッチはセロト

ニン作動性神経系を介して陰性気分を改善する）．Neuroscience Research, 65, Supplement1, pp.S1-S286.

Rogers, C. R. (1980) Client-centered psychotherapy. In: Kaplan, H. I., Shadock, B. J., & Freedman, A. M. (Eds.): Textbook of Psychiatry 3, William and Wilkins, pp.2153-2186.

Rogers, C. R. (1986) A client-centered/person-centered approach to therapy. In: Kutashi, I. & Wof, A. (Eds.): Psychotherapist's Casebook, Jossy-Bass, pp.197-208.

Shapiro,F. (1995) Eye Movement Desensitization and Reprocessing: Basic Principles, protocols and Procedures. Guilford Press.

第4章

USPT

新谷宏伸・小栗康平

I　はじめに

Unification of Subconscious Personalities by Tapping Therapy（タッピングによる潜在意識下人格の統合法，以下 USPT）は，解離症および広義の解離（同一性の断片化が主因と見立てられる精神疾患全般）を治療するための心理療法である（小栗ら，2012）。「タッピングによる」という枕詞は身体志向セラピーを彷彿とさせるかもしれないが，USPT は身体的アプローチがメインの治療法ではない。区画化された人格部分の統合的単一化によって，外傷性記憶を無害な物語記憶に変容させる技法であり，分類上はパーツ・セラピーに属する。

2021 年現在，残念ながらランダム化比較試験により有効性が証明された解離症の治療法は存在せず，USPT も例外にはあたらない。また現状において USPT に関する文献はわずかしかなく，公式マニュアルは 2020 年に出版されたばかりである。今後の研究成果の蓄積，均霑化の充実や作用機序の明確化という課題が残ることをはじめに述べておく。

II　USPT が成立するまでの経緯

時は 2003 年，精神科医 小栗が，外来患者Aさんのトラウマ処理を目的として EMDR（眼球運動による脱感作と再処理法）の眼球運動を施行中，いきなり人格変換（スイッチング）が起こった。表情も声色も一変させたAさんは「先生さぁ，この娘に近づくと危ないぜ！」と主治医をどやしつけた。PTSD（心的外傷後ストレス障害）とみなして

いた患者Ａさんが実は解離性同一性症（dissociative identity disorder, 以下 DID）であったことに驚いた小栗は，その後たて続けに DID 患者に出会い，多重人格の領域に惹きつけられていく。臨床的試行錯誤を重ねることにより，安全に別のパート（交代人格）にアクセスするには両膝の左右交互刺激が最も適していると見出したものの，人格を統合する根本的治療は果たせずにいた。

　そんな中，思いもよらぬかたちで転機が訪れた。小栗自身が主治する難治うつ病患者のＢさんが，自称霊能者Ｄ氏の単回の除霊術によって著明改善したのだ。もちろん小栗とて，病的体験と神秘体験との境界に無自覚だったわけではないが，自分が治せずにいた患者が一度きりの施術で劇的に改善した事実を目の当たりにして，医学的整合性よりも大切なものが存在することに思いが至ったのであろう。小栗は，患者ＢさんにＤ氏を紹介してもらい，Ｄ氏のセッションを何度か見学した。驚くべきことに，Ｄ氏の施術は除霊のみにとどまらなかった。2006 年には施術中になんと DID 患者の人格統合を行い，Ｄ氏（の肉体を媒介としたハイヤー・セルフ）は「この手技は霊能者の専売特許である除霊とは異なり，精神科医でも使用可能」とのお墨付きを小栗に与え，統合手技（背部刺激など）はその場で伝授された。

　かくしてパズルのピースを揃えた小栗にもはや迷いはなく，もともと発見していた両膝の左右交互刺激によるスイッチング法と背部刺激による融合・統合技法をパッケージングした上で細部を調整し，この独自の DID 治療法を USPT と命名し，自身の臨床に率先して取り入れた。そして，産声を上げた USPT を広く紹介するために，2007 年に第 103 回日本精神神経学会学術総会で，2012 年には『精神科治療学』誌上（８月号）で報告した。

Ⅲ　内在性解離，DDNOS-1，OSDD-1，PDID

　USPT の実施を重ねる中で小栗は，あることに気づいた。DID 未満の解離症患者（同一性の断片化があるものの，通常は別のパートが外側には出現しない患者）であっても，USPT の両膝左右交互刺激によって別のパートへのスイッチングが生じるのである。そういった患者に診断名をつけるなら，DSM- Ⅳ -TR においては特定不能の解離性障害サブタイプ 1 （dissociative disorder not otherwise specified subtype 1, 以下 DDNOS-1），DSM-5 では他の特定される解離症サブタイプ 1 （other specified dissociative disorder subtype 1, 以下 OSDD-1）が適切であろう。だが，いかにも“残り物入れに放り込む”かのような面持ちの堅苦しい病名を

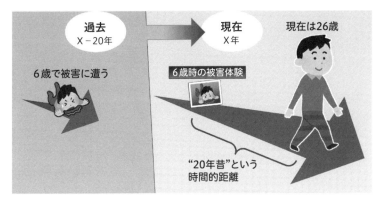

図1　病的な解離を呈していない人の場合

嫌った小栗は，内側にとどまるタイプの人格部分が複数存在する現象を主体とした解離を，内在性解離と呼ぶことにした。DID は，主導権をもつ複数のパートが入れ替わりながら外的世界に出現する。対して，内在性解離は，個人の意識や機能の管理を行うパート（外側に出現するパート）は１つのみで構成される。

　内在性解離患者にも USPT は有効である。それどころか，各パートが複雑でないぶん，DID よりも内在性解離のほうが短時間，短期間で USPT を完了できる。小栗の手応えは，いっそうたしかなものになっていった。

　なお，2018 年公表・2022 年発効の ICD-11 でようやく，このタイプの解離症に部分的解離性同一性症（partial dissociative identity disorder，以下 PDID）というまっとうな名が授けられた。PDID という診断名の創出は，この解離症が希少な疾患ではなく，残り物入れから拾い出され正当な評価を受けるべきであったことを意味する。それは分かりやすさを重視して「内在性解離」とネーミングした小栗の意図とも矛盾するものではないだろう。

IV　内在性解離を図２枚の対比により示す

　では，内在性解離とは具体的にいかなるものなのか。病的な解離を呈していない人と内在性解離を呈する人との対比図を用いて，病態を説明したい。この対比図は，本質を損なうことなく簡略化を進めており，ほぼそのまま患者に提供可能な心理教育モデルにもなっている。

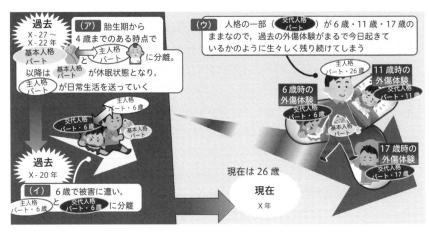

図2　内在性解離を呈する人の場合

1．病的な解離を呈していない人の場合

よく「つらさは時間の経過が癒してくれる」といわれるが，時の癒しを享受するには，心が解離していないことが条件となる。図1で一例を説明する。6歳時に被害に遭ったものの，単一の人格のまま解離せずに26歳まで成長した場合，人生の時間軸上の被害体験から現在までの間には，20年という時間的距離が生じることとなる（図1）。すると，振り返るときには，20年前の思い出として，単なるセピア色の写真を見返すように安全に回想できる。

ほかにも，ストレス耐性が高い（打たれ強い，くよくよ引きずらない）ことや，物事を迷わずに即決できることなども，人格が大きな1つのままであることの長所として挙げられよう。

2．内在性解離を呈する人の場合

記憶には，物語記憶と外傷性記憶がある。物語記憶は，容易に頭の片隅から取り出すことができる。対して，外傷性記憶は，"言葉にならない"ほどのつらさを伴う行動・感情・感覚・記憶のかたまり――Bennett G. Braun（1988）はこういったトラウマ題材を，Behavior, Affect, Sensation, Knowledge の頭文字をとりBASK要素と称した――として冷凍保存される。

まずは図2の（イ）から見てほしい。患者が6歳のときに加害者からの虐待に遭い，患者の人格が主人格パート（単に主人格ともいう）と交代人格パート（単に交

代人格ともいう）に分離された例が示されている。冷凍保存された外傷性記憶を交代人格パートが心の奥で請け負ってくれるため，主人格パートは外傷を想起せずにすみ，つらさに圧倒されることなく日常生活に専念できる。つまり解離という"切り離し作業"は，トラウマに耐えながら生きる者にとっては，理に適った生存戦略といえる。適応的であるがゆえにその区画化は無意識に習慣化され，その後も例えば11歳で心理的虐待を受けたり，17歳で暴行に遭ったりするなど，受傷するたびに主人格パートと交代人格パートの分離が繰り返される。

　すると，主人格パートが外的世界で社会生活を営み，図2（ウ）のように歳を重ねて26歳になったとしても，心の一部（交代人格パート）は当時の年齢（6歳，11歳，17歳）のまま外傷性記憶をもち続けることになる。過去のつらい出来事が風化せず，セピア色の写真にならないため，患者は，20年前のトラウマ体験に関する感情や感覚を「まるで今現在起こっているかのよう」に生々しく感じ続けてしまう。

　このことは，Pierre Janet が二重感情と名づけた外傷の重層性の問題をも内包する。例えば現時点で上司に叱責されたことがトリガーとなり，「幼年期に親から責められたときの外傷性記憶」など，交代人格パートの引き受け続けてきた冷凍保存カプセルの中身が再活性化される。その際，外傷性記憶は"言葉にならない"ため，記憶データだけでなく感覚や感情まで総動員されたかたちで噴き出してくる。映像を必ずしも伴わない，いわゆる"感情のフラッシュバック"によって，主人格パートは今の苦痛と昔の苦痛，両方を一度に被ってしまう。

　また，主人格パートと交代人格パートの凝集性と協調性が完全に損なわれていて，主人格パートがトラウマ体験の記憶を失っているケースであっても，交代人格パートの内在によって漠然とした恐怖感や自己否定感は続くため，情動調整が困難になる。さらに，限定された心の領域（主人格パート）のみで日々の生活を営まねばならないためストレス耐性が低下するデメリットや，人格部分同士で意見が対立し物事を決断できず心的エネルギーの浪費を重ねるデメリットも生じやすくなる。

3．人生最初の分離によって生じる基本人格パート

　USPT 治療の解離モデルでは，人生最初の分離を，それ以降の分離とは区別して論じる。図2の（ア）に示したように，人生で最初の分離以降ずっと休眠状態を保持している非活動的な人格部分を基本人格パートと呼ぶ（単に基本人格ともいう）。
　人生最初の分離は原則，胎生期から出生後4歳までに，生存ストレスもしくは愛

表 1　USPT を理解する上で重要な用語の説明

基本人格 パート （基本人格）	人生最初の分離（イニシャル・ディバイド）によって主人格パートと切り離されて以降，ずっと休眠状態を保持している非活動的な人格部分。胎生期から出生後 4 歳までに，生存ストレスもしくは愛着ストレスへの反応として生じる。なお基本人格パートは，Richard Kulft が 1980 年代に提唱した，通常身体をもたない「オリジナル人格」に近い概念とみなせるが，これは DSM-5 の OSDD-1 診断基準や ICD-11 の PDID 診断基準には盛り込まれていない
主人格 パート （主人格）	基本人格パートと分離して以降，最も長い時間「表の自分」として身体を管理し，日常生活を送っている人格部分。外傷体験や交代人格パートの存在を把握しきれていない場合が多い
交代人格 パート （交代人格）	つらい出来事により主人格パートから切り離され（＝区画化され），他と明確に区別される持続的な人格部分であり，通常は複数存在する。交代人格パートは，主として主人格パートが耐えきれなかったトラウマ体験と感情を請け負う役割をもつ（が，保護者人格や記録人格などの例外もある）。人格変換により，主人格パートに代わり表に出て主導権を握る場合がある
融合	個々の人格部分同士を隔てる解離障壁を取り除き凝集化すること。USPT では，背部タッピングによって，2 つ以上の人格部分を 1 つにまとめることを指す
統合	長期的に維持できるような人格構造の総合的統一化のこと。USPT では，背部タッピングによって，成長させた基本人格パートと主人格パートを 1 つにまとめて，単一化することを指す

着ストレス（より具体的には，以下のいずれか）への反応として受動的に生じる。

・生きていくことの恐怖（例：母胎から生まれ出るのが怖かった）
・生きられなくなることの恐怖（例：へその緒が首に巻き付いて呼吸できなかった，喘息発作や怪我などで生命の危険を感じた）
・対人関係をもつことの恐怖（例：両親の怒鳴り合いが聞こえて恐ろしかった）
・対人関係を失うことの恐怖（例：泣いているのに誰も抱いてくれなかった）

　人生最初の分離（イニシャル・ディバイド）によって，基本人格パートは休眠（冬眠）状態に入り，以降は主人格パートが日常生活を送ることとなる。人生最初の分離（イニシャル・ディバイド）がもとで，生存や愛着の問題を抱え続けるようになった結果，その後の人生でつらい出来事があった際（図 2（イ）など）にも，解離という防衛法を無意識に選択しがちになる。

V　段階的治療法

　USPT 技法を紹介する前に，段階的治療について触れておこう。Janet 以来現在

に至るまで多くの治療者が，複雑性トラウマ関連疾患（解離症を含む）の標準治療として，第1段階「安全性，安定化，および症状軽減の確立」，第2段階「外傷記憶の直面，処理，統合」，第3段階「同一性の統合と社会復帰」の3つの過程からなる段階的治療法を提唱してきた（van der Hart et al., 1989）。外傷体験と同一性の問題を扱う USPT は，第2段階の治療法に該当するため，原則として第1段階の治療目標が達成されている解離症患者に適用となる。つまり，言うまでもなく，現時点で被虐待境遇にある患者の場合は環境調整が，自傷他害につながる激しい症状が見られる場合は安全の確保が，USPT よりも優先される。また，USPT は，おおむね10歳以上の言語能力があることが施行条件となる。

VI　USPT の基本手技

いよいよ，技法を明示する。USPT の治療手順は，大要以下のとおりである。

1．準　　備

USPT 治療の手続きにおいて，「これまで生活の大部分を担当してきた人格部分」を主人格パートと呼ぶ。段階的治療の第1段階達成を確認後，主人格パートへの事前説明を実施する。具体的には，患者が閉眼状態で行う治療であり，治療者が患者の膝と背中に触れる場面があること，つらい過去を"過去の感情や感覚"とともに想起する治療であること，エビデンスがないことなどを伝える。その上で同意形成を行い，解離治療に取り組む協同関係を構築する。

2．導　　入

治療によって各人格部分が消滅したりはせず，より多面的で大きな人格に戻ることなどの保証を与え，融合および統合のための下地をつくる。また，安全な場所を思い浮かべてもらい，いつでも手技を中断できるようイメージ上の避難場所を確保しておく。

3．融　　合

①交代人格パートの呼び出し

声かけと両膝への左右交互の緩やかなタッピングを用いて，閉眼した患者（この時点では主人格パート）の脳の活動レベルを上げ，シャットダウンを解除すること

によって，解離障壁に隔てられて接近しづらかった交代人格パートへのスイッチングを喚起する。

②交代人格パートへの介入

　情報処理の停滞した低覚醒状態（いわば冷凍保存状態）だった交代人格パートに対して，「年齢，外傷性の出来事，引き受けてきた感情」を手短かに質問して，例えば，「母に『妹のほうが賢い』と罵られた6歳時の悲しさを引き受けてきた（6歳のままの）パート」や「父から暴行を受けた17歳時の怒りを引き受けてきた（17歳のままの）パート」であると確認することで情動的関わりを促進し，情報処理を活性化する。さらに，治療者と主人格パートが，これまで外傷性記憶とそれにまつわる感情を引き受けてきてくれた交代人格パートに感謝と謝罪を伝えることで，パート間の確執を解消する。

③交代人格パートの融合

　融合する同意を交代人格パートから得たのち，治療者が患者の背部（肩甲骨付近）をタッピングすることにより愛着イメージを拡張させて，主人格パートとその交代人格パートを融合する。年齢や身体感覚の要素をつなぎ合わせ，一体感を獲得することを契機に，つらい出来事があった瞬間に固定化した外傷性記憶を物語記憶へと変容させる（図2でいえば，主人格パートに，6歳，11歳，17歳の各交代人格パートを1つずつ融合することにより，人生の時間軸（タイムライン）が鮮明になり，各年齢時の外傷体験が"過去のもの"へと移行完了する）。

　なお，「3．融合」の①から③までの手順は，人格部分の数だけ繰り返す。

4．統　　合

①基本人格パートの呼び出し

　人格部分の融合をくり返すことで，2枚の絵のうち図1（病的な解離を呈していない人）の心の状態に近づいていく。主人格パートを大きくすることで解離のデメリットを払拭し，愛着システムを十分補強した段階で，治療者の声かけにより基本人格パートへのスイッチングを促す。

②基本人格パートへの介入

　短い対話形式で治療者が基本人格パートを励ますことにより，原初の「生きてい

くこと」,「対人関係を築いていくこと」に関するストレスの軽減と恐怖反応の調整を行う。それに続き,基本人格パートの生まれ直しと育ち直しの作業に入る。具体的には,声かけによって母胎から誕生する場面を再現したのち,治療者が年齢を 0 歳から実年齢までカウントアップし,基本人格パートを短時間で成長させる。これまで時間という概念をもたなかった基本人格パートが自己年代記作成に従事することにより,発達の達成およびリアルな同一性の獲得という効能がもたらされる。なお,融合せずに残っていた人格部分があれば,成長時に各年齢の段階で融合を成してゆく。

③基本人格パートと主人格パートの統合

　実年齢に成長したばかりの基本人格パートから,これまで代理者として人生行路を歩んできた主人格パートに,感謝を伝えてもらう。そののち,治療者が患者の背部(肩甲骨付近)をタッピングして,主人格パートと基本人格パートを統合する。異なる役割を担ってきた 2 つの領域を結びつける作業により,人格の結合単一化を完了させる。

　交代人格パートが融合に首尾よく同意した場合,30 〜 60 分程度の 1 セッションで全過程が完了する。ちなみに,診療時間の制約がある場合には,数回に分けて USPT を施行することも可能である。

Ⅶ　模擬症例—— USPT の治療過程

　USPT の理解を深めるために,模擬症例を提示する。著者が現場で USPT を治療的に用いた体験に基づいた臨床的真実を含むが,実在するどの特定の個人の診察場面でもない。なお,治療者の言葉は #Th 数字(通し番号),患者の言葉は #C 数字(通し番号)で表した。

模擬症例：C さん,25 歳女性

　X - 25 年,未婚の母親のひとり娘として出生。若年期の記憶には曖昧な箇所が多い。X - 9 年(16 歳時)に繰り返す自傷行為を教師に咎められて以来不登校となり,高校を中退。

　X - 7 年(18 歳時)に結婚し出産。X - 2 年(23 歳時)に離婚後,当時 5 歳の息子を連れて実家に戻り,パートタイムで働いていた。まるでジェットコースター

のような感情の乱高下に悩み，同年，Eメンタルクリニックを受診した。気分安定薬が処方されたが，日中のひどい眠気におそわれて内服を中断。高揚感と無力感の波はおさまらず，通院は5回で途絶した。その後，勤務先の同僚から金銭を借りたこと，母親と口論後に自分から謝罪して仲直りしたことなどの記憶が欠落していることがたびたびあり，スマホのメッセージアプリでは送信した覚えのないやり取りも散見された。さらには，息子の些細なわがままに憤怒して怒鳴りつけ，後で自責の念にかられる負のスパイラルにも困り果て，X−1年から頭痛を伴う左眼のかすみが悪化するとともに，リストカット衝動が強まり（頭の中で「早く死ね。切れ」という声が聞こえることもあった），X年Y週に，F病院精神科外来を初回受診した。Dissociative Experiences Scale-Taxon（解離体験尺度 DES 28項目中の，病的解離性を表す8項目の類型学的 Taxon 判定，以下 DES-T）は1.00（8項目中5項目が閾値以上），The Center for Epidemiologic Studies Depression Scale（以下 CES-D）は48点，The General Health Questionnaire 12（以下 GHQ12）は10点であった。

　治療者は診断面接を実施し，理由もなく突然つらい気持ちが噴出する症状（先述の"感情のフラッシュバック"）や，悪夢，離人感，現実感消失などの存在を確認した。本人には，それらの症状が解離の産物であるという認識がなかったため，まず前述の2枚の絵モデルを用いた内在性解離の心理教育を行った。また，「死ね」という幻聴は"聴覚性フラッシュバック"であること（加害者に吐かれた暴言がテープレコーダーのごとく一言一句違わずに再生されるとは限らず，少しずつ文言を変え再構築される）や，交代人格パートが引き受けていたトラウマ題材のうち"行動がフラッシュバック"すれば，若年期の養育者そっくりの口調で自分の子どもに暴言を吐くといった行動的再演として現れることを付け加えて説明すると，自分の症状そのものだと合点のいった様子だった。PDID の診断名を伝え，USPT の説明をした上で施行同意を得て，F病院第2回受診時（Y＋2週）に USPT を行った。

　冒頭で「手順1．準備」「手順2．導入」を手続きどおりに実施後，「手順3．融合」の手技に入った。その経過を記す。

〔ア〕15歳の交代人格パート

　治療者が #Th1「Cさんの中の，つらい気持ちを引き受けてきてくれたもう1人のCさん出てきて……。あなたは今まで，どんな気持ちを引き受けてきてくれたの……？」と声をかけながら30秒ほど両膝を交互刺激したが，Cさんは #C1「何も

浮かばない……」と答えた。そこで，#Th2「気持ちを表に出さないよう抑えることで，表のCさんを守ってきてくれた，もう1人のCさん出てきて……。あなたは何歳ですか……？」と呼びかけると，#C2「15歳」と答えた。15歳の交代人格パートへの切り替わりが生じたと判断し，ここまでで交互刺激を終えた。話せる範囲でと前置きした上で，外傷性の出来事と引き受けてきた感情をたずねることにより，「15歳時に妊娠中絶したときの自責感」を引き受けていた交代人格パートであると判明した（ちなみに，中絶のエピソードは予診時には語られていなかった）。

　#Th3「15歳だったときの自分を責める気持ちをずっと引き受けてきてくれて，どうもありがとう。あなたがいたから，表のCさんは25歳まで生きてこられたよ。分かれたままだと，15歳のときの自分を責める気持ちがずっと残ったままになってしまうから，その気持ちは手放して，25歳のCさんと1つに戻って生きていってもらえるかな？」

　#C3（15歳の交代人格パート）「（首を横に振りながら）あのとき子どもを殺したのだから，私の魂も感情もなくなるべきなのよ」

　#Th4「15歳のCさんがそう思ってしまったのも当然だよね。人生はベストの選択ができるときばかりではないし，ましてや未成年であれば，当時はおそらく，不本意ながら産まないという責任のとり方を選択するよりほかなかった。ただ，現在はX年になっているのに，あなたが感情を出さないよう抑えていると，きちんと悲しんで子を弔う気持ちも出なくなってしまう。もとの1つに戻って，感情をコントロールできる25歳のCさんとして生きていってもらえるかな？」

　#C4（15歳の交代人格パート）「……はい（うなずいて，融合に同意）」

　#Th5「今までありがとう。背中をトントンすると，一緒になれるからね（と声かけをしながら，数十秒の背部のタッピングを行うことで融合できた）」

　融合後，Cさんの流涙が止まらなくなったため開眼してもらった。身体の変化をたずねると，#C5「視界ってこんなに明るかったのね。特に左眼が明るい……。そういえば，（堕胎したお腹の子が）女の子だったらヒトミって名前をつけると決めていたっけ。今思い出したわ……」と，Cさんはその大きな瞳に涙を浮かべて語った。融合後に圧倒的除反応やネガティブな身体感覚のないことを確認した上で，2つめのパートの呼び出しに移った。

〔イ〕8歳の交代人格パート
　USPTでは，2つめ以降の交代人格パートの呼び出しは，膝のタッピングはせず，

声かけのみで行う。#Th6「Cさんの中の，つらい気持ちを引き受けてきてくれたもう1人のCさん出てきて……。あなたは今まで，どんな気持ちを引き受けてきてくれたの……？」と声かけをすると，8歳時に同級生のグループから無視されたときの悔しさを引き受けてきた交代人格パートが出現した。治療者が#Th7「8歳だったときの悔しさをずっと引き受けてきてくれて，どうもありがとう。あなたがいたから，表のCさんは25歳まで生きてこられたよ。分かれたままだと，8歳のときの悔しい気持ちがずっと残ったままになってしまうから，悔しさは手放して，25歳のCさんと1つに戻って生きていってもらえるかな？」と伝えると，このパートはすぐ融合に同意してくれたので，治療者がCさんの背部をタッピングして，主人格と8歳の人格部分を融合した。

〔ウ〕13歳の交代人格パートa

その次に呼び出されたのが，X－12年に突然一度だけ会いに来た父親への怒りを引き受けてくれた13歳の人格パートであった。主人格パートが#C6「怒りをもつ人格部分と一緒になると，怒りをコントロールできなくなるのではないか」と心配して融合に抵抗したため，治療者が#Th8「怒りは正当な感情であり，パワーの源でもある。分離したままだと，場にそぐわない怒りが突如湧いてきてしまうことが続く。融合すると，怒るべきときにはきちんと怒れるようになり，笑いたいときには笑えるようになるよ。場面に応じて適切に喜怒哀楽が出るようになるからね」と伝えると，納得して融合された（〔ア〕〔イ〕と同様のため記載を省いたが，〔ウ〕から〔コ〕のパート融合時にも背部タッピングを行っている）。

〔エ〕4歳の交代人格パート

4番目のパートは出現と同時にむせび泣きを始めた。4歳時に公園で母親から「どうして滑り台で遊ばないの」と責められた際の悲しさを引き受けてきたという4歳の交代人格パートは，ひとしきり泣いた後は落ち着き，拒むことなく融合に同意してくれた。4歳のパートに，他の悲しさを引き受けてきたパートを集めてもらうと，さまざまな年齢の交代人格パートが6つ出現したため，7つの交代人格パートをまとめて融合した。

〔オ〕20歳の交代人格パート

ここで#C7「熱くなってきた」と顔をしかめたため，#Th9「熱さは身体のどの

あたりで感じる？」，#C8「後頭部」，#Th10「後頭部にいるもう1人のCさん出て
きて……」と呼びかけたところ，元夫の暴力や暴言に耐えていた20歳の交代人格
パートが出現。治療者が融合するようお願いすると，#C9「嫌だ。のうのうと生き
てきたこいつ（主人格パートのこと）が許せない」と眉をしかめて拒絶した。治療
者は，#Th11「そう思うのも無理ないよね。生きていくためにはひどい夫を頼るほ
かないと思い込んでいたから，日常生活を送る役割の部分も必要だった。そしてあ
なたのほうは，暴力を引き受ける役割を請け負った。20歳のときに役割分担をして
生き延びてきたんだね。つらさを任せ続けてごめんね」と伝えるも，20歳のパート
は#C10「いまさら許せない」と突っぱねた。そこで，#Th12「20歳のあなたに心
の中で謝罪と感謝を伝えた上で，1つに戻るようお願いして」と主人格パートに伝
えた。主人格パートと交渉を持った20歳のパートは直ちに納得し，融合に至った。

〔カ〕16歳の交代人格パート

　主訴の1つであるリストカット衝動に関係する人格パートがまだ出現していなか
ったので，#Th13「リストカットしたくなる気持ちにいちばん関係している人出て
きて」と治療者が呼びかけると，「価値のない自分を罰する」役割の，16歳の交代人
格パートが現れた。#C11「居場所のない自分にとってのオアシスがリスカだった」
と語るパートに共感を示し，融合を行った。

〔キ〕残りの交代人格パート

　ここまでで計12人格部分を融合。まだ残っている交代人格パートを呼び集める
と，8つ集まったので，まとめて融合した。拒絶はなくスムーズだった。

〔ク〕基本人格パート

　大半の人格部分を融合し終えたと判断し，続いて基本人格パートを探す段階（「手
順4．統合①」）に移行した。胎生7カ月で，母親のお腹の外から怒鳴り声が聴こえ
てきた恐怖を引き受けてきたパートが出現した。それ以上に幼いパートは探しても
見つからなかったので，胎生7カ月のパートが基本人格パートであるとみなし，「手
順4．統合②」のとおりに介入して現在の年齢（25歳）まで成長してもらった。そ
れから「手順4．統合③」に準拠し，基本人格と主人格を単一化することにより，
統合に至った（USPT施行時間は，開始から統合まで35分であった）。

　CさんはUSPT終了直後から身体に芯がとおった感覚が得られ，深いため息をつ

いた後に，#C12「重力をきちんと感じる」とはにかんだ。

第3回診察時（Y＋4週）に #C13「記憶が飛ばなくなった。子どもや同僚に対して否定的な気持ちが湧いても，ブラックホールに吸い込まれなくなった」と自然な笑顔で語った。希死念慮の出現頻度が減り，左眼のかすみもなく，全体的に改善傾向である一方，パートタイムの職場で嫌なことを頼まれても断れなかったり，幻聴が聴こえたりしたと語った。一般に人格は多層構造であり，統合が進むと下層に存在したパートが比較的上層に浮かんでくるのは想定内の現象であることを説明し，この日も同意のもとで USPT を行った。

〔ケ〕13歳の交代人格パートb

#Th14「職場で断れないことに関係している人，出てきて」と呼び出すと，断れないパート（13歳）が出現。#Th15「自分のために断るというより，相手のためと思って断るといいよ」と伝えると，納得して融合に至った。

〔コ〕恨んでいる交代人格パート

自宅で数回，「はぁ？　25歳のわけないじゃん」という幻聴が脳内で聴こえたというので，#Th16「『25歳のわけないじゃん』と語りかけてきた人出てきて」と呼ぶと，世の中すべてを恨むパート（年齢は不詳）が出現した。恨みは強固かと思いきや，融合後も週1回ポップス曲の『うっせぇわ』を聴くという条件で素直に融合に同意してくれたので，融合した。さらに探してみたものの，Cさんの内的世界に，他の人格部分の存在は確認されなかった。この日は15分で診察を終えた。Cさんはやや神妙な面持ちで，#C14「嘘みたいに頭の中が静かになった。もう他にはいないよ。うっせぇねぇわ……」とひとりごちた。

第4回診察時（Y＋8週），#C15「自分が褒められたら，素直に喜べるようになった。あとはいろいろ即決できるようになった。小さなことのようだけど，世界が変わった感じ」と白い歯をこぼした。初診時より薬剤の処方はなく，F病院での診察は4回で終結となった。

およそ半年後（Y＋38週），DES-T は 0.00，CES-D は 12 点，GHQ12 は 1 点。「フラッシュバックが改善したので，家族や同僚のいいところがよく見えるようになった」と報告してくれた。

Ⅷ　考察——模擬症例を通じて USPT を理解する

1．模擬症例のリソース

　典型的な内在性解離の模擬症例 C さんは，人生最初の分離（イニシャル・ディバイド）以降，幼少期の逆境体験への防衛反応として「パートの分離」を用いてきたことがうかがえる。たしかに，出現したパートのうち，未就学時のものは，〔ク〕胎生 7 カ月の基本人格パートを除けば，〔エ〕4 歳の交代人格パート 1 つだけであった。だが，〔ア〕中絶に至った 15 歳時にも，〔イ〕無視された 8 歳時にも，保護者たる母親がその都度適切な対応をとらなかった（とれなかった）ことは想像に難くない。また，核となる親子関係が希薄で不適切なものだったため，適切な家族関係や人間関係を学ぶ機会に恵まれず，暴力夫と結婚するに至った可能性もある。こういったケースでは，必ずしも USPT が速やかな回復をもたらすとは限らない。

　そんな状況下で，C さんは，自分を傷つけたい衝動を援助希求行動の原動力とした。その芯に「息子との関係を改善したい」という願いがあった。また，現在の母親や職場の人との関係性は，良好とまではいえないが孤立無援の状態ではなく，すでに外的リソースが備わっており，段階的治療の第一段階が達成できていた。そのため，逆境を生き抜いてきた事実自体を内的リソースとする USPT が C さんに適合し，速やかな回復がもたらされたと考えられる。

2．USPT はどうして迅速に効果が得られるのか

　しかしながら，「寝た子を起こすな」という流布された定説ほど極端ではないにせよ，トラウマ臨床はどうしても「除反応の直面化を避けるため，ゆっくり慎重に進めるべき」との前提で語られがちである。そのような視座からは，「USPT は短期間で効果を発揮する」という謳い文句自体が眉唾物に映るかもしれない。著者（新谷）の治療による OSDD-1 改善率は 54％（2016 年 2 月から 2021 年 6 月までの所属施設の外来 OSDD-1 患者 81 名中，遠方などの理由で転医した症例とセカンドオピニオン受診例を除外した 63 名のうち，CES-D および GHQ12 の有為な改善が見られたか社会復帰した割合）であるが，著者は多くの症例で USPT 以外にホログラフィートークや神田橋処方などを折衷・併用しているため，USPT 単独の治療効果を示すデータとはいえない。ここでは，「USPT によってトラウマの蓋が開きっぱなしになる危険性は低く，それゆえに迅速な治療が可能である」と本章で主張する

バックボーンについて，私見をまとめる。

　第一に，USPT は，「かつての自分に会うために，恐ろしい過去に没入するセラピー」ではなく，「過去の自分を現在に招待して，感謝と謝罪を伝えるセラピー」であることを挙げたい。パートが過去に体験できなかった愛着，自己肯定感，信頼感，安心感などを，安全な“今ここ”で提供し体験してもらうことによって，修復体験を生みだすのである。この長所は，Janina Fisher（2017）が内的家族システム療法などを紹介した書籍に記したように，多くのパーツ・セラピーに共通する点かもしれない。

　他方，USPT ならではの根拠として，「手順３．融合①交代人格パートの呼び出し」時の刺激部位が“膝”である点は捨て置けないだろう。鈍感な部位である膝への緩やかな刺激には，脳の活動レベルを高めつつも，過剰な亢進を防ぐ意図がある。膝タッピングの目的は，トラウマ処理ではなく，スイッチング喚起である。そもそもスイッチングが生じること自体，パート間を隔てる解離障壁が維持されている証といえよう。交代人格パート出現時に，パート同士の分離が保持されていれば，予期せぬ有害な除反応は起こりづらい。もちろん交代人格パートの扱い方いかんによっては，再外傷化という悪影響を及ぼしうるし，治療者はいかなるときも患者の二次受傷に無頓着であってはならないが，それは USPT に限らず，どんな治療の実施時にもいえることであろう。

３．リフレーミングとしての USPT

　いずれにしても，USPT 手技においては，“言葉にならない”外傷性の出来事は患者本人の中で感情や感覚とともに想起できていればよく，深入りしてその内容を詳細にたずねる必要はない。例えば，症例中の〔ウ〕13 歳のパート a なら，「13 歳，父親が会いに来たことに対する，怒り」のみ確認すれば必要十分であり，父親が会いに来た経緯や，どんな会話をしたことで怒りが湧いたのかなどの仔細な情報の確認は不要である。

　長年「自分がつらい出来事に遭った」という文脈（コンテクスト）に苦しんできた患者に USPT を行い，交代人格パートに「年齢，出来事，引き受けてきた感情」を確認していく過程で，「過去の時点では交代人格パートが身代わりになってくれたため，主人格パートは直接の被害から逃れられた」という新たな現実が構成され，安全な文脈（コンテクスト）への書き換えが生じる。外傷体験は過ぎ去ったことと，主人格パートは無傷だったことを，メタ・メッセージとして含み伝えるので，「（過去との対比としての）現在は安

全である」と得心しやすくなり，外在化した交代人格パートを内的リソースとして安全かつ速やかに融合できるようになる。つまり，ブリーフセラピーの視点から解釈するなら，USPT は構造化されたリフレーミング技法であるといえる。

　誤解なきように書き添えておくが，膝と背部のタッピングのみで外傷の処理が進んで治療が完結するわけでは，決してない。歴史の内容（コンテンツ）を書き換えるのではなく，“今ここ”で聴取した内容を歴史年表の各年にプロットすることでつらい感情と感覚を取り去ることが，USPT 技法の要諦である。

4．患者の自己効力感と自己統制感

　模擬症例で呈したように，USPT の最中に治療者は，タッピングを除くと，特段風変わりなアプローチをしているわけではない。シンプルな質問と心理教育，共感的な声かけにほとんどの時間を費やす。融合は背部タッピングによりアシストするが，どのような融合イメージをつくるかは患者に任せている（患者に質問されたときにはじめて，「絵の具が混ざり合う様でも，光の玉の結合でも，ハグでも，その他でも，あなたがしっくりするイメージを使えますよ」などと伝える）。

　治療者が見守り，患者が自ら作業に取り組んで能力を発揮する場面が多いため，患者自身が治療参加の能動感と自己統制感を得やすい。例えば，〔エ〕4歳の交代人格パートは，登場してひとしきり泣いた後は落ち着いたので，治療者は，想像上の介抱などをして蛇足的に愛着の補充を試みるプランではなく，敏速に「他のパートを集める」という“おつかい”を頼み達成させることを選択した。USPT は，数多くのパートを適宜融合していく点に技法としての優位性をもつが，その迅速なテンポによって自己効力感が賦活される効果も，たしかにあると思われる。

IX　USPT 技法に関する補足

　ここまで述べてきたように，USPT は非常にシンプルな技法である。基本的にパッケージングされた手順に従って進行すればよいが，症例の個別性に即した対応を要する箇所が，流れの中でいくつか存在する。

1．交代人格パートが出現しない場合にどうするか

　「手順3．融合：①交代人格パートの呼び出し」時のオーソドックスな声かけの例として，模擬症例中では #Th1 や #Th6 を示したが，いつも #Th6 の後のようにす

んなりと交代人格パートが出現するとは限らない。通常，出現までのハードルが最も高いのは，最初の交代人格パートであり，本症例も例にもれない。最初にパートを呼び出す場面〔ア〕で，#Th1 の後に #C1「何も浮かばない……」と答えたことから，Cさんに感情と感覚のブロックが生じていると推察した。続けざまに #Th2「気持ちを表に出さないよう抑えてきてくれた，もう1人のCさん出てきて……」との言い回しを用いたのは，それを踏まえてのことである。

　他の対応例を示すと，自己否定感の強さが主訴であれば，「自分は何をやってもうまくいかないと思っている人出てきて」といった具合に，主訴やその原因に対象を絞り込んで呼び出す方法がある（#Th13 はこれに該当する）。

　さらに，症例に含めなかった対応例も挙げよう。「親に甘えたいけれど我慢していた人出てきて……」「自分を悪い人間だと思っている人出てきて……」など，誰もが一度は体験しているような，ありふれた事柄にまつわる呼びかけをする方法や，頭に浮かぶ数字をたずねる方法——例えば，2と4が浮かんだら，「年齢」は2歳と4歳の同時出現か24歳かをたずね，次いで「出来事，引き受けてきた感情」を確認する——などもある。これらは一例に過ぎず，招き出すための方策は定式化されていて，USPT トレーニングで学ぶことができる。

2．パートが融合を拒んだ場合にどうするか

　「手順3．融合：②交代人格パートへの介入」時の対応も，状況によって治療者の臨機応変さが求められる。交代人格パートの拒絶時と，主人格パートの拒絶時に分けて述べる。

①交代人格パートが融合を拒んだ場合

　交代人格パートの融合拒絶時に最も汎用性のある対応策は，〔オ〕20歳の交代人格パートを融合した際のように，心の中で主人格パートから交代人格パートに頼んでもらう手法の充当である。この定石を用いると，主人格パートの「1つに戻って過去を自分の歴史として受け入れる決意」が固いほど，融合の依頼が交代人格パートに届きやすくなり，首肯して許諾しやすくなる。逆に，交代人格パートが聞き入れない場合は，パート間の葛藤が強いことに他ならず，仕切り直しが必要となる。その際はもちろん迅速な治療とはならないが，無理な融合が生じない——そして無理か可能かは患者自身が決定権を握っている——スタイルは，統合治療において安全性を担保してくれる大きなメリットといえよう。

　他には，USPT 施行前の心理教育と同様，交代人格パートに「過去の時点では解離という切り離し法が役に立ったが，現在は解離したままだとデメリットが多くなってしまうこと」を伝える介入法がある。デメリットとはすなわち，「IV節２．内在性解離を呈する人の場合」で陳述した内容である。症例中の #Th4 で「弔う気持ちも出なくなる」，#Th8 で「理由のない怒りの噴出が続く」と伝えたように，交代人格パートごとの状況に見合うようその都度アレンジしてもよい。いずれも，治療者が「ネガティブな過去にまつわる感情を持ち続けると，交代人格パート自身がとてもつらくなってしまう」という危惧を告げることで，対立解消の足掛かりとしている。

　また，交代人格パートが，自分が消滅してしまうことを恐れて融合を拒むケースも少なくない。すでに「V節 USPT の基本手技２．導入」で主人格パートに伝達済みの内容であるが，「消えるわけではないよ。もとの１つに戻るんだよ」と改めて受容的に伝える——「これまでは分離することで守ってくれたね。これからは１つに戻ることで守ってほしい」という言い回しでもよい——ことで承知する交代人格パートもいる。それでも拒む場合には，「いったん横で待って，他の人たちが一緒になるところを見ていてもらえるかな」と伝え，融合による変化を観察してもらうか，もしくは保護者的な役割の交代人格パートから説き勧めてもらうと，同意が得られやすい。

②主人格パートが融合を拒んだ場合

　続いて後者の，主人格パートが融合を拒んだ場合の対応について述べる。呼び出すことで治療者がはじめて遭遇可能な交代人格パートとは違い，主人格パートは常日頃から面接に訪れているパートである。なので，USPT の開始前，施行同意を主人格パートから得る段階で入念に説明を行い，いかに融合・統合の動機づけを高めておくかが鍵となる。

　主人格パートが「強い怒りをもつ交代人格パートと一緒になるなんて嫌だ」と思うならば，実はその怒り担当のパートこそ，嫌だと感じるようなものをずっと引き受けてきてくれた存在のはずである。ならば，怒り担当のパート（自分の一部）に向けるべきは，葛藤や拒絶ではなく，「引き受けてきてくれてありがとう」という感謝と，「任せ続けてごめんなさい」という謝罪の念であろう。折あるごとに，そう患者に伝えたい。

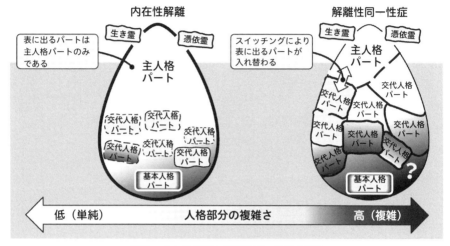

図3　内在性解離と解離性同一性症の比較

X　USPT の適用対象

1．解離症

　USPT の適用対象の中心には，解離症群の中でも特に内在性解離（OSDD-1，PDID）と DID が据え置かれている。内在性解離についてはすでに紙面を多く割いてきたので，他の解離症について説明する。

①解離性同一性症（DID）

　前述のように，内在性解離は個人の意識や機能の管理を行うパート（外側に出現するパート）が原則１つだけである。対して DID は，複数のパートが交代で外側に出現して主導権を発揮する。つまり，解離の複雑さが中等度ならば内在性解離，最高レベルならば DID と分類できる（図３）。そして複雑さは，精巧さおよび自律度の２要素で表される。

　まず，精巧さ（elaboration）とは，どれだけ複雑なキャラクター設定がされているかである。原則的に，内在性解離の交代人格パートは本名と同じ名前をもち，その年齢だけを異にする。対して，DID の交代人格パートは年齢や名前が異なるのみならず，記憶，性格，食事や服装の嗜好，運動能力や学習能力などのスキル，労

働や子育てのスキルまでもが（ときに生活史さえも）パートごとに特徴化されている。

　体験や記憶が共有され，対話や連携も可能な人格部分（パート）がいる一方，厚い解離障壁で隔てられ，主に外界で活動している主人格パートには把握が困難な領域も存在する。心の中にアパート（あるいは会議室や街，小さな地球など）が存在し，施錠した部屋の内にいる交代人格パートから一方的に覗き見られるような実感を伴うなど，一方向のみ覚知可能なケースもある。すなわちDIDの障壁は一般に分厚く，それが記憶や感覚の不連続性，無時間性，変容不能性にもつながっている。ただし，日常的な情報（例えば電子マネーのチャージ法など）は人格部分間で共有されているが，トラウマ記憶は決して障壁を超えないというように，選択的透過性をもつ障壁も珍しくない（ゆえに，人格部分の切り替わり前後での記憶保持をもって，DID診断の否定をなすことは誤りである）。

　つづいて，自律度（emancipation，解放度とも訳される）とは，どれだけ心の内側の世界および外の世界に主導権を発揮できるかである。内在性解離の交代人格パートは，基本的に心の内側にとどまり続けるのに対して，DIDの交代人格パートは，他の人格部分の支配から自由になれる割合が高く，より広範囲に心身を操る主導権を発揮できる。計算が得意なパートが買い物中に別のパートから切り替わって代金を支払ったり，保護者的パートが玩具好きな幼少パートの世話をしたりするぶんにはよいが，チームワークが悪く統制が取れないのは死活問題である。交代人格パートが脳内で別のパートを罵倒したり，極端なケースでは交代人格パートが主人格パートの知らぬ間にお茶の中に毒物を混入したりするといった悪影響を与えあってしまう。また，人格変換の前後で主導権を握る人格部分が切り替わるため，ある部分にとっては記憶が数時間から数年単位で欠落することになる。年代記作成が困難なことを取り繕った結果，「日によってころころ話が変わる」と周囲から指摘されるか，嘘つき呼ばわりされることも多い。それどころか，よく知らない異性といつの間にかベッドインしていた（あるいは結婚していた）という体験でさえ，DIDの患者においては決して稀有なことではない。

　最も複雑な解離であるDID患者へのUSPTの適用には，いっそうの慎重さが欠かせない。精巧かつ自律度の高いDIDのパートは融合に拒絶を示す場合が多く，内在性解離に比べて治療に長期間かかるケースが多い。決して，すべてのDID患者に一律でUSPTでの統合を提案するべきではないが，統合を目指さないケースでも障壁を保ったままスイッチングを喚起できるUSPTの技法は重宝されうる。USPTと

いう治療法は，患者が現実対処能力を獲得していないうちに解離という"切り離しスキル"を奪うメソッドではなく，現実対処法の１つとして患者に"他のパートをいたわるスキル"を身につけてもらうメソッドであることを，USPT セラピストは肝に銘じておく必要がある。

　第１段階が達成済みでも統合に難色を示すときは，人格の単一化には固執せず，共感的にワークスルーを進め，パート間の連携を高めていくとよい。あるいは，人格断片（風呂掃除をする，夕飯のメニューを決めるなど，至極限定的な役割しかもたない，かけらのようなパート）の融合，自らが働いた悪事などに対する自責感や罪業感担当のパートの融合，あるいは取り込み像を外部に還す治療（USPT の定式手順外）などを皮切りに行うことで，除反応リスクを低く保ちながら，患者・治療者間の協力関係を築いていくことになろう。いずれにせよ，「融合に異議を唱える」選択肢もしっかり用意されていて，患者自らが統合治療主体か共存主体かを自由に選択できる枠組み自体から，回復への希望が，そして加害者の支配下で選択権をもち得なかった過去との決別が，垣間見えてくる。

②「内在性解離と DID」以外の解離症

　USPT は，「内在性解離と DID」以外の解離症群全般にも適用を有すると考えられる。それは，例えば解離性神経学的症状症（ICD-11）であれば「主人格パートと『右腕の運動機能や筋力を司るパート』や『視力に関係するパート』とを隔てる解離障壁が分厚く，連携がとれなくなっているために，主人格パートが運動機能や視力などを失ってしまっている病態」ととらえ，解離性健忘（DSM-5，ICD-11）であれば「主人格パートと『過去の記憶を引き受けているパート』とを区画化する解離障壁が分厚くなっているために，主人格パートが記憶の一部を有さなくなる病態」ととらえることで，パートの分離という文脈から治療を構築することが可能になるからである。

　なお，憑依トランス症（ICD-11）や解離性トランス（他の特定される解離症サブタイプ４，OSDD-4，DSM-5）も USPT の適用とはなるが，"憑依"の扱い方には特殊なアプローチが必要となるため，本章では論じない。

　2．解離症未満の同一性分離状態

　解離症の診断基準を満たさない患者であっても，「過去のつらかった体験が消化されず，その時の感情や思考が不適切なタイミングで再生されてしまうという枠組み

で理解可能なケース」全般，さらには「心がいくつかの部分に分離している」ことに起因する疾患全般に，USPT の適用対象は広げられると考えられる。

　例えば，患者の心の中に「子にイライラする自分」と「子に優しくしたい自分」の両者が存在している。あるいは，「好きなだけ食べたい部分」と「ダイエットしたい部分」や，「電車で過呼吸に苦しむ部分」と「過呼吸を起こす自分にダメ出しする部分」の双方に分かれている。こういった分離は，程度の差こそあれ，多くの人に見られるものであろう。その際に，「子に優しくしたい気持ちは大切だよね」「でも，子にあんな態度をとられたらイライラしても当然だよね」と両者がお互いを尊重しあえたとすれば，イライラには歯止めがかかり，重篤にならないだろう。だが，両者の“折り合いのつかなさ”の度合いが高くなると，前者のパートと後者のパートの紛争が激化し，順に易怒性，過食，パニック発作といった症状として発現してしまうことになる。このように捉えてみると，「分離したパート同士がお互いに攻撃しあうか無視しあっている」という見立ては，およそ際限がないほど実臨床で汎用性が高く，そうであれば，USPT による融合・統合が奏効する領域も非常に広いと推測されよう。

3．適用外疾患

USPT は，原則的に統合失調症や双極Ⅰ型障害などには適用とならない。

4．構造的解離理論から見た適用範囲

　解離は，比較的単純なものから DID（最も複雑な形態）までを幅広く含む連続体[スペクトラム]概念であり（類型学的モデルを完全に否定する意図はない），その連続体[スペクトラム]の幅と特徴によっていくつかにカテゴライズされる。このことは，Janet の活動心理学に基づく解離概念を発展させた構造的解離理論（van der Hart et al., 2006）で体系的にまとめられている。先だって言及した精巧さと自律度も，構造的解離理論に登場する用語である。

　あくまで原型[プロトタイプ]に過ぎないが，構造的解離は，人格部分の精巧さと自律の程度により，最も単純な第一次構造的解離，中等度の第二次構造的解離，最も複雑な第三次構造的解離（DID）の 3 種に分類される。

　この項で構造的解離理論全体を網羅することは不可能なので，内在性解離と第二次構造的解離の関係に的を絞って論を進めたい。内在性解離と第二次構造的解離は，比較的近接した領域を表しているが，異なる点も存在する。理解促進のため例示し

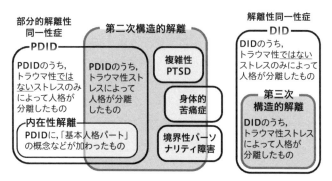

図4　第二次・第三次構造的解離（および内在性解離概念）に該当する ICD-11 病名

よう。当事者にとって，「卵アレルギーのため，子ども会のパーティーで自分だけケーキが食べられず，みじめさを味わった」「弟が生まれて親に甘えられなくなりさみしかった」といった体験は苛烈な情動を伴うため，パートの分離という対処法を用いるのに十分なストレスとなりうるが，これらは（DSM-5 や ICD-11 のトラウマ基準を満たさないという意味において）トラウマ・・・・・ではなく，非道な加害者もいない。また，自閉スペクトラム症を併存する解離患者の場合，感覚過敏性によって特定の臭いや音などを桁外れのストレスと認識したり，「校舎の階段が 13 段だったことが死ぬほど怖かった」「こたつ布団に毛玉が自然発生するという現象に絶望した」など，独自の世界観にそぐわない現象から過大なストレスを受けたりする。このようなトラウマ性ストレス未満のストレスで生じた解離は，構造的解離とはみなせな・・・・・・・いが・，内在性解離には該当する。なぜなら，構造的解離はトラウマによって生じた解離のみを論じた概念であるが，内在性解離にはトラウマ性ストレス未満のストレスで生じた解離も含まれるからである。

　とはいえ，著者自身も便宜上，内在性解離と第二次構造的解離を同一概念として論じてしまうこともある。それは，「生活担当のフロントパート（構造的解離理論でいう ANP，あたかも正常な人格部分）が 1 つで，内側にとどまるパート（構造的解離理論でいう EP，情動的人格部分）が複数存在する」という点においては，両概念が共通しているという理由による。

　書き添えると，第二次構造的解離に含まれる疾患として，トラウマに関連したPDID（OSDD-1）の他に，複雑性 PTSD，トラウマに関連した境界性パーソナリティ障害（以下 BPD），トラウマに関連した身体的苦痛症などがある。模擬症例 C さんのような症例は，PDID ではなく，あらかた双極 II 型障害や BPD，難治性うつ病，

あるいは近年では PTSD の解離サブタイプ（DSM-5）か複雑性 PTSD（ICD-11）と診断されていることだろう。

　これらの疾患の分類について詳述すると図 4 のようになると著者は考えるが，本章の主旨から外れるため，さらなる補説は控えたい。第二次構造的解離はもちろんのこと，DID と実質的に同義の第三次構造的解離であっても，単回性の PTSD などに代表される第一次構造的解離（図 4 では割愛）であっても，構造的解離に含まれる疾患全般に USPT の適用可能性はあることを述べ，この項に区切りをつける。

XI　USPT のオカルト要素

　脱線しつつ，ここまで“あたらしい日本の心理療法”USPT を，主に心理療法の見地から論じてきた。その一方で USPT は，Ⅱ節で述べたように「ハイヤー・セルフからの授かりもの」というオカルト的ストーリーも捨て去らずに保持している。ねらいの 1 つとして，神秘的なエッセンスをまとうことで，被暗示性を高めようという目論見がある。USPT の標準プロトコルは，臨床催眠と異なり，暗示を入れる手続きを含まないため，それを補完する役割を担っていると言い張るのは，ご都合主義にもとられかねないだろう。ただ，現在では“過剰な適応機制”となったパートの分離という状態が回り道になったため，より一貫性のある状態へ再誘導しようとする際に，スピリチュアリティの色彩を帯びた文脈が適しているケースは存外多い。なぜなら，内在性解離の患者は，C さんのような自傷行為や気分の波，あるいは抑うつ気分やパニック発作などの遷延を主訴として来院することが多く――こちらから質問しない限り，離人感，現実感消失，フラッシュバック，悪夢などの症状が語られることは少ないだろう――，これまでに気分障害や不安症などの標準的治療を受けたが一向に良くならないため，しばしば一般的な医療への不信感や絶望感がつのっているからである。

　さかのぼって，DSM-Ⅲ刊行前後の時代に，当時多重人格治療の第一人者であった精神科医 Ralph B. Allison（1980）は，水晶や灰皿を用いた悪魔祓いで憑依型DID を治療した経験を赤裸々に告白している。先人の業績に敬意を払うならば，解離領域を語る際には，個人的な主義主張はいったん脇に置き，神秘主義の入り込む余地を若干設ける態度が望ましいのかもしれない。無論，オカルトの一切を拒絶する難治患者もいるが，そういった場合には USPT の出自をことさら強調する必要はない。回復への旅路に，科学的な文脈とオカルトの文脈の 2 本の道程があり，どち

らでも（あるいは両方でも）選び採れる状況にあることが，大切な要素だと思われる。

XII　おわりに

　USPT は，決してシャーマンになることを臨床家に求める技法ではない。臨床家の使命は，ハイヤー・セルフや憑依霊という存在の真偽の確認ではない。さらにいえば，交代人格パートが語るトラウマ体験の正誤の調査，胎生期の記憶などという代物の虚実の判別，解離そのものに白黒をつけること，それらのいずれでもない。“懐疑の眼差し” を向ければ，外傷の再演という二次受傷リスクが増すだけであり，臨床的な益は少ない。そもそも，物語記憶であれ外傷性記憶であれ，人の記憶とは真実と虚構の複合物である。もしも人の記憶が完全無欠の真実だけで構成されるとしたら，手帳やカレンダーアプリなどは無用の長物であり，この世に存在しないだろう。

　やや唐突な例え話になるが，目の前で等身大 3D ホログラム映像の強盗に「金を出せ！」とすごまれても，現金を差し出す人はいないはずだ。だが，フラッシュバックは幻影でありながら現実よりも生々しいため，3D 映像と同等のからくりであるにもかかわらず，患者に永続的に苦痛をもたらす。そのような理不尽さに支配された世界から，患者を “そこそこ安全な世界” へと案内するために，あらゆる策を講じたい。

　　しかしね，忘れちゃならないのは，われわれは検察官でもなければ，裁判官でもない，ということです。われわれの役目は患者を治すことであって，十数年前の加害者を突き止めたり糾弾したりすることじゃありません。
　　われわれ医者にとっての＜事実＞は，患者が過去の記憶に苦しめられている，という，その一点です。記憶の内容が正しいかどうかは二の次なんです。

　そう，小説『症例Ａ』（多島，2003）作中人物である指導医の台詞が，我々治療者の襟を正してくれる。大事なのは，患者を治すことに尽きる。内的な断片化というモデルを基盤に置き，その見立てをもとに “心の分離をいたわる” 治療を積み重ねる実直さが求められる。USPT は，その臨床実践のために，比較的手頃で扱いやすいアプローチ法の１つであると，著者は考える。

　なお，USPT 手技を修得するための研修会（USPT ベーシック実践トレーニング）

は，現在は1年に1～2回程度開催されている。

謝辞：執筆にあたり貴重なご示唆およびご教示をくださった伊東優先生，黒崎成男先生，古田博明先生，山本貢司先生に深謝申し上げます。

文　　献

Allison, R. B., Schwartz, T. (1980) Minds in Many pieces: The Making of a Very Special Doctor. Rawson, Wade Publishers.（藤田真利子訳（1997）「私」が，私でない人たち―「多重人格」専門医の診察室から．作品社.）

Braun, B. G. (1988) The BASK model of dissociation. Dissociation, 1; 4-23.

Fisher, J. (2017) Healing the Fragmented Selves of Trauma Survivors. Routledge（浅井咲子（訳）（2020）トラウマによる解離からの回復―断片化された「わたしたち」を癒す．国書刊行会.）

Kulft, R. P. (1984) An introduction to multiple personality disorder. Psychiatric Annals, 14; 19-24.

新谷宏伸（2020）Unification of Subconscious Personalities by Tapping Therapy（USPT）による解離症の治療―第二次構造的解離としての複雑性 PTSD（ICD-11 に収載された複雑性 PTSD の理解と治療―トラウマケア技法の実際）．精神神経学雑誌，122(10); 764-772.

新谷宏伸（2020）解離という文脈，USPT というセラピー．Interactional Mind, 13; 69-87.

小栗康平（2014）症例X―封印された記憶．ジービー．

小栗康平・種倉直道・古田博明ほか（2012）USPT（Unification of Subconscious Personalities by Tapping Therapy）による解離性同一性障害の治療．精神科治療学，27; 1075-1084.

Putnam, F. W. (1989) Diagnosis and Treatment of Multiple Personality Disorder. Guilford Press.（安克昌・中井久夫訳（2000）多重人格性障害―その診断と治療．岩崎学術出版社.）

Putnam, F. W. (1997) Dissociation in Children and Adolescents: A Developmental Perspective. Guilford Press.（中井久夫訳（2001）解離―若年期における病理と治療．みすず書房.）

多島斗志之（2003）症例A．角川書店.

USPT 研究会監修，新谷宏伸・十寺智子・小栗康平編（2020）USPT 入門・解離性障害の新しい治療法―タッピングによる潜在意識下人格の統合．星和書店.

van der Hart, O., Brown, P., & van der Kolk, B. A. (1989) Pierre Janet's treatment of post-traumatic stress. Journal of Traumatic Stress, 2; 379-395.

van der Hart, O., Nijenhuis, E., & Steele, K. (2006) The Haunted Self: Structual Dissociation and the Treatment of Chronic Traumatization. Norton.（野間俊一・岡野憲一郎訳（2011）構造的解離―慢性外傷の理解と治療，上巻（基本概念編）．星和書店.）

第5章

ホログラフィートーク

嶺　輝子

I　はじめに

　「○○が私にとってトラウマとなってしまった」などといった発言を耳にすることが珍しくなくなったことからもわかるように，「トラウマ」という語は今や精神医学の文脈で用いられる trauma の邦語訳としての「精神的外傷」ないしは「心的外傷」といった意味合いを超えて，より幅広い心的体験を含む語として日常的にも使われるようになってきている（岡野，2016）。

　これを広義のトラウマととらえるのであれば，人生にトラウマはつきものであり，トラウマのない人生はないとすら言えるかもしれない。そうしたトラウマを引き起こす可能性のある出来事としては，虐待（身体的，性的，精神的），ネグレクト（育児放棄），貧困の影響，愛する人・大切な人からの分離あるいは喪失，いじめ，愛する人その他への加害の目撃，自然災害または事故，依存症または精神障害その他による予期しえない人の行動への遭遇などさまざまな事件・事故・トラブルがある（Child Welfare Information Gateway（以下 CWIG），2014）。そしてそのような事象に遭遇し，一時的に急性ストレス障害という状態に陥ったとしても，多くの場合 1 カ月以内に通常の状態に回復する。ところが，一部の人はそのような回復を遂げられず，その後，場合によっては長きにわたりトラウマの後遺症に苦しむことが起こりうる。

　本章では，トラウマの後遺症に苦しむ人々の回復のために必要なプロセス，さらにその状態が何年にもわたって長引くケースについて，その回復を阻む問題の理由として考えるべき事項を確認したあと，その苦しい状態からの回復を促す方法とし

て，筆者が考案したホログラフィートークという技法を紹介したい。

Ⅱ　トラウマから回復するために

　トラウマからの回復について段階的治療を明確に提唱したのは Judith Herman であり，Herman が提唱した①安全，②想起と服喪追悼，③再結合（Herman, 1997）が, 現在におけるトラウマ治療の基本構造となっているが, 実はその 100 年も前に，フランスの心理学者 Pierre Janet がトラウマの段階的治療を提唱している（van der Hart et al., 2006）。Janet は，段階的治療に加え，手法についても筆者が開発したホログラフィートークと重なると思われる重要な指摘をしているため，まずは Janet のトラウマ治療について紹介したい。

　Janet は，19 世紀末から 20 世紀前半に活躍したフランスの心理学者であり，心的外傷後ストレス反応について，さまざまな段階に応じた治療が必要であるとの認識を示したおそらく最初の心理学者である。Janet は, 1880 年代初頭からサルペトリエール病院で，ヒステリー（解離性）または精神障害（強迫性）といった症状を伴う多くの重度の心的外傷を受けたクライエント（Client, 以下 Cl）を治療し，その経験をもとに心的外傷後の精神病理に対する体系的な治療アプローチを策定した（van der Hart & Friedman, 2019）。

　Janet は，心的外傷後に起きる症候群の中心的な問題は，外傷の記憶を統合できないことであると考え，心的外傷の治療には Cl が外傷の記憶を回復し，自らのアイデンティティの全体像に統合する試みが必要だと考えた。そしてとりわけ回復困難な Cl を治療するためには，①安定化・症状重視の治療・外傷性記憶の清算の準備，②外傷性記憶の同定・探索・修正，③再発防止・残存症状の緩和・人格の再統合・リハビリテーションといった，段階的な心理療法上のアプローチモデルを採用した（van der Hart et al., 2006）。また，Janet は，これらのどの段階においても，外傷性記憶の検索，探索，修正を行うことが重要だと考えていた。Janet の段階指向モデルは，そうした点で現代の PTSD や解離性障害の治療モデルと非常によく似ている。

　Janet は，とりわけ外傷性記憶の清算が，心的外傷後ストレスの解決の鍵とみなしていた（Janet, 1924）。解離した外傷記憶は，潜在意識下の固着観念として継続し, 現在の経験とは関連性がないが，元の外傷に則した行動，感情状態，体性感覚，夢などに周期的に出現していたからである。そのため，最も複雑で慢性的な症例で

あったとしても，最初の重大なトラウマとなる出来事の記憶にまで遡り，それを処理しなければならないと考えていた（Janet, 1924）。Janet は，トラウマ記憶を明らかにするために，直接的な催眠暗示から，自動書記，空想や夢の制作まで，さまざまな視覚的イメージ技術を用いた（Janet, 1924）。そして Janet は心的外傷の記憶が明らかになると，①中和による直接的還元，②トラウマ的な記憶を中立的，あるいは肯定的なイメージに置き換える置換法，③治療的リフレーミングの３つの治療法を用いた（van der Hart et al., 2006）。Janet の Cl は，自分の症状が，身体的病ではなく，心理的なトラウマによるものだと知って，驚きと安堵の表情を浮かべることが多かったという（van der Hart et al., 2019a）。

　催眠によるトラウマ的記憶の清算は，Janet の最も直接的で大胆な治療法であり，これはトラウマ的な記憶を再体験して言語化する段階的なプロセスからなりたっていた。トラウマを抱える多くの Cl にとって，実際にトラウマを再現して言葉にすることは苦痛で，厳しいものになりうるが，適切な準備をほどこした Cl に慎重に治療を行うことで，トラウマ的な記憶をうまく同化させることができると Janet は考えていたのである（van der Hart et al., 2019b）。

　さらに Janet は，外傷性固定観念（固着観念）の統合が必要であるが，それだけでは心的外傷後ストレスの完全な解決には不十分であり，再発の防止，人格の再統合，心的外傷後の残存症状の管理という臨床的課題に取り組む必要があると考えた。彼は，それらを，それぞれの Cl の症状に応じて，心理教育や，新しい課題による刺激，道徳的な指導などを織り交ぜた形で行い，Cl の心のエネルギーを高め，失われた機能を回復させ，新たな能力を獲得するさまざまな治療的アプローチを統合的に行ったのであった。

Ⅲ　トラウマからの回復を阻む問題

　現代の PTSD や解離性障害の治療においても，前節でみた Janet の段階指向モデルと共通点が多い治療モデル，すなわち①安定化と症状の軽減，②外傷記憶の治療，③人格の統合とリハビリテーションという段階的なアプローチを行う必要があるとされている（van der Hart et al., 2006）。しかしながら，いざ治療を始めてみると，さまざまな困難が発生し，目指す段階へとなかなか進まない Cl も少なくない。

　Cl の中には，治療・援助自体になかなか繋がろうとしなかったり，症状の軽減や安定化が進まなかったり，トラウマが累積していて，トラウマ記憶の処理が捗らな

かったり，治療に抵抗が出て非協力的であるため，治療を進められなかったり，除反応が強く出て不安定になったり，繰り返し同じ課題が現れ，同じ地点をグルグルと辿るルーピングが起こるなど，セラピスト（Therapist，以下 Th）を悩ませる現象がしばしば発生する。以上のようなことが起こると，我々援助者は痛恨な気持ちになり，自分の資質や能力や技量を疑ったり，技法に対して疑念を持ったり，Cl との相性を疑ったり，「疾病利得か？」と Cl の姿勢を疑うといったことを余儀なくされる場合もあるかもしれない。

　しかし，Cl が見せるさまざまな抵抗やセラピーがうまくいかない理由を，治療者の技量不足や相性だけに求めるべきではないと考える。そこでその原因と考えられる要因を以下で述べてみたい。

　第一に挙げたいのが「心理的逆転」である。心理的逆転とは，Rojer Callahan が見出した心理的現象である。彼はこれを「健康，人間的進歩，幸福，および成功にとって，人が遭遇しうるおそらく最も重要でかつ基本的な単一の力動的概念である」（Callahan, 2006）とし，治療効果が現れない，治療してもすぐに悪い状態に戻ってくる，あるいは治療直後にネガティブな反応が現れる等，治療者を悩ませる事象が起こっている時には，この現象が Cl に潜んでいる可能性があると考え，これを解消する方法を考案した（Callahan et al., 1991）。

　心理的逆転という用語は，その状態が，自己利益に向かうという人の通常の動機づけの状態を逆転させ，敗北や不利益な方向に向う行動をとらせるように見えるため名づけられている。さらに Callahan は，心理的逆転には部分的なものと，広範性のものがあるとしている。広範性の心理的逆転は，人生の特定の領域だけでなく，人生全体のほとんどに逆転した影響が及んでいる状態であり，このような人々はしばしば慢性的に不機嫌で，人生に対して否定的な姿勢を示したりするのである（Callahan et al., 1991）。

　Callahan は，心理的逆転が起きている人には，「自滅的人格障害」の行動的特徴が確認できるとも指摘している。Cl に心理的逆転がある場合，自滅的な力動の作用により，治療者が提供する治療や適切なアドバイスが，効果を発揮させることができなかったり，悪化を招くことさえありうる。筆者自身，治療効果がなかなかあらわれず，いろいろな所をめぐってきたような，Cl が来談した際には，心理的逆転が起きている可能性があるため，まずはその有無を必ずチェックするようにしている。チェックの結果，心理的逆転が認められた場合には，まずそれを解消し，その後の治療がよりよく進むように整えておくようにする。そのようにしておかなければ，

Cl が抱える心理的逆転が，自滅的な力動を発揮し，よりよい回復を阻む可能性があるからだ。

　治療の進行を阻む重要な要因として次に挙げたいのが複雑性心的外傷後ストレス障害（以下複雑性 PTSD）である。複雑性 PTSD とは，①継続的あるいは長期にわたる，②保育者やその他の表向き養育責任を担っている者による加害や放棄を伴う，さらには③幼児期や青年期など被害者の人生において傷を受けやすい発達段階において発生するなどの特徴を有する，重度のストレス要因にさらされた結果引き起こされる心的外傷である（Courtois & Ford, 2013）。

　PTSD は，元々戦争外傷と成人兵士の研究から得られたものであり，①外傷性記憶の侵襲的再体験，②感情的な麻痺および記憶障害を含む外傷リマインダー（トラウマを思い出させるもの）の回避，③過覚醒ならびにうつ病，不安，その他の共存する病的状態が診断基準となる。複雑性 PTSD にはそれらに加えて，発達および人格障害と症状，身体的健康問題，そして重度の社会的障害といったものの組み合わせが含まれる。さらに，(現在だけでなく遠い過去における）複雑性外傷の先行条件および結果として生じるさまざまな外傷性ストレス症状および他の障害のせいで，複雑性外傷性ストレス障害は，それを正確に診断し，効果的に治療することが困難となる傾向がある（Courtois & Ford, 2013）。このように複雑性 PTSD は，PTSD のより重症な一形態であるが，それは最も一般的かつ面倒な 5 つの特徴，①感情のフラッシュバック，②有毒な恥辱感，③自己放棄，④悪質な内なる批判，⑤社会的不安であり，よく知られた PTSD とは明確に異なっている（Walker, 2013）。

　複雑性 PTSD の診断の難しさは，その現われ出る症状の複雑さや広さにも原因があるだろう。影響を受ける領域は，生物学的調整機能，感情調整，行動コントロール，認知能力（注意，集中，問題解決，学習），自己イメージと意味の創出，自己統合（解離と意識），愛着と対人関係などまで多岐にわたる。そしてその症状は，感情調整の障害，自己破壊的および衝動的行動，解離症状，身体愁訴，無力感，恥，絶望，希望の無さ，永久に傷を受けたという感じ，これまでもち続けていた信念の喪失，敵意，社会的ひきこもり，常に脅迫され続けている感じ，他者との関係の障害，その人の以前の人格特徴からの変化などが含まれる（宮地，2004）。そしてその影響は精神的なものだけに留まらず，免疫系疾患，慢性疼痛，がんなどの重篤な慢性疾患にまで広がる（van der Kolk, 2014; Mate, 2010）。

　複雑性 PTSD に追加的に起きる後遺症の 7 つのカテゴリーは，以下の通りである（Walker, 2013）。先に心理的逆転を取り上げた本章の議論からみても重要なのは，

ここに自滅的傾向や，自己否定，信頼できるはずの人間や回復に対する不信感が挙げられている点である。

①怒りおよび自己に対する心理傾向の調節の困難——破壊的傾向——を含む情動衝動の調節における変容
②記憶喪失や解離のエピソードと離人感に至る注意と意識の変容
③きわめて否定的であり，慢性的な罪悪感と責任感，さらには激しい恥の感情の継続を伴う自己認識の変容
④信念体系の組み込みを含む，加害者に対する認識の変容
⑤他者の動機を信じることができず，彼らに親密な感情を持つことができないなど，他者との関係の変容
⑥身体表現および／または医学的問題
⑦意味のシステムにおける変容

　複雑性 PTSD の Cl は，自己コントロールのしにくさに加え，強い否定感や自責，恥辱感や絶望感を持っており，自分が助けられるとは思っていないし，助けに値するとも思っていない場合が珍しくない。それだけでなく，自己を放棄し，惨めな人生が相応しいとさえ思っている可能性が高いのである。その結果，周りからの援助や治療を無効化するような状況や状態が現れる可能性がある（嶺，2019）。
　複雑なトラウマを受けた Cl，あるいはトラウマが複雑化してしまっている Cl には，回復を妨げる問題をまずは解消し，安定化と症状の軽減，外傷記憶の治療，人格の統合とリハビリテーションを効率よく組み合わせた回復のためのプログラムが必要となる。Cl を苦しめる外傷性記憶を回復して，その清算を行い，再発防止，症状の緩和，人格の再統合とリハビリなどを行う統合的な治療アプローチが必要なのである。次にそれらの要素を組み込んだ心理療法として，筆者が考案したホログラフィートークを紹介したい。

Ⅳ　ホログラフィートーク

　ホログラフィートーク（Holographytalk, 以下 HT）は筆者が考案したトラウマケアの技法である。トラウマに苦しむ Cl を，なるべく短い期間でその症状を軽減させ，人生を取り戻す方法として，回復のために必要な要素を組み合わせて構成した

心理療法である。Cl の苦しみの根本の問題を明らかにし，その問題を解消して Cl を回復させる，その技法の開発の起源からプロトコルまでを紹介したい。

１．HT の開発の起源

筆者は 1990 年代に，より短期的な手法で Cl の苦悩や悩み，トラウマを解消する技法を模索していた。一般的な対話を主軸とした心理療法は時間が掛かりすぎ，Cl の苦悩を長引かせたり，心身の疾患をさらに重篤化させたり，時には Cl を死に至らしめたりする懸念もあると感じていた。そこで，より短期で，侵襲性の少ない療法を求めて，海外の治療者によるさまざまなワークショップや研修に参加をするようになった。それらのセラピーの中には，トラウマのエネルギーを直接リリース（解放）するものや，痛みや身体症状が持つ意味を読み取るもの，変性意識を利用するような療法もあった。しかしそれぞれの療法が，欧米の治療者が開発したものであったため，日本人の文化に馴染まないものであったり，Cl が抱える苦しみの根源として抱える過去の問題ではなく今ここでの対処・対応に限定されていたり，アプローチ自体が被害にあった Cl に不適応であったり，根源の問題にはなかなか行き当たらないなど，望む効果を得ることが難しく感じられた。そこで筆者はそれぞれの療法のメリットを組み合わせながら，Cl が抱える苦しみの根源の問題を特定し，その苦しみを解放し，健全な認識を編み込みながら，新しいリソースを獲得するという，回復に必要な要素を統合した療法を新たに考案する必要があると考えた。

トラウマの治療において，そのトラウマを特定し，そのトラウマの文脈的要素を言語化していくことは PTSD 治療の本質だが，慢性的な心的外傷後の反応の場合，本質的な要素を見出すことが困難であることが多い。問題の記憶が，時間が経過していて不明瞭になっていたり，抑圧されていたり，事象が累積しているためにどれが問題なのかを特定しにくい等，その原因を特定することが困難になりがちなためである。そのため筆者は，そのような Cl の不健全で衝動的あるいは自動的な行動の根源となるトラウマを見つけ出し，それを処理して Cl の回復を援助する心理療法を考案した。それが HT である。

２．HT とは

HT とは，Cl 本人が感情や身体症状の意味を読み取り，解決し，自らを癒すプロセスを Th が援助する心理療法である。技法的には軽催眠を使ったトランスワークや自我状態療法の一種と言える。変性意識を利用するため，無意識に深く隠されて

いる原因事象に安全にコンタクトでき，多様な処理をすることが可能となる。多くの心理療法が，Th から提供される教示や対話，訓練を通して認知や情緒そして行動等に変容や変化をもたらす形をとるが，HT では Cl 自身が主体的に，そして能動的に自分が抱える感情や身体症状の意味を読み取り，解決し，自らを癒すプロセスを行っていく技法となる。そして Th は，問題の軽減・解消を目指すプロセスを効果的に援助するガイドやコーチのような役割を担うことになる。Cl が抱える問題を，それに対する感情や感覚・症状を起点として，起源となる原因を探り，問題の解決をはかって修正情動体験を与え，安定化を行い，リソースを獲得するまでを 1 回のセッションで行う技法であり，そのセッションを繰り返し行うことによって，Cl が抱える問題をさまざまな側面から解消し，回復させる構造となっている。

3．HT のプロトコル

　HT がトラウマからの回復として重要視していることが 2 つある。1 つ目が，Cl の症状の起点となる過去のトラウマの発見とその処理である。それによって問題の根本の原因とそのトラウマによってもたらされた固着観念やその影響を見出し，解消することができる。そして 2 つ目が，安心安全と健全さの構築である。過去の Cl に対して本来のあるべき健全な状態の提供を行うことで Cl に安心感や安定感をもたらすことができる。それらのプロセスが Th の適切な援助によって行われることにより，正しい責任の見極めや，問題や問題者との境界の構築，そして切り離しが容易になる。その後に提供される健全な修正情動体験によって，愛着の形成や基底欠損の解消，損なわれた自尊心の回復など，安定の基盤を形成することができるようになり，さらにその後に行われる安定化の誘導によって，安定感の編み込みと定着を図っていく。Cl が過去の問題や固着観念から切り離されることによって，それまで自動的に行われていた問題行動のパターンが解消され，安心感や安全・安定感が確保されることによって精神的に安定するため，セッション後に提供されるライフスキルの獲得などの行動課題がしやすくなったり，情動耐性や反応調節，ストレスの軽減，自己感覚や自他への共感の開発，重要領域での潜在能力の開花や，健全な関係性の構築を行えるようになる。以下ステップごとのポイントをより具体的に紹介することにしたい。

ステップ 1：課題の決定と外在化

　まず，Cl と共にその日に扱う課題を決定する。課題は精神的な問題だけでなく，

身体疾病や痛み等の症状も扱うことができる。ただ，身体疾病や身体の不調を取り扱う場合には，並行して医療による治療がきちんと行われていることを，必ず確認する必要がある。身体的な疾病を，心理療法やその他の代替療法だけで解決しようとする Cl が時々いるが，心理療法やその他の代替療法は，医療と組み合わせてこそ望ましい結果が得られやすくなる。

　問題に対する感情や症状に意識を向け，それを色や形に例えて外在化していく。自分の感情や状態に気付き難い Cl も，感情や症状を外在化することによってそれらと対話しやすくなり，自分の感情や状態に気付きやすくなる。

　また，ここでは，外在化したものが，バウンダリーの問題に関わっていないかを確認することも重要になる。Cl が「自分の問題」として受け止めていたものが，「バウンダリーの問題」である場合，まずはバウンダリーの問題を解消する必要がある。バウンダリーの問題を抱えている Cl は，実生活の中でも加害者に侵入されやすかったり，簡単に搾取され，責任転嫁をされ，加害されている事が多い。その見極めを行い，起源の問題への退行の準備をする。

ステップ２：問題の見極めと解決

　外在化したものから退行の許可が出たら，問題が発生した起源に退行する。この退行の許可を得ていくことも重要なポイントである。どの心理療法においても，Cl の準備ができている問題を扱うことが大事になる。Cl に準備が整っていない問題を無理に扱おうとすることは，Cl に二次被害を与えかねない。外在化したものは Cl の無意識とつながっており，それに許可を得て確認をすることで，起源の問題を安全に扱うことができる。

　起源の問題に退行し，その場面が現れたら，今の Cl が，過去の Cl に気持ちを聞き，状況の説明をしてもらう。その説明を聞くことで，過去に何があったか，誰が問題者だったのか，どのような問題があり，何が問題だったのかが判明する。この時点で Th は隠れた問題者が居ないか，さらに Cl がこの事件からどのような固着観念を抱えたり，どのような影響を被ってしまったのかも見極めていくことが必要となる。

　過去の場面に暴露する行為はともすれば Cl に強い除反応を引き起こさせる可能性があるが，今の Cl が変性意識に入っているために，過去の問題に暴露しても，今の Cl が安定した気持ちで過去の自分や出来事を見ることができる。また過去の場面に暴露すること自体が中和の役目を果たしたり，意味の解らなかった症状の原因や

意味が解ることによって，今の Cl に大きな安堵感を与えることもある。

　次に過去の Cl の望みを聞くが，これも大変重要なプロセスである。本来過去の Cl の望みは，子どもとして，あるいは人として当然の欲求を述べているはずだが，加害者にとってその望みは取るに足らないものであったり，怒りなどの陰性感情を掻き立てるものであったり，あるいは攻撃性などの強い衝動を感じさせるものであるため，過去の Cl にもたらされたものは，自分の求めとは真逆の，強い苦痛を伴うものになる。それによって Cl は自分がそのような欲求を感じることや，それを望むこと自体が間違ったことだと認識してしまい，それによって自分の感覚も，考えも，判断も抑圧してしまったり，信じられなくなってしまうことになる。だからこそ Th は，過去の Cl の望みを深く承認し，その望みに沿った解決を施していくことが必要となるし，それによって Cl の感覚や，欲求，判断に対する信頼を取り戻していく援助をすることができる。

　過去の Cl に起こっている問題が判明したら，過去の Cl が過去の苦痛を伴う場面で完遂したかった行動を完遂させ，過去の痛みのある情景を，過去の Cl にとって望ましい形に置換し，その修正情動体験を今の Cl に体感させていく。これらの行動をさせることによって，今の Cl は深い安堵を感じたり，深呼吸をして感情のリリースを表現したり，安堵の表情をうかべたりする。人が過去の問題が終わったと感じるためには，この安堵感を体感する，あるいは体感させることが重要になる。

　そして次に，問題者とその問題，そしてそこから派生した影響等から距離をとり，境界を作る作業を行って，過去の問題と精神的な距離を作る作業を行う。

ステップ３：健全さの構築と安定化

　問題者の代わりとなる健全な人（々）を連れて来て，その人（々）に過去の Cl が望む愛着行為や，尊重の行為，正しい行為など，過去の Cl の望みを一つひとつ叶えていく段階になる。この場面も HT の中で大変重要な局面となる。過去の Cl は，自分の望みを考えたことも無かったり，口に出して要求したり，叶えてもらったことが乏しい者も多くいる。自分の望みを考えること，そしてそれを伝えて受け入れてもらうこと，そしてその望みを叶えてもらうプロセスを体験する感覚も，修正情動体験として今の Cl に獲得され，過去の痛みを感じる傷つきを癒し，今後の目標や指標の役目を果たすリソースとなる。

　この後に安定化の誘導を入れていく。複雑性 PTSD の Cl や，不安定な Cl，行動化の激しい Cl，解離や愛着の問題を抱える Cl 等は，より安定した状態が必要とな

るため，Cl の日常が安定するような後催眠暗示をこの時点で誘導していく。

ステップ4：リソースの獲得

　過去の問題を解決し，よりよいイメージに置換したあと，ステップ1の段階で外在化したものの変化を確認し，その気分を聞き，望みを聞いていく。この望みこそ，今の Cl の将来の方向性や，回復のためのリソースとなる。それらを聞き出し，最後にこの良好な状態維持の方法を聞いて，現実の世界に戻ってくる。Cl が現実世界に戻ってきたら，感想を聞き，得られたリソースを実際の生活で行っていくための行動課題を決め，次回の予約をしてその日のセッションを終了する。

4．HT の治療モデル

　HT は，Cl の症状や困り感等の問題からトラウマを発見して処理し，健全化を進め，調整機能の安定化を行って，その後のリソースを獲得することをセッション内で行い，セッションで得られたリソースを，行動課題として与え，スキルビルディングやリハビリテーションに活用するというプロセスをたどる。このプロセスを重ねることによって，Cl が抱える問題を一つひとつ解消し，Cl の状態の底上げを行ってレジリエンスを向上させ，ライフスキルの獲得，向上を行い，Cl の回復を促していく形になる。回復は，多くの場合はある程度の揺らぎを繰り返しながら，螺旋を描くように進行する。

5．HT のメリット

　HT のメリットは，①使われる技法が誘導レベルなので，技法が習得しやすく，習得したての Th でも効果を上げられ安全性が高い。② Cl の意志を確認しやすく，Cl の意志を尊重し，逸脱した形になりにくい，③問題の場面に暴露しても，軽催眠状態であるため Cl の意識が安定しており，さらに Th のサポートを得ながら問題ある過去を解決していくので，フラッシュバックやパニックを起こしにくい，④問題の場面に早期に到達できるため，問題の根本からの解決が容易になる，⑤問題の起源に戻れるため，不可解な症状や扱いに困難を感じる感情・反応の理由が明確になり，Cl の理解や満足が高い，⑥通常は扱いが難しい Cl の衝動や問題を焦点化して扱えるため，Cl の問題行動への介入を積極的に行える，⑦ Cl に対してイメージの中で適切な愛着行動を与え，体感させるため，近年問題視されている愛着障害の解消に役立ち，愛着の問題から派生するさまざまな問題や影響を緩和・解消できる，⑧愛

着の問題を解消する場合，一次愛の対象が必要となるが，HT では，退行場面で出て来た健全な人々が役割を担ってくれるため，Th に対する強い投影転移による妨げが起こりにくい，などの点が挙げられる。

V　子どもの治療としての親の並行面接

　最後に子どものトラウマの治療について考察しておきたい。前述のとおり複雑性PTSD とは，被害者が幼児期や青年期など被害者の人生において傷を受けやすい発達段階において重度のストレス要因にさらされた結果引き起こされる心的外傷である。そのため，子どものトラウマを長引かせない，複雑化させないということが，その後の複雑性 PTSD を予防する重要な視点となる。van der Kolk（2005）は，「虐待やネグレクトを含む児童期のトラウマは，おそらく私たちの国の最も重要な公衆衛生上の課題であり，適切な予防と医療行為によって大部分が解決される可能性がある」と述べ，子どものトラウマに対して，早期の時点で適切に介入し，適切な治療を行うことがその後の複雑な病状への発展を防ぐこととなることを提唱している。さらに子どもの治療と回復にとって重要なのは，その環境の設定である。そのため，筆者は子どもの治療を行う場合，必ず親の並行あるいは先行面接を行うようにしている。

1.　子どものトラウマとその回復

　子どもにトラウマを引き起こす事象は，①虐待（身体的，性的，精神的），②ネグレクト（育児放棄），③貧困の影響，④愛する人からの分離，⑤いじめ，⑥愛する人やペットへの加害の目撃（家庭内や地域の暴力等），⑦自然災害または事故，⑧依存症または精神病による予期しない親の行動などさまざまである（Child Welfare Information Gateway, 2014）。

　トラウマを経験した子どもは，安全で愛されていると感じる必要がある。しかし，両親がトラウマの影響を理解していない場合，彼らはトラウマの影響を受けた子どもたちの複雑な行動を誤って理解し，不満や怒りを感じるかもしれない。トラウマへの理解のない親の対処行動は，時に効果が無いばかりでなく，有害なことすらあり得る。そのためトラウマをかかえた子どもの回復に対して重要になるのがトラウマ・インフォームド・ケア（Trauma Informed Care，以下 TIC）という視点である。

　TIC は，トラウマを理解した多重・多領域の環境の中で，被害者をケアすることによって，トラウマからの回復を目指し，またその後に深刻化しうる問題を回避しようとする試みである。その試みのポイントとしては，①トラウマの知識と理解に基づいたプログラム・組織・システムとして，トラウマの広範な影響および回復への可能性のある方策を理解している，②患者・家族・支援スタッフ等の関係者がトラウマの兆候および症状を認識している，③トラウマに関する知識を方針・手順・実践に反映させて対応している，④トラウマの再発に積極的に対応する，といった点が挙げられる（SAMHSA's Trauma and Justice Strategic Initiative, 2014）。

　この TIC で重視されるのが，子どもの安心・安全の確立である。まずは虐待の継続の有無について確認をし，虐待が継続されている場合，虐待からの保護策をとることが必須となる。そしてその保護策において，被虐待児がさらなるトラウマを受けないよう注意が払われるべきであることは言うまでもない。同様に重要視すべきなのは，被虐待児に基本的なニーズが充分に提供されることである。規則正しい落ち着いた生活やケア等，基本的なニーズが満たされる生活を提供することが，子どもの回復には重要である（Bancroft & Silverman, 2004）。人は外傷的な事象に曝露した直後は，高い確率で急性ストレス障害に陥るが，それは危険な場所から逃れ，生き延びるための生物的な反応である。その状態も，安全な場所に逃れた後，安心が確保されれば徐々に解消され，通常の状態に戻っていく（van der Kolk, 2014）。子どもは，安心・安全を感じられる場所にいて，愛されていると感じ，基本的なニーズが満たされると，自然な回復の可能性を高めることができる。そのような安定した基盤の中にいれば，心身に対する医療的な治療とケアの効果も上がりやすくなり，回復もより順調なものとなるだろう（友田，2012）。

　その基盤を作るためにも，家庭内の安定化が重要になる。もともと子どもは親と共にいる時間が長いうえに，トラウマ後の不安定な時期には，より周囲の影響を強く受けるため，親による一貫した，安定感のある対応が必要であり，そのための親の心理教育は欠かすことができない。アメリカでは，トラウマを負った子どもの親に対して "Parenting a Child Who Has Experienced Trauma"（CWIG, 2014）という冊子を配布し，親の養育トレーニングを行っている。子どもと多くの時間を接する親が，トラウマ後の複雑な状態を理解し，適切な対応ができるようになることで，子どものトラウマからのよりよい回復をはかり，将来的な問題の発生を回避する対応を促すのが TIC である。

２．子どもの回復を妨げる親の問題

　被虐待の子どもを回復に導くために，虐待の影響やトラウマへの理解を深める機会を親に対して作り，子どもに安心・安全な場を提供しようとする中で，支援者の努力にもかかわらず，回復が極めて困難に思えるような事例に遭遇することがある。そうした困難な状況の要因として重要と思われるものとして親に見出される問題を取り上げたい。

　しばしば見られる要因のひとつが前述した「心理的逆転」である。虐待を受けた子どもの回復支援者として携わっている際に，親（虐待者を含む）からの反応に苦慮することがある。例えば，こちらは親の味方として，協力的な姿勢を取っているのにもかかわらず攻撃的な言葉や態度をぶつけられる，子どもの回復に有効な治療や必要な対処の提案に対しさまざまな抵抗を示される，治療の効果に対して，非常にネガティブな感想を言われる，依頼したことをせず，回避するよう注意を促していたことをして（親も子も）悪化して戻ってくる，前回扱ったはずのテーマがまたあがってきたり，何度も同じ地点をグルグルと歩き回るようなルーピングが起こる等，困惑を余儀なくされる経験は，子どもの治療や回復の援助をされている方ならどなたでもお持ちであろう（Bancroft & Silverman, 2004）。

　こうした回復を阻害するような困難な現象に遭遇した時には，その親自身に「心理的逆転」があるのではないかと疑う必要がある。もちろん虐待や不適応な養育をする親は，心理的逆転が無くても，多くの問題を抱えている可能性がある。しかし「心理的逆転」が親にある場合，自己利益に向かうという通常の動機づけの状態を逆転させ，敗北や不利益な方向に向かう行動を無意識にとってしまうため，子どもの回復をさまざまな形で阻害する可能性が出てくる。心理的逆転が起きている子どものClの親は，自己否定的あるいは自滅的な力動の作用により，我々が提供する治療や適切なアドバイスが，効果を発揮させることができないばかりか，さらなる状況の悪化を招くことさえありうる。

　難しい状態の要因として次に挙げたいのが，これも前述した複雑性PTSDである。親自身がすでに複雑性PTSDを抱えており，さらに未治療の場合，子どもの回復は非常に困難になる。また，複雑性PTSDは，ICD-11で初めて採択された診断であり，これまでに治療の対象となっていない，あるいは他科での治療は受けているが，複雑性PTSDの問題が見過ごされている可能性がある。親自身が複雑性PTSDを抱えている場合，①生物学的調整機能，②感情調整機能，③行動コントロール，④認

知，⑤自己イメージや意味の創出，⑥自己統合や意識，⑦愛着や対人関係等の問題や，発達および人格障害と症状，身体的健康問題，そして重度の社会的障害といったものの組み合わせが現れている可能性があり，トラウマを受けた子どもの複雑な症状に適切に対応することは難しいだろう。

　複雑性 PTSD と呼びうるほどに深刻な状態でなくても，親の側に過去の未解決のトラウマが存在し，それが子どもに対する親の言動に悪影響を与えることがありうる点にも注目しておきたい。Adult Attachment Interview（以下 AAI）は，成人へのインタビューによって愛着のタイプをアセスメントする方法であるが，この中で，「未解決」に分類される養護者の未解決のトラウマや喪失の記憶と，彼らの子どもたちにみられる初期愛着の崩壊との強い関連が示されている。両親が AAI で「未解決」と評価された子どもの約 80％は，両親への無秩序な愛着を発達させている（Liotti, 2004）。

　家庭内の虐待によってもたらされる発達上の影響は複雑な形で現れる。虐待は身体的，精神的，性的な様相で現れるが，このような虐待が起こる家族は，他にも，貧困，失業，喪失，大家族，片親，身体的精神的疾病等並大抵ではないストレス下に置かれていたり，それに伴う対人境界の乏しさ，性格障害，依存症，その他の深刻な問題に常に晒されている（van der Kolk, 1986）。トラウマを抱えた一部の人々は，トラウマに耽溺し，自分の人生を犠牲にして，自分自身または他の家族に対して何らかの形でトラウマを再現し続ける。そしてこれらの人々は，トラウマを彷彿とさせる行動に関与していない時には，漠然とした不安感，空虚感，退屈感を抱えている様子が観察される。虐待の関係者は，加害者被害者ともに虐待関係にいわば中毒状態となっているため，この不健全なシステム，相互作用，関係性は維持され，それぞれの個人は依存症者のように虐待行為に対して無力な状態になってしまう（van der Kolk, 1989）。

3．親の並行面接

　子どもの問題に対処する中で，親自身が問題を抱えていることが判明してきた場合，まずは親のトラウマを癒し，その無意識な衝動性を解消することが先決となる。親の問題を後回しにして，子どもの回復に尽力をしても，親の虐待あるいは不適切な養育は習慣的に繰り返され，放置すればするほど被害が拡がっていき（友田，2012），その間に子どもの問題は複雑化して，その後の青年期に複雑性 PTSD に至ることになりかねないからだ（Teicher, 2000）。

　親に対する治療の目標は，行動，気分，体の状態によって加害あるいは不適切な行動を繰り返すのではなく，現在の生活を自分自身で適切にコントロールできるようになることである。原因となるトラウマ体験の時間と場所が特定されると，人は現在の人生のストレスと過去のトラウマを区別し始め，トラウマが現在の体験に与える影響を減らすことができる（van der Kolk, 1989）。

　先に述べた TIC の観点からも，親の安定した対応は，子どもの回復の要となる。不思議なことに，HT のセッションでは，子どもに対するストレスや感情や衝動に焦点をあてたはずなのに，その起源となる時点まで退行すると，親自身の子ども時代のトラウマや葛藤の場面が出現してくる。つまり，親は自分の子どもの問題ではなく，自分の未解決のトラウマや葛藤に反応していたのであり，その問題を解消すると，それまで子どもや子どもの問題行動に強い反応を示していた親の自覚的障害単位尺度（Subjective Units of Disturbance scale; SUDs）が確実に下がる。親の問題解決は，親の状態を安定させ，子どもの現状や状況に落ち着いた対応を可能にするため，子どもの回復に大きく寄与することになる。親が虐待者の場合は，加害衝動等の衝動性を扱い，それを軽減させることができるため，虐待の防止・抑止にもなりうるのである。親にとっても，自分の未治療の問題が解消されることは，親のその後の人生において有益であることは言うまでもない。

VI　症　　例

　本章では症例の提示により前節で述べたプロトコルを具体的に示すことにしたい。

【症例 1】 A：30 歳代女性，子どもに対するネガティブな衝動

　子ども（小学校高学年）が学校でのトラブル後に不登校。自宅で大半の時間を過ごしているが，母親に反抗的。母親の言うことを聞かず，言い争いになった後には家を飛び出し，外でもいろいろ問題を起こすので，A は思わず子どもの首を絞めて殺してしまいたいというような衝動にかられる所まで追い詰められている。
心理的逆転の確認：逆転あり
ステップ 1：課題の決定と外在化
　心理的逆転で判明した感情は胸の中にある。黒いもの。それは怒っているが，諦めてもいる。バウンダリーの問題はない。

ステップ２：問題の見極めと解決

　問題の起点に退行すると，Ａは小学校低学年。両親が目の前で怒鳴り合って夫婦喧嘩をしている。過去のＡは「喧嘩をやめてほしい。自分が何とかせねば」と焦りながら泣いている。今のＡが母親に喧嘩の理由を聞くと，「父親がお金もないのに，お酒を飲んで，家にお金を入れない。すごく腹立たしい」と言っている。父親に過剰飲酒の理由を尋ねると，「会社でいろいろ面白くなくて，飲んでしまう」と言っているので，今のＡが，「会社で認められ，尊重されたらそんな飲み方はしないのか？」と聞くと父親は「そうだ」と言っているので，今のＡが父親に，「あなたが認められ，尊重され，やりがいのある仕事場に行きましょう」と言って，父親をそういう職場に行かせる。父親は活き活きと仕事をして帰宅。自宅に戻った父親はお酒を飲んでいるが，飲み過ぎることもなく，家族との団欒を楽しんでいる。今のＡが母親に，父親の飲酒はストレスが原因であることを伝えると母親も喜んでいる。今のＡと過去のＡの中にある，父親のストレスによる飲酒の問題から派生した問題をすべて分離する。

ステップ３：健全さの構築と安定化

　過去のＡは，穏やかになった父親に関わってもらう事を望んでいる。穏やかになった父親に本を読んでもらったり，遊んでもらったり，たくさん褒めてもらう。

　安定化の誘導は，昔住んでいた場所の近くの河原が出てきた。桜と菜の花が咲いている場所で，そこをゆっくりと両親と一緒に散歩をし，友達と遊んだり，そこにいる大人たちに優しくしてもらう。過去のＡはとても穏やかに満足した。

ステップ４：リソースの獲得

　黒かったものは白く輝いている。それは穏やかさを望んでいる。自分ばかりが背負うのではなく，自分も楽しいことをしてほしい。頑張っている自分も認めること。

　心理的逆転は解消された。

感想

　Ａは，「思ってもみなかったことで，まだ少し混乱しているが，すごく安心した気持ちになった」と言っている。子どものことについて今はどう思うかと尋ねると，「今は子どものことを考えても，イライラはない。本人の成長を待てる」と言っている。

その後

　１カ月後，「子どもはまだ登校できていないが，問題行動も少なくなり，自分の気持ちも落ち着いて，やりたいことにも集中でき，家族とさまざまなことを楽しめて

いる」との報告があった。安定した養育ができており，親子の会話も増え，子ども
の精神状態も安定し，6カ月後子どもは無事に通学復帰を果たした。

解説

　Aは，最初自分の子どもに対して手をかけてしまいそうなほどの強い怒りと焦り
の感情があったが，破滅的な結果を引き起こしかねないその衝動は，自身の幼少期
の父親の飲酒問題に対する悲しみと怒りによるものであった。解決されない家族の
問題,家族のすべてが惨めさを味わうような両親の夫婦喧嘩の場面の複雑な感情や，
自分が長女として何とかせねばならないという焦りと無力感や怒りがあった。それ
は，現在のAの子どもの思うとおりにならない状況に対して，極端な対処をしてし
まいそうなほど増幅させられていたが，根源となる過去の問題が判明し，その問題
を完遂して解消し，その場で植え付けられた「私が何とかせねば！」という固着観
念を解消することによって，落ちついて現在の状況（子どもの不登校）についても
健全な判断を行って，子どもの回復を安定して援助できるように安定した。子ども
は，愛され，守られていると感じられると，自然な回復が可能となる。学校のトラ
ブルによって傷ついた子どもも，母親の温かいサポーティブな環境の中に身を置け
るようになったことで，自然な回復が促され，6カ月後に再登校することが可能と
なった。

【症例2】B：60代男性，がん患者

　定年後自分の経験を活かして有意義な人生を送ろうと思っていたところにがんが
見つかった。術後とがんからの回復には落ち着いた養生生活が必要なのはわかるが，
何もしていないと焦りがあり，落ち着いていられない。何もしていない自分は価値
がないと思っている。

心理的逆転：なし

ステップ1：課題の決定と外在化

　何もしていない自分は価値が無いという焦りがある。その気持ちは背中にある。
灰色の重たい物。それは「何かしなければならない，役立たなければ」と言ってい
る。バウンダリーの問題はない。

ステップ2：問題の見極めと解決

　退行を行うと,過去のBは幼稚園児。父と祖父から「できない奴は人間のクズだ！
働かざるもの食うべからず！」と怒鳴られている記憶に到達。今のBが父と祖父に,
「このような小さな子どもにどうしてそんなことを怒鳴りつけながら言うのか？」と

聞くと，二人とも「できない奴は人間のクズだ！　働かざる者食うべからず！」と言うばかりで全く聞く耳を持たず，同じことを大声で怒鳴るだけなので，父と祖父，二人の影響もすべて遠ざける。

ステップ3：健全さの構築と安定化

代わりの父と祖父を連れて来る。とても温かく，優しく，小さなBをたくさん褒め，Bが何をしてもしなくても，B自身に価値があるのだと言ってもらう。小さなBはほっとして，嬉しそうにしている。父と祖父にたくさん関わって遊んでもらう。遊びながら温かい言葉や褒め言葉もたくさんもらう。

安定化の誘導は広々とした草原。そこを父と祖父と一緒にゆっくりと散歩をする。

ステップ4：リソースの獲得

灰色の物は，無くなっている。灰色の物がなくなった場所，「落ち着いた養生生活をすること。バランスの取れた食事と，軽い運動，リラックスをし，楽しいことをして健康を取り戻すと良い」と言っている。

感想

自分がそのような気持ちで頑張ってきたとは思わなかった。がんの原因にストレスがあると言われたが，ストレスのことを考えると，仕事をしていた時の方がずっとストレスがあったと思っていた。しかし，定年退職し，何もしなくなった日々の方がずっとストレスだったかもしれない。今は何か深く解放され，ほっとした気持ち。病気を抱えながらでも，ゆっくりとした養生生活を楽しめるような気持ちになっている。実は自分で近くの海に釣りに行き，釣った魚を料理して食べることも楽しみの一つになっている。これからはゆっくりとした養生生活をして，健康を取り戻して行きたい。

解説

男性の場合，定年退職など，自分自身の社会的地位を失った時に大きなクライシスが来る人が少なからずいる。仕事をし，社会的地位があり，社会的に役立っている場合には安定しているが，それを失った時に大きなストレスが，心や身体を蝕むのだ。また，このClの父と祖父が言った「働かざる者食うべからず」という言葉から，定年退職して「働かざる者」になった時に，胃がんになって胃を全摘するというメタファーに驚く。

人は時に，ある「信条」や「信念」を持って人生を歩んで行く。その信条や信念に沿った人生を送っている時には，それらはその人の力となり支えとなるのだろう。しかしその信条や信念に沿わない状況に陥った時，それら自体が「獅子身中の虫」

となって人々を蝕み，その命さえも奪おうとするかもしれない。Cl がどのような信条や信念をもって人生を生きているのか，それが不健全であったり，すでに役立たなくなっている場合には，その信条を健全なものに書き換え，新しい人生の信条を与えることは大変重要なことになる。

【症例3】C：50代女性，やりたい仕事があるのに，それに中々着手できない

Cはパートで働きながら，独立開業をしたいと思っている。開業のための準備をいろいろしなければならないのに，なかなかそれに手を付けられずに困っている。

心理的逆転：あり

ステップ1：課題の決定と外在化

心理的に逆転した気持ちは胸の中にある。それは四角い箱。箱は，「許さない」と言っている。

ステップ2：問題の見極めと解決

夫の死の1カ月前。夫はがんで死が迫っている。夫はもう死を受容していて穏やかな気持ちだが，過去のCは夫の死を受容できないし自責感でいっぱい。「夫を助けられない私はダメな妻だ」と言っている。夫は，これは天命であり，妻の支えでここまで良好な予後を過ごすことができたと伝えている。

ステップ3：健全さの構築と安定化

実際には伝えられなかったさまざまな想いや感謝を伝え合う。夫は妻に心からの感謝を述べ，妻のお陰でここまでよりよい予後を送れたことを伝える。妻は夫にそのように言われてほっとしている。また，夫は妻と娘の幸せを心から願っており，肉体は無くなっても，別の形で常に見守っている事を伝えてくれている。

ステップ4：リソースの獲得

胸の箱は無くなっている。そこは夫の気持ちを胸に，娘と幸せになることを願っている。自分の能力に自信を持つこと。自分の力を信頼するとよい。夫が魂となって自分と娘の幸せを見守り続けてくれていることを思い出すこと。

感想

夫の死に対して，自分を罰し続けていて，「夫を死なせた自分は幸せになってはならない。みじめな人生がふさわしい」と思っていたことにも気づいた（その気持ちさえ抑圧していた）。さらに夫は許してくれていたし，自分と娘の幸せを願ってくれていることにも気づいた。これからは夫の見守りを胸に，多くの人の役に立つことを行っていきたい。

解説

　喪失というのは人の人生の中でも大きなインパクトを与えるライフイベントである。大切な人の喪失を切っ掛けに，人生が大きく変わってしまったり，長く続く罪悪感や，何かを強く心に決めてしまうような固着観念が宿ってしまいやすい。また，喪失にまつわって私たちはさまざまな未完を抱えることになる。喪失が突然であったり，喪失対象の状態が悪い場合，伝えたかったことが伝えられなかったり，さまざまな物事が未完のまま放置されることを余儀なくされる。長く続く喪失の悲嘆の感情に苦しむ人の中には，その苦しみが喪失の悲嘆であると理解している人もいれば，その悲嘆は抑圧され，原因の判らない苦しみを受ける人々もいる。原因の判らない苦しみや問題行動が，HT のセッションの中で喪失の問題に行きつくことがある。悲嘆の原因を探り，未完の物事を完遂させ，強い責任感等の固着観念を，健全で柔軟なものに変え，喪失対象とのその後も続く新しい関係性を構築することによって，長く滞っていた喪の作業が進み，不安定な状態にいた Cl は安定し，新しい未来を安定して歩むことが可能となるだろう。

【症例４】D：小学校中学年，不登校，広汎性発達障害，E：Dの母親，うつの既往あり

　Dは広汎性発達障害と診断されており，感覚過敏があり学校内のいろいろなことがストレスで教室に入れなかったり，頭痛腹痛などの身体症状があり，低学年から不登校が続いている。

　Dのセッション

　母親（E）の並行面接を時間枠内で行うため，Dには全回通して登校に関してストレスを感じる部分（学校に行くと考える，校門に立つ，校庭に入る，校舎に入る，廊下を歩く，蛍光灯の光，教室に入る，同級生の視線，同級生の大きな声，周りの雑音，教壇にいる先生の声が聞こえ難い，その他）に対して人間運動学に東洋思想と心理学の要素を取り入れた治療法等で SUDs を下げることを一貫して行った。

　Eのセッション（並行面接）

　Eに対しては，子どもの不登校に対する不安やイライラ，その他E自身が抱える不安定な感覚，子どもへの対応を適応的にできない部分などをターゲットに HT を実施。Dに対する不安やイライラ等を取り扱ったにもかかわらず，退行するとE自身が子ども時代にいじめを受けていた場面や，親から叱責されている場面などE自身の未解決の問題が現れ，それらを丁寧に HT で解消し，安定化を図った。Eが精

神的に安定し，Ｄに対しても安定した態度で，適切で柔軟な対応が可能となった。

　結果的にＤは５回（Ｅには７回）の面接後，Ｄは少しずつ登校する事ができるようになった。授業も段階的に受けられるようになり（一年後完全復帰），身体の不調も少なくなって朝起きられるようになり，集中力や持久力も高まって学習もコンスタントにできるようになった。不登校の間の学習の遅れも，家庭教師や塾で対応することでなくなり，友達も増え，部活などの学校内の活動だけでなく学校外の活動にも積極的に参加することができるようになり，学校生活を楽しめるようになっている。

　解説

　子どもが，さまざまな特性を抱え，困難な部分を抱えていたとしても，周囲に適応的に対応してもらうことで，その子どもが本来持っている才能を活かしたり，輝かせることが可能となる。そのためにも，子どもと過ごす時間の長い養育者が，適応的な対応をとれることはとても重要である。親に対して特性を抱える子どもの特徴や，対応の仕方を心理教育することは重要だが，親がさまざまな未解決な問題を抱えている時，それが非常に困難になる場合がある。親の傷つきを癒し，親を安定化させることは，親自身が持つ「良い親でありたい」という願いを叶え，子どものよりよい成長を後押ししてくれるだろう。

【症例５】Ｆ：小学校高学年，ゲーム依存，Ｇ：Ｆの母親

　Ｆはゲーム依存で，帰宅後すぐ取り憑かれたようにゲームをし，母親が止めようとするとキレて怒りを爆発させる。勉強にも身が入らず，成績も低下し，学校でも問題になってきている。

　Ｇのセッション（並行面接）

　Ｆの面接に先行して５回の面接を行う。Ｇは，Ｆのゲーム依存と怒りの爆発に，どうして良いかわからないため行動に対して感情的になり，強い口調で反応するので，お互いにエスカレートした状態になって悪循環を招いてしまっている。不安が強く，今後どうしたら良いかわからない混乱した状態のＧのイライラや不安，混乱をターゲットにＨＴを行うと，Ｇ自身の幼稚園，小学校，中学校の時代の葛藤場面が出現，それぞれの問題を解消するとＧのＦに対する強いストレスは軽減し，Ｆに対して安定した態度で対応できるようになった。

　Ｆのセッション

　Ｆは学校からたいへん消耗して帰宅していることが判明。前年に起きたいじめの

トラウマの影響が継続していたことが明らかになった。いじめ自体は前年に教師を交えて加害者と話し合いを行い、加害者が謝罪し、それ以降いじめなどの行為はなく、F自身も「もう終わったこと、決着がついている」と思っていたが、身体の緊張状態は継続しており、学校に行くだけで緊張し、疲弊して、その報酬としてゲームに没頭するようになっていた。

　学校、廊下、いじめのあった教室、いじめを行ったメンバーなどに強いストレス反応が残っていたため、そのトラウマの処理を行い、いじめの後遺症によって学習がおろそかになっていた期間の復習を行ってもらった。Fに合った学習方法をアドバイスし、母親に学習の見守りを行ってもらうと、成績も上がりFの自尊心も回復した。Fは母親が優しく対応してくれることで精神的に安定し、ゲームも楽しむ程度で、外でのレクリエーションをより楽しむようになり、学校での問題もなくなった。

　解説

　子どものトラウマの回復は、安心安全を確保し、愛されていると感じられる環境を与えることで、自然な回復を促すことができる。そのような環境の上で、治療的なアプローチを行うことが、より速やかな回復を促すだろう。トラウマの影響は、心身に深い影響を与える。Clが「もう終わった」「もう過ぎたことだ」と頭で思っていても、身体や神経系は緊張し、闘争・逃走反応状態が継続されているために、その影響がさまざまなところに出てくる。また、トラウマの影響は、物事が落ち着いてしばらくしてから現れることも多い。そのため、トラウマの影響を知らない大人たちは、トラウマの影響によって問題が起きているとは気づかず、被害者である子どもを問題視し、さらに間違った対応をしてしまうことも起こりうる。子どもに問題が起きている時には、多角的な視点でその問題の原因を突き止め、その処理やケア、そしてサポートを行う必要があり、ここでも環境要因である親の状態を整えることは重要である。

Ⅶ　ま　と　め

　人生にトラウマはつきものであり、トラウマのない人生はない。人はトラウマと無縁で生きることはできないし、大なり小なりのトラウマに遭遇し、傷つきを抱えながら成長し、人生を送っていくものだ。そして重大なトラウマは、人々に混乱や苦痛を伴うような影響を与え、その影響は本人だけでなく、その家族の健康や幸せ

に対して長く続く大きなダメージを与えるかもしれない。しかし，適切な理解とケア，そして治療によって，本人だけでなく，家族のすべてのメンバーが癒され，トラウマの出来事を乗り越えることができるだろう。そのためにもトラウマを受けた初期段階において，適切なケアが行われること，そしてそのようなシステムがきちんと構築されることが重要である。

　また，そのような機会になかなか恵まれず，大きなトラウマを抱えたまま成長したとしても，機会を得て適切なケアを受けることができれば，それ以降はその影響に自分自身が翻弄されなくなったり，その影響を周りに伝搬あるいは再演させることがなくなるだろう。大切なのは，援助者自身がトラウマとトラウマの影響を理解していること，そしてその影響は，どの時点においても，適切なケアを受けることで回復する可能性があると理解することである。人は回復する力を持っている。しかし，それは一人で成し遂げられることではない。被害者をトラウマの影響や連鎖から救う，温かで層の厚い連携を持ったケアシステムに巡り合えば，自分が受けたトラウマの影響を自分の代で止め，子どもに愛情をかけて育て，強さと柔軟さを合わせ持った幸せな大人に育てることができるだろう。幸せな大人が増えることによって，世の中は少しずつ良くなっていくかもしれない。そのためにも，人々のトラウマを初期段階で解決することが，重要な公衆衛生上の課題なのだ。そのような気概をもって，これからもこの重要な問題に真摯に取り組んでいきたい。

文　　献
Bancroft, L. & Silverman, J. G. (2004) The Batterer as Parent. SAGE Publications.（幾島幸子訳（2017）DVにさらされる子どもたち—加害者としての親が家族機能に及ぼす影響. 金剛出版, pp.95-119.）
Callahan, R. J. (2006) Voltmeter and psychological reversal: An authoritative presentation of vital and important information on the accurate and effective use of a voltmeter with Thought Field Therapy Ⓡ. La Quinta, CA. TFT Training Center: Callahan Techniques, pp.10-20.
Callahan, R. J. & Perry, P. (1991) Why Do I Eat When I'm Not Hungry? NY, Doubleday, pp.40-57.
Child Welfare Information Gateway (2014) Parenting a Child Who Has Experienced Trauma. https://www.childwelfare.gov/pubPDFs/child-trauma.pdf（2021年4月1日閲覧）
Courtois, C. & Ford, J. (2013) Treating Complex Traumatic Stress Disorders: Scientific Foundations and Therapeutic Models. NY; Guilford Press, pp.13-30.
Herman, J. (1997) Trauma and Recovery. Basic Books.（中井久夫訳（1996）心的外傷と回復. みすず書房, pp.205-373.）
Janet, P. (1924) La Medecine psychologique. American Journal of Psychiatry.（松本雅彦（1981）心理学的医学. みすず書房, pp.36-43.）
SAMHSA's Trauma and Justice Strategic Initiative (2014) SAMHSA's Concept of Trauma and Guidance for a Trauma-Informed Approach. Substance Abuse and Mental Heal Services

Administration. https://store.samhsa.gov/product/SAMHSA-s-Concept-of-Trauma-and-Guidance-for-a-Trauma-Informed-Approach/SMA14-4884.html（2021 年 4 月 1 日閲覧）

Liotti, G. (2004) Trauma, dissociation, and disorganized attachment: Three strands of a single braid. Psychotherapy: Theory, Research, Practice, Training, 41; 472-486.

Mate, G. (2010) In the Realm of Hungry Ghosts: Close Encounters with Addiction. Berkeley; North Atlantic Books, pp.197-210.

嶺輝子（2019）『楽になってはならない』という呪い. In：松本俊彦編：「助けて」が言えない—SOS を出さない人に支援者は何ができるか. 日本評論社，pp.28-41.

宮地尚子（2004）トラウマとジェンダーはいかに結びついているか. In：宮地尚子編：トラウマとジェンダー. 金剛出版，pp.8-45.

岡野憲一郎（2016）トラウマ. In：氏原寛・亀口憲治・成田善弘・東山紘久・山中康裕編：心理臨床大辞典. 培風館，pp.709-712.

齋藤慶太（2011）1 からわかる！キネシオロジー. ＢＡＢジャパン.

Teicher, M. H. (2000) Wounds that time won't heal: The neurobiology of child abuse. Cerebrum The Dana Forum on Brain Science, Volume2, Number 4, Fall.

友田明美（2012）いやされない傷—児童虐待と傷ついた脳. 診断と治療社，pp.2-8，pp.106-116。

van der Hart, O., Nijenhuis, E. R. S., & Steele, K. (2006) The Haunted Self Structural Dissociation and the Treatment of Chronic Traumatization. W. W. Norton.（野間俊一・岡野憲一郎訳（2011）構造的解離—慢性外傷の理解と治療，上巻（基本概念編）. 星和書店，pp.23-29.

van der Hart, O. & Friedman, B. (2019a) Rediscovering Pieere Janet A Reader's Guide to Pierre Janet A Neglected Intellectual Heritage. Routledge, pp.4-27.

van der Hart, O., Brown, P., & van der Kolk, B. A. (2019b) Rediscovering Pieere Janet Pierre Janet's Treatment of Posttraumatic Stress. Routledge, pp.164-177.

van der Kolk, B. A. (1986) Psychological Trauma. American Psychiatric Publishing.（飛鳥井望・前田正治・元村直靖監訳（2004）サイコロジカルトラウマ. 金剛出版，pp.129-155.）

van der Kolk, B. A. (1989) The compulsion to repeat the trauma, re-enactment, revictimization, and masochism. Psychiatric Clinics of North America, 12(2); p.389-411.

van der Kolk, B. A. (2005) Developmental trauma disorder: Towards a rational diagnosis for children with complex trauma histories. Psychiatric Annals, 35(5); 401-408.

van der Kolk, B. A. (2014) The Body Keeps The Score Brain; Mind, and Body in the Healing of Trauma. Viking.（柴田裕之訳（2016）身体はトラウマを記録する. 紀伊国屋書店，pp.88-122.）

Walker, P. (2013) Complex PTSD: From Surviving to Thriving. An Azure Coyote Book, pp.1-19.

第6章

催眠トランス空間論（"松木メソッド"）

──日本的 "場" 理論における「自他非分離」「動的調和」「関係性調和」の治療的意義

松木　繁

Ⅰ　はじめに

　催眠トランス空間論（"松木メソッド"）は，2018年8月にカナダのモントリオールで開催された世界催眠学会第21回大会（XXI World Congress of Medical & Clinical Hypnosis）での催眠臨床家／催眠研究者の合同会議（Goals and Structures of Researcher / Clinician Pre-Congress Symposium）において，筆者が世界の催眠臨床家8名の一人として招聘された際に発表したものをまとめたもので，その論考は，2019年にワシントン大学の Mark P. Jensen によって編集・刊行された "Handbook of hypnotic techniques, Volume 1" の中で，"The Hypnotic Trance Space Theory ("Matsuki Method"): Clinicians and Patients Working Together to Build a Therapeutic Trance Space" と題した英文の論文として上梓されたものである。そのため,本章での大筋の論考は英文で書かれた拙著(Matsuki, 2019) と重複することが多くなることをまず断っておきたい。

　実は，この国際催眠会議においては，催眠療法の治癒機制に関する筆者の主張, 特に,「催眠療法における治療者－患者間の共感的な関係性」や「催眠療法の治療過程を治療者－患者間で協働して作り上げる空間での作業の過程である」という観点について，参加した催眠臨床家から高い評価を得たものである。ただ，この時のディスカッションでは，本技法が日本オリジナルな催眠療法であり，その理論を支える臨床観・人間観・自然観には，日本的 "場" の理論における「自他非分離」（西田，1911），「（自然の中での）動的調和」（中村，2000），「関係性調和」（清水，1990）

といった極めて日本的な感覚があることについての理解は残念ながら得られなかった。それは，多分に，私の英語能力の乏しさのためもあってのことだったと推測されるが，それにしても，日本的感覚が世界，特に，英語圏の研究者，臨床家には伝わりにくいものだと実感し，私が最も主張したい点が伝わらなかったことに対し忸怩たる思いでいたことも思い返される。

　それゆえ，本書での執筆の機会を通して，先に上梓した論考に加えて，日本オリジナルな発想による臨床観・世界観がいかに「人のこころに優しい」効果的な心理臨床の技であるかを強調したいと考えている。今まさに世界がコロナ禍で苦しみ，心理的にも社会的にも人間関係のあり方にさまざまな疑問が呈されている時期であるからこそ，本書を通して日本的な対人感覚（例えば，「関係性重視」（杉坂，1971；松木，1998など）の人間観などが臨床的にいかに重要なものであるかについて強調したいと考えている。本章では，その点を踏まえて加筆・修正を行った。

II　催眠トランス空間論（"松木メソッド"）の理論と実際

1．催眠トランス空間論（"松木メソッド"）の基本概念──催眠療法の独自の治癒機制に関する論考

　本章では，催眠療法の治癒機制に関する筆者独自の考え──催眠トランス空間論（"松木メソッド"）──を中心に述べる。しかしながら，その考えは，筆者が当初から日本的感覚によって技法を組み立てたのではなく，長年にわたって催眠療法の臨床実践の中で得た臨床的事実に基づいて構築されたものが，結果として，日本的感覚に根差した臨床技法となったというだけなのである。だが，そのことの示すことを換言すると，臨床的に効果の高い臨床技法の根底には日本的感覚に基づく臨床観や人間観が含まれていると考えても良いと言えるのかもしれない。

　そうしたことを考えたうえで，心理療法（催眠療法）の効果性について検討してみよう。我々が臨床の現場において効果的な心理療法（催眠療法）のあり方を考えるとき，臨床家が最も考えることは，問題解決のために必要とされる治療の場としての治療空間（催眠トランス空間）をいかに効率的に作り出し，その状態下でクライエント（以下，Cl）が示す問題解決のためのサインをいかに手際良く見出すかである。同時に，治療の場としての治療空間（催眠トランス空間）の中でClが行う問題解決のための「適切な努力」（神田橋ら，1976；増井，1987）に対して，いかに我々が援助できるかを考えることである。こうした臨床上の必要性を満たす条件

の検討を通して心理療法（催眠療法）のあり方を考えることは，結果として心理療法（催眠療法）の独自の治癒機制を考えるうえでも重要な意味を持つものと考えられる。

　さて，話を一般的な心理療法から催眠療法に限定して論を進めよう。催眠療法が効果的に行われ，Cl の問題解決がうまくいった事例の実際を振り返って検討してみると，催眠状態を作り出す催眠誘導過程においても，Cl と治療者（セラピスト，以下，Th）間の共感的な関係性や相互作用のあり方が重要な役割を果たしていることに気づかされる。これは，催眠が効果的に臨床適用されるための必須条件であると筆者は考えている。かつ，また，その関係性や相互作用が得られた際の Cl の状態，特に，Th からの催眠誘導に対する Cl の「反応の仕方 – 体験様式（体験の仕方）」の変化も，臨床的には重要な意味を持つと考えている。

　これらの点を簡潔に整理して，筆者の提案する催眠トランス空間論（"松木メソッド"）を定義すると，以下の３つの重要なキー概念によってその考え方は構成されている。

　まず第１点目として，筆者は，催眠誘導によって得られる"治療の場"としての催眠トランス空間を，Cl – Th 間の共感的な関係性に基づいて構築された共有空間（「守られた空間」）として位置づけていることである。

　この考えに沿って述べるならば，催眠の臨床適用過程はその空間構築のための Cl と Th との協働作業であり，その作業過程では，Cl の「主体性」を尊重する Th の臨床姿勢が非常に重要で必須条件でもあるとしている。

　この点は，それまでの古典的・伝統的な催眠療法が Th 側からの一方向的な働きかけによって催眠状態を捉えていたのとは大きな差がある。医学モデルに基づく Th（催眠者）優位の一方向的な働きかけだけではなく，Cl（被催眠者）の側のさまざまな心理社会的要因にも視点の幅を拡げ双方向的な現象として催眠状態を捉えようとする視点である。この視点は，臨床的事実からすると，特段，変わった考えを述べているのでなく，一人の人間を多様な視点で捉える総合的な人間観に基づくものである。真の意味での「生物 – 心理 – 社会モデル」に基づいて Cl と関わろうとする臨床姿勢であり，現在の心理療法において重要な視点をもたらしてくれるものである。

　この「（治療空間を）双方向的な共有空間として位置付けること」，さらには，そうした空間作りが両者による「協働作業」であるとしている点は，対立的な発想を好まない「関係性の重視」の日本的な視点に繋がるものでもある。

　第2点目には，第1点目に挙げた「催眠トランス空間」が得られる過程での，Cl の暗示への「反応の仕方」（体験の仕方）の変化の過程も，催眠療法の治療機制の重要なポイントだと考えていることである。

　この点の詳細については，第1点目の観点と併せて，3．で具体的に図示しながら詳しく述べる（図1～図4を参照）が，その要点は，催眠誘導過程における Cl － Th 間の関係性の変化に伴って，催眠誘導に対する Cl（被催眠者）の反応が，「催眠に"かけられる"」といった被動的・受身的な体験の仕方から，段階的に能動的・主体的な体験へと推移していく過程へと体験の仕方に変化が見られるということである。

　こうした「体験の仕方の変化」に注目する点も，Cl（被催眠者）の側に治療の主体を置いて，Cl の主体性を育成するという点では，「根強い場面依存の傾向」「本能的に対決の構図を嫌う傾向」を持ち，「清濁合わせ呑む，臨機応変，融通無害の柔構造を好む日本人」（成瀬武史，1979）の対人的価値観に対して，その変容を求め主体性を確かなものにすることで問題解決を図る臨床姿勢が見られるのである。

　日本独自の心理療法として，成瀬悟策（1992）が開発した臨床動作法が日本由来の心理臨床技法として重視されている点とも共通する点である。

　そして，第3点目としては，Th の催眠誘導に対する Cl の反応は，Cl の内面理解やリソースの発見のための重要なコミュニケーション・ツールであり，その反応の一つひとつの扱い方が効果的な臨床適用の重要なポイントになるという点である。

　これは，Th が効果的な臨床適用暗示を構成する際に，Cl の内的体験を喚起しリソースを引き出すための「間接暗示」を構成する際に重要である。ただし，ここでも，筆者は，効果的な臨床適用暗示は，Th 側からの一方向的な働きかけによって効果性を発揮するのでなく，Cl － Th 間の双方向的なやり取り（相互作用，協働作業）によってその効果性は発揮されるものだと考えている。この考えに沿って言うならば，催眠誘導過程で示される Cl のさまざまな反応は Cl の内面理解を的確なものにするために役立つし，さらに，Cl の内的体験を喚起するために必要なコミュニケーション・ツールとして受け止めることがとても重要なことであると考えているのである。

　そうした一連の協働作業を臨床適用暗示の構成のために効果的に「利用（Utilize）」することが催眠療法には必要であると考えるのは，すでに，エリクソン催眠の中でも指摘されていることではあるが，筆者の場合は先に述べたように，日本における独自の催眠療法実践の中で導き出されたものであることを強調しておき

たい。そのことは，以下の 2. で述べる催眠トランス空間論（" 松木メソッド "）の
臨床観・人間観・自然観を見ていただくことで理解されるであろう。

2．催眠トランス空間論（" 松木メソッド "）を支える臨床観・人間観・自然観

　催眠トランス空間論（" 松木メソッド "）の具体的な技法やその考え方を述べる前
にしっかりと強調しておきたいのが，この論を支える筆者の臨床観・人間観・自然
観である。前節でも述べたように，「催眠トランス空間」を支えているものは，「Cl
－ Th 間の共感的な関係性に基づく共有空間」であり，「Cl － Th 間で協働する双方
向的な相互作用の " 場 " の構築」である。そこには，すでに，催眠療法が Th 側か
らの一方向的な働きかけによるものでなく，Cl の自主性や主体性を尊重する Th の
臨床姿勢や態度によって支えられたうえでの Cl との協働作業によって成り立って
いるのだという私の臨床観が基本に据えられている。

　この臨床姿勢の根幹には，この技法が日本発の心理療法（催眠療法）であったか
らこそそのものが関係している。こうした臨床観は前述のように，基本的には，日本
人が好む「関係性重視」の人間観に加えて，「自他非分離」「動的調和」「リズム論」
「関係性調和」を説く日本的 " 場 " の理論に基づく日本的自然観や，心身一如を重ん
じる東洋的身体論（市川，1984；Merleau-Ponty, 1933）に根差していることも
理解しておくのが重要である。こうした自然観や身体論は，筆者の主張する，催眠
トランス空間論（" 松木メソッド "）を支える基本的な思想である。この観点から突
き詰めていくと，筆者の実践する催眠療法はある意味ではホリスティックなアプロ
ーチと言えるのかもしれない。

　この点についての論点をもう少し整理してみよう。日本的な感覚による心理臨床
についての論考について，筆者はまず，言語学的な日本語の特徴をあげて論を展開
してきた。それは，1998 年に『日本語臨床と日本人の悩み方』というタイトルで
「心理臨床学研究」に上梓した論文（松木，1998）の中で，言語学的な観点から日
本人の『悩み方』の特徴を取り上げて考察している。

　その考察を要約すると，言語学的観点から考察した日本人の対人関係の特徴は，①
個人主義的な自立感ではなく関係性重視の自立感を好む，②自己の問題への直面化，
明確化よりも抱える問題との " 間 " の重視と曖昧化を好む，③直接的・能動的な自
己主張より間接的・受身的な自己主張を好む，④心身両義的・多義的な言葉による
言語的表現を好む（板坂，1971；金田一，1975 ほか）といった傾向があり，その
特徴は，心理的な問題や症状を抱えた際に，日本人特有の『悩み方』（松木，1998）

として示されるのだとしている。

　したがって，悩みの解決のためには，対立的な関係性ではなく互いを尊重できる人間観，さらには，多義的な意味合いを含みこんで他者を理解しようとする多様性の尊重，などが重要となってくる。この人間観は，日本社会だけではなく，世界的なレベルにおいても，現代社会に潜む対立，差別，格差の打破のためには必要な思想だと考えるのである。日本的感覚に基づく心理療法の考え方が実は世界的にも今必要とされる「人のこころに優しい」アプローチとして認識されることが重要なのではないかと筆者は考えている。

　一方，筆者の臨床観・人間観・自然観に対する考え方の基盤は，田嶌（1987）の「壺イメージ療法」の臨床経験から大きな影響を受けている。壺イメージ療法も日本発の心理療法として代表的なものとして扱われてきているが，この技法の臨床適用を通して筆者が特に強く学んだことは，①“壺”という「枠付け効果」の高い治療空間が Cl にとって安心・安全を担保する「守られた空間」として機能すること，②壺という空間は，「主客未分化」「自他非分離」にある Cl の混沌とした心身の状態を内部に包み込む“場”（西田，1911）として機能していること，③それゆえに，壺中での体験は心身両義的な意味を内包する“丸ごとの体験”として得られること，④そうした体験が壺の中で“自発的”に自己調整され，問題解決の契機となっていること，などである。

　特に，壺イメージの臨床経験から得た“（治療の）場”の捉え方は，日本的な“場”の理論（西田，1911；清水，1990；中村，2000）に通じるものがあり，こうした“場”に対して日本人は親和性が高いのではないか，だからこそ，日本人は壺イメージ療法に対する違和感が少ないのではないかというのを実感させられたのである。

　清水（1990）の言葉を借りて言うならば，「生命体は『自他非分離』の“場”の中で生きていく。そして，その“場”の中では，動的秩序を自立的に形成する関係子が互いに相手に影響を与えながら互いの関係性を調和させる働きを自律的に行いながら秩序を自己形成する」として“場”を定義し，「関係性調和の機能が働く」ことを説明している。この“場”では「心身を調和させる作業がある一定の法則の下で行われ，それらは静止することなく動的に展開している」というのである。この日本的“場”で生じる現象と同じことが“壺”の中でも起こって展開しているのではないか，壺イメージ法のもたらす“壺”の空間は，日本的“場”の理論で示される空間の定義と共通しているように筆者には思えた。中井（1987）は，「この治療

法は『壺』でなければならなかった…（中略）…『つぼ』という言葉の連想。縁語。例えば「つぼむ」「つぼみ」。個人的体験。それから，『壺』という象形文字の印象。そして，その音調…（後略）」として，"壺"が使われたことそのものの価値を言う。「この技法は，わが国で生まれ，わが国独自の心理療法として開発されたのだが，"壺"という言葉に象徴されるさまざまな意味が付与されて，壺イメージ療法という臨床の"場"を形成している」と語っている。

　こうした視点を得て，筆者も，改めて，自身の実践する催眠療法を日本的"場"理論に基づいて整理しなおしてみた時，催眠療法が効果的に機能した事例では，上記と同様に，「（催眠トランス空間という）"場"」の中で，「動的秩序を自立的に形成する関係子が互いに相手に影響を与えながら，互いの関係性を調和させる働きを自律的に行いながら秩序を自己形成」し，「関係性調和の機能が働き」，結果，Cl は自発的に問題解決の道を自身で"主体的に"得ているようになっているのだと考えるようになった。

　私の，催眠トランス空間論（"松木メソッド"）で扱う臨床空間は，まさに，日本的"場"そのものを提供するものであり，それゆえに，催眠療法過程において Cl が「"（治療の）場"としてのトランス空間」を得た時に，「自己支持の工夫や変化の可能性を Cl が主体的に見出しているのだ」と考えるようになったのである。

　いずれにしろ，催眠トランンス空間論（"松木メソッド"）の目指すところは，催眠トランスの中で Cl 自らが"より良く生きようとする力"を信じ，彼らの主体的で適切な問題解決の努力がなされると考えるのが臨床的事実としては理にかなっていると思えたのである。

3．事例を通してみる「催眠トランス空間」構築の過程とその臨床的意義
—— Cl − Th 間の関係性の変化と体験過程の推移

　次に，催眠トランス空間論（"松木メソッド"）の技法について，具体的に述べていきたい。まず，「催眠トランス空間」構築の過程とその臨床的意義について，Cl − Th 間の関係性の変化と両者の体験過程の推移を 4 段階の図で示すことにする。この図は，視線恐怖とそのことが原因での不登校が主訴であった 16 歳男子高校生へ催眠療法を適用して著効を得られた事例の中で示された治療過程である。その詳細は，『催眠療法における"共感性"に関する一考察』（松木，2003）と題して「催眠学研究」に上梓した拙著を参照して頂きたい。ここでは，その際に記した拙著の論文から引用する形で論を展開する。

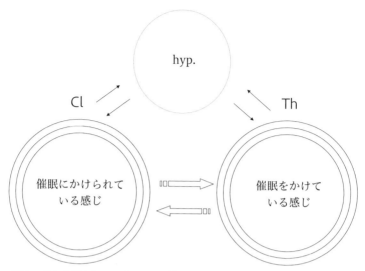

図1　共有体験としてのトランスが得られない段階での Th − Cl 間の関係性

　全体の流れがわかりやすいように4段階のすべてを俯瞰できる図1〜図4を示すので，それを参照しながら，各段階の図に関する詳細な説明を見ていただきたい。この図は，催眠誘導によってもたらされる「催眠トランス空間」が"治療の場"として，どのように機能しているかを示すためのものである。なお，図中の「hyp.」と書かれた部分は，「催眠トランス空間」を象徴的に表しており，また，矢印で示した部分は双方向的な相互作用を象徴的な形で表現したものである。以下，「Cl の催眠への関わり方の変化と Th − Cl 間の共感的な関係性や相互作用の変化」について説明する。

　まず，「共有体験としてのトランスが得られない段階での Th − Cl 間の関係性」と題した第1段階の図から見てみよう。

　第1段階として示した図1の状態は，Cl − Th 間の共感的な関係性がまだ十分にはできあがっていないため，Cl − Th 間の共有体験としての「催眠トランス空間」が得られていない状態である。この段階での Cl の被催眠体験は，自分という主体の外界で起こっている状態の変化として受動的に体験されていると推測されるため，Cl と Th との関係性という観点から言うと，「催眠に"かける"−"かけられる"」といった操作−被操作，支配−被支配といった関係性になっていると推測される。そのため，このような関係性のもとでの催眠誘導で得られた催眠状態では，Cl の主体的で自由な心的活動も抑制されてしまい不随意感が中心になり，臨床効果の高い

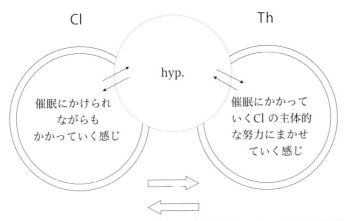

図2　共有体験としてのトランス獲得への移行段階での Th − Cl 間の関係性

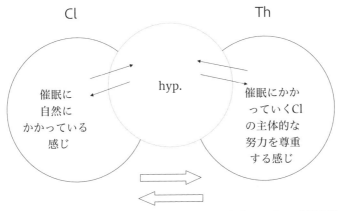

図3　安定した共有体験としてのトランスが得られた段階での Th − Cl 間の関係性

空間としては機能しないと推測されるのである。

　この状態や関係性の問題を解消しないで催眠誘導を進めていった際には，さまざまな催眠による副作用（例えば，医原性の症状の誘発など）を招く可能性もある。

　それに対し，催眠療法が効果的に展開し始めた際の「催眠トランス空間」は，その反応の仕方や Cl − Th 間の関係性において様相が異なったものになっている。それを象徴的な図で示したのが図2から図4である。

　具体的に見ていくと，第2段階以降では，「共有体験としてのトランス獲得への移行段階での Cl − Th 間の関係性」と題した図2，そして，「安定した共有体験としてのトランスが得られた段階での Cl − Th 間の関係性」と題した図3へと段階的に

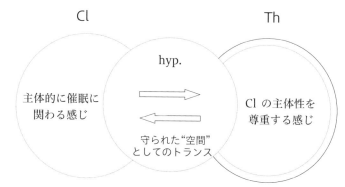

図4　共感的体験としてのトランスが得られた段階での Th － Cl 間の関係性

移行し，最終的には，「共感的体験としてのトランスが得られた段階での Cl － Th 間の関係性」と題した第4段階での図4になっている。

　この過程においては，Cl － Th 間の関係性やその間の双方向的な相互作用，さらには，催眠誘導過程での Cl の反応の仕方（体験の仕方）の変化が促進されて，結果，Cl にとっての「体験の再処理過程」が効果的，効率的に展開し，Cl の主体的な問題解決が可能になってくると推測されるのである。

　こうした状態で得られた催眠状態は図1で示された状態とは明らかに異なり，Cl － Th 間で共有する場として催眠状態が存在し，催眠状態そのものが Cl にとってはもはや外界で起こっているものとしてではなく，自分の精神内界で起こっている状態として受け止められつつあると考えられる。こうした状態が得られ始めると，催眠中に Cl の内的状態を示す自発的なイメージが出現したり，問題解決のヒントになるような反応が出始める。この頃から催眠状態は，Cl の問題解決にとっては，その空間が対決的で，自らの心的防衛をはぎ取り不安に再直面させるような暴露的な空間ではなく，Th との共感的な関係性や相互作用に支えられた「安心，安全の場」，「守られた空間」として機能し始めるのである。

　こうした治療の場としての催眠状態ができるに従い，その後の催眠誘導は簡易なものとなり，Cl の催眠への「関わり方」は能動的，主体的なものとなる。同時に自己への向き合い方も主体的となり明確なものとなる。こうした状態の変化が得られるに従って，Cl の「意識の分離現象」がいっそう進み，例えば，「自分が自分でない感じなのに自分の思いははっきりしている」という Cl の表現が聴かれる等，深い

催眠状態が得られるようになる。段階的に Cl の体験様式の変化が見られるところがこの図を通して見て取れるものと思える。しかし，こうした体験様式の変化は Cl にだけ起こっているのではなく Th 自身にも起こっており，結果として，Th の催眠誘導の仕方（「関わり方」）にも変化が見られ，Cl の催眠誘導への反応に示される主体的な努力を尊重していくという臨床姿勢が特徴的になっている。こうした Th の対応は Cl の「内的体験に応じて生ずる術者との対人的関係が重要」（Zeig, 1980）として Cl の個別性や独自性を尊重して利用する点や，そのための暗示として Cl の状態の変化に即した形で許容語（permissive words）を使う点などエリクソン催眠の中で言われる「個別性の尊重や利用アプローチ」（O'Hanlon, 1992）などに通ずるものがあるのかもしれないが，筆者自身はエリクソン催眠を意識して行ったものではなく，あくまでも，Cl － Th 間の共感的な関係性や相互作用を尊重しながら Cl の体験の仕方の変化を起こすために行った結果得た結論である。

　この事実をさらに詳しく図式的に示そうと試みたものが図 4 である。この図の状態での Cl － Th 間に起こっている共感的な関係性や相互作用の様を見ると，Th は治療者としての観察自我を持ちつつ，Th 自身も軽い催眠状態に入り，一部，Cl と催眠状態を共有して，その部分に向けて Th の「自我が開かれている」（図 4 の Th 側の点線部分で示した）状態になると考えられるのである。

　この段階では，図 3 で示された，「Cl の主体的な努力を尊重する」という Th の関わり方から図 4 で示された，「Cl の主体性そのものを尊重している」という関わり方へと変化している。この時の Cl － Th 間の関係性は，まさに主体－客体という二元論的な関係性を越えて一体化した状態に限りなく近づいた状態であるように思える。こうした催眠状態下での関係性や相互作用の様を単に"共感的"と表現することが適切かどうかは一考の余地はあるが，現在のところ私自身もそれを的確に指し示す言葉を見出していない。

　いずれにしろ，催眠状態を共有しているというこの状態の中での Cl と Th による協働作業は，「患者の遊ぶ領域と治療者の遊ぶ領域という二つの遊ぶ領域の中で精神療法は行われる」という Winnicott, D. W.（1971）の示した Cl － Th 間の相互作用による一つの創造的仕事としての催眠心理面接を Cl と共に行っていたと思われるし，そこで得られる状態は，Stern, D. N.（1985）の言う「情動調律」のような作業が行われていると考えても良いのかもしれない。この「情動調律」の状態が Cl － Th 間に生じているのではないかという視点は，先の国際学会にても催眠の治癒機制において重要な点であるとして世界の催眠臨床家からの賛同を得られた点で

もある。

　以上，催眠療法の治癒機制における「催眠トランス空間」での Cl － Th 間の共感的な関係性や相互作用の働きについて示した。これらを簡潔にまとめると，治療の場としての「催眠トランス空間」は，

①Cl の問題解決にとって対決的で暴露的な空間としてではなく，Cl － Th 間の共感的な関係性や相互作用の中で "守られた空間" として機能すること
②同時にそうした共感的な関係性や相互作用は催眠状態という特殊な心的な状態の中でこそ，他の心理療法に比べていっそう得られやすいものであること
③治療の場としての「催眠トランス空間」で高められた Cl の主体的な活動性が自己効力感を高め，自己のあり方の変化への可能性を開き Cl の自己治癒力を高めること

として結論付けられる。

　これは，催眠トランス空間論（"松木メソッド"）の最重要点であるが，こうした状態の変化の過程は明らかな臨床の事実でありながら催眠理論に基く実証的な検証ができないので，今後，臨床的事実の観点からの効果検証が望まれるところである。

４．具体的な催眠誘導過程を通して見る催眠現象の意味性の理解と利用の実際

　前節では，催眠トランス空間論（"松木メソッド"）の催眠誘導過程での体験様式の変化と Cl － Th との治療関係の変化の推移を見たが，実際の臨床場面では，これに加えて，催眠誘導過程における Cl の反応の変化を Cl の内面理解のためのコミュニケーション・ツールとして利用し，その反応の意味性の理解が進められることが多い。その過程をわかりやすくするために，具体的な事例での催眠誘導過程の一部を示してみる。

　ケースは 30 歳代男性。主訴は社交不安性障害に伴う吃音様症状。この事例の発症の背景，特に，心理社会的要因は来談時点では明確ではなかったが，催眠誘導過程で示された Cl の反応によって，その要因が会社内の人間関係と仕事上の行き詰まりによるストレスが重要な意味を持っていることが明確になった。しかしながら，その後の催眠療法においては，その心理社会的要因を言語化させて明確に意識化させるという方法で問題解決を行ったのではなく，あくまでも催眠誘導における Cl の反応を利用しつつ，催眠状態下で新たな対処行動をとる練習を行うことで，Cl は自

発的に問題解決の方法を獲得して症状が改善されたというものであった。ケース全体の詳細な紹介はここでは紙面の都合上できないが，初回面接時の反応を見るだけでも Cl の反応の特徴と症状の心理社会的要因とを理解しやすいと考えられるので，ここで紹介することにする。

1）"松木メソッド" による催眠誘導過程で示された Cl の反応とその意味するもの，そして，その臨床利用

　本事例における初回面接時に Cl が示した「腕下降」暗示に対する反応は，Cl の心理社会的要因を象徴する形で表現された。具体的には，催眠誘導の際，Cl は右斜め上に挙げた腕が最初なかなか降りて来ず，その内にカタレプシーを起こし始めて軽く震えながら，「少し降りては引っかかって止まり」，一呼吸置いて動き始めて，再び，「少し降りては引っかかっては止まる」という反応を繰り返した。Th が催眠誘導中のこの反応を丁寧に観察すると，Cl は右腕のカタレプシーを起こしている際には同時に喉の辺りにも嚥下のし難さや不随意感などが現れるなど喉の辺りにも軽いカタレプシー状態を呈しているように観察され，呼吸に合わせて2つの反応が連動して動くという現象が見られた。

　この状態から推測されることとして，「腕がスムースに降りない」というカタレプシー現象から連想できる心理社会的要因に関する "意味性" は，例えば，①リラックスすること（力を抜くこと）への葛藤，②（怒りによって上げた）腕を降ろすことへの葛藤，③（仕事の能力が落ちるという意味での）腕が落ちる（降りる）ことへの葛藤，④（周囲の期待に応えられない）自分自身への葛藤，等々である。また，同時に現れていた嚥下のしにくさや喉の辺りのカタレプシー現象に関しては，①息苦しさ，②（指示されたことが）うまく通らない，③自分から話す（離す・分離）ことへの葛藤，等々である。催眠誘導暗示に対する Cl のこうした反応は，身体レベルでの反応であると同時に，その心理社会的要因を示す反応ともとれるのである。

　こうした連想を通して Th は，Cl の症状に伴う苦慮感に対して思いを馳せながらも，それを言語化して意識させる作業を行うのでなく，あくまでも催眠状態下での運動反応の自己コントロールを促進させる形で治療を進めたのである。具体的には，カタレプシー反応を起こしている身体部位の関連性を催眠状態下で自覚させるために，「腕がスムースに降りない感じと喉のひっかかる感じに少し似た感じがあることにあなたは気付くことができていますね」と Cl の催眠反応への確認を行い，そし

て，その後，Cl の反応を観察しながら，Cl の自己コントロール感を確かなものに
する暗示，「腕がスムースに降りてくる感じも，あなたはうまく感じることができて
います」「そして，次第に自分の力でリラックスすることができるようになってきて
います」と続けて，Cl が催眠現象で示した問題解決のためのサインを利用して，解
決の努力のための方策を誘導暗示に含ませたのである。ここでの Cl とのやり取りか
ら，筆者が Cl との協働作業を通して「催眠トランス空間」構築を目指す催眠誘導の
過程が推測できるので，ここでの催眠誘導の過程を逐語的に紹介する。

〈軽いトランス下で，「腕下降」暗示に対して右腕のカタレプシーを起こしている
Cl に向かって Th は……以下のように Cl の反応を確認しながら暗示を与える……〉
Th：「今，腕が震えながらも少し降りては引っかかって止まり，また動いて，降り
　　ながらも引っかかって止まるという動きをしているのは感じられるよね？」
Cl：「……〈軽く頷きながら〉……はい……」
Th：「じゃあ，その止まったり降りたりする腕の感じに少し気持ちを向けてくれる
　　かな？」
Cl：「……〈軽く頷きながら〉……はい……」
Th：「どう？　どんな感じ？」
Cl：「うーん……何ていうか……〈間。無言〉……いやな感じ……」
Th：「……止まったり降りたりが？……」
Cl：「……はい……〈腕はカタレプシーを起こしたまま，小刻みに震え同じ動作を続
　　けている〉……〈その内に，深呼吸し始めて〉……ちょっと息が……」
Th：「……息がしにくい感じ？」
Cl：「はい……この感じ……」
Th：「……どんな感じ？」
Cl：「……〈少しの間〉……うーん……何だか喉が引っかかる感じと似ているような
　　……引っかかり……〈少しの間〉……また，少し楽に……〈呼吸が少し落ち着き
　　つつある〉……」
Th：「そう……腕の降りにくい感じと息がしにくくなる感じが似ているような？
　　……息がしにくくなったり，また楽になったり……？」
Cl：「はい。そんな感じです……〈少しの間〉……ああ，腕が少し楽なような……
　　〈と，応えつつ腕の方は徐々に降りつつある。それに応じるように，Cl はゆっく
　　りと息を吸い呼吸がさらに楽になりだしている〉……」

Th：「今，腕はどう？」
Cl：「はい。少し楽になって動き出しました」
Th：「腕が楽に降り出す感じはうまくつかめているようですね？」
Cl：「はい。少し楽になって引っかからなくなってきたというか……変な感じです」
Th：「腕が引っかからずに降り始めると，気持ちも楽な感じ？」
Cl：「そうですね……」
Th：「じゃあ，もう，この腕もゆっくりと楽に降りる感じを自分でうまくつかめた
　　のをよーく味わってみて下さい……」
Cl：「はい……そうですね……楽な感じ……〈と，言いつつ腕は自然に膝まで降り
　　て，そのまま閉眼。深いトランス体験〉……」
Th：「そう，そのまま目を閉じて楽ーにしましょう。今，味わった，少し変だけど，
　　楽になった感じ，楽にすることができた感じ……自分の体が自然にしてくれた感
　　じ……そんなことを感じながら，ゆっくりと楽に呼吸しながら，少しずつ深ーい，
　　リラックスした感じを味わっていきましょう……」
Cl：「……〈Clはゆったりとした感じでトランスを楽しんでいる〉……」
Th：「今，とても楽な感じを味わっています……腕の力が程よく抜けてゆっくりと
　　楽に降りてきた感じ……十分に味わってみて下さい……」
Cl：「……〈無言で頷きながらトランスを楽しんでいる〉」
Th：「……今日，あなたは自分にとって，とっても大切なことに気付くことができ
　　ました。この感じは自分でした感じがしないくらい自然にできたことです……で
　　も，あなたの体がしっかりと覚えてくれているのでいつでもどこでも思い出すこ
　　とはできます。普段，忘れていても，何か必要な場面では不思議と思い出すこと
　　ができます…〈間〉…じゃあ，そのまま，楽な感じを十分に味わってみて下さい。
　　もう，十分味わえて良いなと思ったら合図をして下さい……（後略）」

　以上のようなやり取りで催眠誘導を進め，次第にClの安心できる"守りの空間"
としての「催眠トランス空間」が作り上げられたのである。
　しかし，ここで重要なことは，こうした催眠誘導の中で示された心理社会的要因
を象徴する反応に対する分析や解釈は行わないことである。あくまでも，催眠中に
示された反応を反応のまま，催眠状態下でその反応への対処行動をとれるように援
助しつつ進めることなのである。重要なことは，Clが催眠誘導過程で示す反応は，
Thの「語り」としては表出されないものの，今，まさに「語り」（言葉）になろう

としかけている「(Th すらも) はっきりとは観察できない現在進行中の Cl の体験」(Bandler, 1975) を Th にメッセージとして伝えているという理解をすることである。と同時に，催眠誘導過程での反応は Cl にとっては，「体験の再処理過程」であることを理解しておくことも重要である。

　したがって，それを Th が意味づけたりするのでなく，Cl の中でその「体験の再処理」が主体的に意味づけられていく過程が大事なのだと私は考えている。実際，このケースの場合も，過緊張に伴う吃音状態の意味するものが，職場での人間関係だけでなく家族関係の象徴でもあったことが，その後の継続的な催眠心理面接の中での「語り」として表現されたのは症状が緩和された後なのである。

　以上，実際の臨床例での催眠誘導暗示の例を示した。先にも述べたように，催眠トランス空間論（"松木メソッド"）における催眠誘導技法の特徴は，Cl − Th 間の共感的な関係性に基づく共有空間構築を目標としていること，そして，その「催眠トランス空間」内で相互的に展開される Cl と Th とのコミュニケーション・ツールとしての催眠現象を最大限に臨床活用することを目標としているところにある。

Ⅲ　おわりに

　催眠トランス空間論（"松木メソッド"）はすでに英文で上梓されたものであったため，本章では，この技法の奥深いところに流れる臨床観・人間観・自然観について加筆・修正しつつ論考を進めた。その論考を通して，改めて，本技法が日本的"場"の理論における「自他非分離」「(自然の中での) 動的調和」「関係性調和」といった極めて日本的な感覚があり，それが対立関係や紛争といった破壊的な結末を避けるための建設的な努力として，万人の安心・安全を願い，調和を目指そうとするホリスティックな思想へと繋がっていることを感じた。本技法が，身体だけでなく，目に見えないスピリチュアルなものも含めた「身体−精神−魂性−自然」さらには「環境」まで含めた全体的で包括的な視点で「人のこころ」を扱う技法になっていることを実感した。

　文　　献
Bandler, R. & Grinder, J. (1975) Patterns of the Hypnotic Techniques of Milton H. Erickson, M. D. Volume 1. Meta Publications.（浅田仁子訳（2012）ミルトンエリクソンの催眠テクニックⅠ—言語パターン編．春秋社．）
市川浩（1984）身の構造—身体論を超えて．講談社学術文庫．

神田橋篠治・荒木富士夫（1976）自閉の利用―精神分裂病者への助力の試み．精神神経学雑誌，78(1); 43-57.

金田一春彦（1975）日本人の言語表現．講談社.

増井武士（1987）症状に対する患者の適切な努力．心理臨床学研究，4(2); 18-34.

松木繁（1998）日本語臨床と日本人の『悩み方』．心理臨床学研究，16(3); 266-277.

松木繁（2003）催眠療法における"共感性"に関する一考察．催眠学研究，47(2); 6-11.

松木繁編（2017）催眠トランス空間論と心理療法―セラピストの職人技を学ぶ．遠見書房.

松木繁（2018）無意識に届くコミュニケーション・ツールを使う―催眠とイメージの心理臨床．遠見書房.

Merleau-Ponty, M. (1933) La nature de la perception.（加賀野井秀一編訳（1988）知覚の本性―初期論文集．法政大学出版局）

中井久夫（1987）「壺イメージ療法」について．In：田嶌誠一編著：壺イメージ療法―その生い立ちと事例研究．創元社，pp.309-317.

中村雄二郎（2000）共通感覚論．岩波現代文庫.

西田幾多郎（1911）善の研究．弘道館，[岩波出版復刻版]（2012），岩波書店.

成瀬悟策（1992）催眠療法を考える．誠信書房.

成瀬悟策（1992）臨床動作法の理論と治療（現代のエスプリ別冊）．至文堂.

成瀬武史（1979）ことばの磁界―日本語に探る「甘え」の構造．文化評論出版社.

O'Hanlon, W. H. (1992) Solution-Oriented Hypnosis: An Erickson Approach. W. W. Norton.（宮田敬一監訳（2001）ミルトンエリクソンの催眠療法入門．金剛出版.）

杉坂元（1971）日本人の論理構造．講談社.

清水博（1990）生命を捉えなおす―生きている状態とは何か．中公新書.

Stern, D. N. (1985) The Interpersonal World of the Infant: A View from Psychoanalysis and Developmental Psychology. Basic Books.（小此木啓吾・丸田俊彦監訳（1991）乳児の対人世界 I，II．岩崎学術出版社.）

Sullivan, H. S. (1953) The Interpersonal Theory of Psychiatry. W W Norton.（中井久夫訳（1990）精神医学は対人関係論である．みすず書房.）

田嶌誠一編著（1987）壺イメージ療法―その生い立ちと事例研究．創元社.

Winnicott, D. W. (1971) Playing and Reality. Tavistock Publications.（橋本雅雄訳（1979）遊ぶことと現実．岩崎学術出版社.）

Zeig, J. K. (1980) Teaching Seminar with Milton Erickson. Brunner/Mazel.（成瀬悟策監訳，宮田敬一訳（1984）ミルトンエリクソンの心理療法セミナー．星和書店.）

第7章

ボディ・コネクト・セラピー

──東洋と西洋の知恵から誕生した
日本の心理療法

藤本昌樹

I　ボディ・コネクト・セラピーの誕生の経緯

　ボディ・コネクト・セラピー（Body Connect Therapy, 以下 BCT）は，最も新しい日本の身体志向心理療法といえる。その誕生は，2016 年で，誕生のきっかけとなったのは開発者（筆者）自身があることで悩んでストレスとなる出来事を考えていた際に，目を閉じてその不快な感覚のする身体感覚に瞑想するかのように焦点を合わせながら，その感覚を感じていたときに，大きく瞼を閉じながら目を動かしたことに始まる。不快な身体感覚に焦点をあてながら，瞼を閉じたまま目を動かしたところ，不快な感覚が変化するということに気が付いた。それも楽に動かせる方に動かすと身体感覚が楽になるという経験をしたのである。

　すでに筆者は，EMDR などを行っている経験があったものの，EMDR のように左右に動かすという両側というより，ある一方向（片側）に動かすことによって身体感覚への変化が生まれることに気が付き，着目をした。また，さらに，そのスピードは身体感覚をゆっくりトラッキング（追跡）するように静かに行っており，それを繰り返すうちに，その不快な身体感覚が減じていくということに気が付いたことから，心理療法への応用を考えた。

　筆者自身は，長年，トラウマを対象とした心理療法を実践し，さまざまなケースに対応をしていた。そのような経験から，トラウマ処理を行う際に複雑性 PTSD や発達性トラウマ，重篤なトラウマのケースであると身体反応や脳の興奮状態（いわゆる活性化）や逆にダウン状態（活性化の極度の低下）がおこり，そのためにトラ

ウマ処理が滞り，解離してしまうという事があるのを度々体験してきた。

　この状態に対応するために，トラウマ場面を区切るように細かいステップでのアプローチをしたり，そのクライエント自身が持つリソースを引き出したりするアプローチを行って臨床をしていたが，困難な複雑性 PTSD のクライエントへのセッション中で，除反応が強く出ることを度々経験していたことも，この僅かな気づきへとつながったと言える。

　この片側に動かすことの効果は，トラウマ処理を行う際に重篤なトラウマのケースであると身体反応や脳の興奮状態（いわゆる活性化）や逆にダウン状態（活性化の極度の低下）がおこり，トラウマ処理が滞り，解離してしまうようなケースに介入する際，その活性状態をコントロールする上でも非常に有効な手段であると考えたからである。

　最も古い脳 – 身体に働きかける EMDR を例に挙げれば，基本の EMDR のプロトコルでは，ある特定のトラウマをターゲットとして眼球運動を開始したら，基本的に眼球運動を用いてトラウマ処理を続ける。例えるならば，クルマのアクセルを踏みっぱなしにして，トラウマが処理され収まっていく地点を目指し，その峠を越えてトラウマの活性化が収まる下り坂の道に入るまで，アクセルを踏み続けるという心理療法というイメージである。そして，それゆえ，アセスメントを失敗して，重篤なケースの場合，トラウマの活性化がセッション中に強く出てきて，処理が進まない場合もある。このような場合に，基本は準備段階を重視し，安定化やリソースの構築などをして，トラウマ処理に入っていく。

　現代のトラウマに対する身体志向心理療法に大きな影響を及ぼした心理療法としては，ソマティック・エクスペリエンシング ®（Somatic Experiencing®, 以下 SE ™）がある（Levine, 2012）。SE の場合だと，トラウマの渦とリソースの渦を少しずつ混ぜることによって，トラウマとリソースを中和させる手法をとっており，重篤なトラウマケースにおいても有効であると言われている。先の例で言えば，トラウマの峠を越す際に，上手くブレーキとアクセルを使いながら少しずつ，峠を越していくイメージとなるかもしれない。この作業のことを SE™ では，滴定（titration; タイトレーション）と呼んでいる。トラウマとリソースを少しずつ中和させていく作業といえる。SE™ では, これを実践するためにペンデュレーション (pendulation; 振り子）という方法を用いていく。つまり，つらい感覚とリソースの感覚を交互に感じていき中和させるという方法である。

　このような知識と経験をすでにもっていた時に，筆者は，不快な身体感覚に焦点

をあてながら，瞼を閉じたまま目を動かし，さらに楽な方向へ動かして，元の場所に目を戻すと，不快な身体感覚が減じられていく経験をしたのである。これは，SE ™でいうところのタイトレーションとペンデュレーションになっているのではないかと考えたのである。しかも，自然な本来人間がもっているリソースとして，目を楽な方向に動かすことが身体的に楽になるという意味でリソースとなり，そしてまた，不快な感覚に直面，直視することによって，ペンデュレーションが行われ，滴定するように少しずつトラウマの処理が進められていくことになると考え，BCT の具体的な手順を考え始めることになった。

II　BCT の開発の経緯について

　まず，最初に目を動かす方向の定め方について検討を行った。心理療法の手順として，イヤな場面を考えてもらい，ただ左右に動かして楽な方を定めるという方法であると，眼球運動を開始するポイントが定まらないために，真ん中を起点として左右を検討することを考えた。そして，私のクライエントにも趣旨を説明して了承を得て，トラウマ場面を考え，その時の身体感覚に意識を向けて，閉眼での眼の動きによる変化を感じてもらったところ，左右差を私と同じように感じていることがわかった。そして，多くの場合，楽な方向に動かすとストレス場面を考えた時の身体感覚が楽になることが多いことも確認できた。そして，身体感覚が楽になる，左右いずれかのリソース方向へ，身体感覚をトラッキングしながら行う片側眼球運動，その後の同じくゆっくりと視野の中心（起点）へと戻す方法を繰り返すことにより，クライエント本人が評価する SUDs（主観的障害単位；不快な感覚を 10 点満点で評価させる方法による尺度の点数）の得点が下がる傾向があることがわかった。

　しかし，ここでも 1 つの課題が残った。ゆっくりとした眼球運動ではあるが，複雑性 PTSD のような複数のトラウマを体験しているクライエントの場合，身体的な活性化や記憶などの連想が広がり，SUDs が下がりにくくなることが認められた。そこで，東洋医学的なツボを利用した。開発者自身が，ツボ（経穴）を利用した TFT（思考場療法）を利用していたことからそのような発想に至った。そこで最初に利用したのが合谷（LI4）であった。合谷は「万能のツボ」とも言われ，ツボを利用する日本人にはよく知られたツボである。このツボを使用したところ非常に効果的であった。その上で，クライエントの片側眼球運動をセラピストが誘導しながら，クライエント自身がツボをタッピングするという制約と，一つひとつが意味のあるツボ

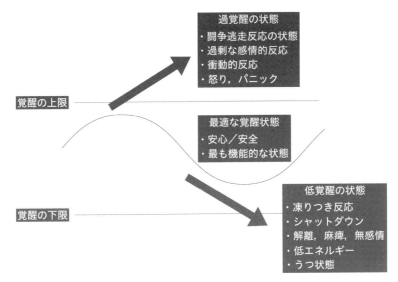

図1　耐性の窓（耐性領域）

を探すために東洋医学の文献を参考として，また TFT をはじめとするエネルギー心理学の多くの文献（例えば，Callahan, 2000; Gallo, 2007 など）も参照しつつ，実際の臨床の上で効果的と考えられるものを選択していった。このようにして，BCTの最初のトラウマ処理技法として，サイド・ボディ・コネクト（SBC）といわれる技法が創られていった。

III　BCT のトラウマ処理の構造
── SBC を中心に

1．耐性の窓とペンデュレーション

　BCT の効果に関して，どのようにして安全で早くトラウマの処理が行われるのか，イメージを掴みやすくするために，特にポリヴェーガル理論でも利用される耐性の窓の観点から見ていくことにしたい。図1にあるのが耐性の窓（耐性領域；Window of Tolerance）と呼ばれている図である。人が最適な覚醒状態でいられる限界を示す上限と下限の2つのラインがある。通常の人は，波のような曲線にあるように覚醒状態の限界まで到達せず，中間あたりをその日の体調，気分などで上下している。しかし，トラウマなどの衝撃的な体験をしたものは，そのトラウマのエ

ネルギーによって，覚醒の上限，もしくは下限のラインを突き破ってしまう。過剰な覚醒状態になった場合には，闘争逃走反応の状態となり，コントロールできない怒りの感情が出てきて，衝動的に振る舞ったり，パニック状態に陥ったりする。また，逆に下限のラインを突き抜けた場合には，凍りつき反応，不動化と呼ばれる低覚醒状態，動物にみられる擬死，いわゆる死んだふり，人でいう麻痺や解離の状態を示すことになる。

　この耐性の窓は，身体志向心理療法（Somatic Psychotherapy），特にトラウマの状態を上手に説明できる概念となっている。トラウマによるショックは，耐性の窓の間に収まりきれず，ラインを突き破って，その症状を示すのである。いわば，窓を突き破って上下するギザギザとした軌跡を描くものとなる。

　BCT のサイド・ボディ・コネクト（SBC）では，最初のセラピストとクライエントとの関係が安定し，互いが同調している関係であることが前提である。少なくとも，扱うトラウマ記憶が断片であっても，セラピー場面の中で，クライエントの耐性領域内でトラウマが想起できる状態であることが条件となる。その上でトラウマを想起して，その時の不快な身体感覚の場所を聞いて SUDs を最初に聞く。それから，目を閉じて左右にゆっくりと目を動かして，動かしやすい方向を特定する。目を閉じて目を動かす理由は，身体感覚に意識を向けやすくなるからである。その後，目を開けてもらい，ツボのタッピングをしながら中心から左右どちらかの片側の眼球運動をセラピストが指示棒などで目の動きを誘導しながら行ってトラウマの処理を行うことになる。そして，この目の動きが SE™ のペンデュレーション（振り子）のような働きをすることになる。ペンデュレーションは，収縮と拡張という生得的な生命体のリズムである（Levine, 2012）。そして，いかに恐ろしく感じていたトラウマだとしても，変化の可能性をもち，変化することを内から感じることによって，初めて知ることであるとされる。つまり，楽な方に目を動かすことによって，身体感覚の変化を感じ，少しでも楽になることを感じればトラウマが変化しうる可能性を体感することになる。仮に最初はその変化にあまり感じられなくとも，その変化は片側の眼球運動の振り子の動きを体験していくことでその変化を感じるようになる。この片側の眼球運動の時に，耐性の窓の中で，交感神経優位になり覚醒の上限に近づいた状態であったとしても，目を楽に動かせる方向に動かすことで，より耐性の窓の中心に近づく状態となる。つまり，トラウマによる覚醒が弱まったり，強まったりしながら，収縮と拡張というリズムを感じ，それを体験することで処理が促される。そして，そこで覚醒が強まってきても，ツボをタッピングすることで，

その覚醒を鎮める効果があること，また逆に覚醒状態が低下し，解離したり，シャットダウンしたりしそうになっても，自らの身体のツボを刺激することよって，耐性領域内に留まることが可能となる。この耐性領域に留まることを重視していく理由は，クライエントが「耐性領域」の中で自分の問題と取り組むとき，内的と外的，両方の環境から受け取られる情報が統合されるからである（Ogden et al., 2006）。BCT の SBC という技法は，耐性領域を越えさせないようにトラウマを処理する方法が標準的な形で組み込まれているのである。

2. 二重注意とタイトレーション

　また，BCT のトラウマの処理において重視している条件としては二重注意がある。これは Shapiro, F.（2001）によって提唱され，EMDR で使用されてきた概念であるが，BCT でも重視している概念である。BCT では，解離症状をともなうようなクライエントに対しても，自分の身体のツボをタッピングさせるが，これは自分自身の身体に刺激を与えることになり，現在の感覚に留まりやすくさせているという意味において，過去と現在を同時に感じる「二重注意」を行いやすくし，外受容感覚と内受容感覚を同時に感じるという意味でも耐性領域に留まりやすくしているといえる。直接的な場面の想起だけではなく，トラウマ記憶からの適度な距離を取りやすくするためにも，身体感覚を利用して，その変化についてトラッキング（追跡）させるのも BCT の特徴といえる。

　SE™ の概念であり，現在は他の心理療法でも取り入れられているタイトレーション（滴定）も SBC には含まれている。この SBC では，片側眼球運動に加え，その往復動作はゆっくりと 7 回前後とし，短い時間である。そしてクライエントの状態に合わせて，少しずつ処理を進めていることがトラウマ処理に対してプラスに働いている。

　また SBC の処理では，この片側の眼球運動をゆっくりと往復 7 回終えたあと，SUDs，その時の変化，特に何か思いついたこと，思い出したこと，身体感覚の変化などを尋ねて，再度，SBC を行っていく。この片側の眼球運動は指示棒でクライエントが目を開けた状態で，セラピストの目の動きの誘導をするのが基本的な型としている。また，この往復のリズムがセラピストとクライエントとの同調を促すことになっている。さらに後述するがツボをタッピングすることによってオキシトシンなどが分泌されて，セラピストとクライエントの関係性を強めることになり，オキシトシンが SBC 自体の治療的な関係性を強くし，治療を支えている可能性もある。

これは BCT のトレーニングを受けたセラピストから，クライエントと協働して共に治療を進めているという感覚を強く感じる旨の感想をもらうことと関係している可能性がある。

Ⅳ　BCT 治療機序

　それでは BCT は脳や神経系にはどのように働きかけが行われているのだろうか。これらは先行研究に基づく仮説ではあるが，BCT のツボのタッピングポイントである合谷についての次のような研究がある。合谷に対して経皮電気刺激（TENS）による刺激を行い，その際の脳血流変化をポジトロン断層装置で画像化したというものである（伊藤ら，2001）。そして，TENS により視床，帯状回，網様体，前頭葉眼窩回，中心後回の賦活が観察されている。つまり，合谷に対する TENS によって，感覚（痛覚）の経路（視床），情動系（帯状回）および感覚系（中心後回）が賦活されたことが研究で示されている。

　PTSD では，恐怖の条件付けによる扁桃体の興奮が認められる（西川，2008）。そして，情動記憶と陳述記憶の区分で考えた時，PTSD では情動記憶が優勢な状態が続いていることが考えられる。この情動記憶のシステムでは，扁桃体が中心的な役割を担っており，扁桃体は前頭葉眼窩部，島皮質，帯状回と連絡しているとされ，前帯状回は扁桃体を調節することによる条件付けの消去にも関与しているとして考えられている。

　しかし Bremner, J. D. ら（1999）の研究では PTSD の被験者は，トラウマに関連するスライドや音にさらされると内側前頭前野および中側頭回の血流が減少，そして非 PTSD 患者は，PTSD 患者に比べて前帯状回の活性化が大きいことを示した。この内側前頭前野は，扁桃体を抑制することで情動のコントロールを行っている部分と仮定され，PTSD 患者は，前帯状回の活性化が低いと考えられることからも，その血流量の減少はそれらの部位の活性化が抑えられるために恐怖記憶の消去が行われずに継続していることが考えられる。

　つまり，BCT で合谷をタッピングすることによって，帯状回，前頭葉眼窩回が賦活されると仮定すると，ツボ刺激による脳の血流量の増加によって，トラウマ想起したときに，それらの部位の活性化が行われトラウマ処理を促すと考えられる。

　また，BCT では身体の生化学的な変化を起こすことによる効果がある可能性も考えられる。BCT を利用しているクライエントからしばしば，今までにはなかった人

との繋がりを体験したという話を聞くことがある。このような現象が起きる理由の一つは，BCT が経穴への刺激を行うことでオキシトシンやバゾプレシンの制御システムに影響することが考えられている。基礎研究ではあるものの Zhang, H. F. ら（2015）は，電気針療法によりオキシトシンやバゾプレシンのシステムの活性に影響を及ぼし，ラットの社会的相互作用の行動が向上したことを示したという研究もある。またこのオキシトシンによって心理療法（認知行動療法）の効果を増強することを目指し，オキシトシンの効果によって恐怖反応の軽減（扁桃体の活性化の減少，恐怖反応の抑制，学習の促進）と社会的相互作用の増加（社会的報酬に関連する脳領域の活性化，治療同盟への関与の増加）の 2 つのメカニズムを提案している研究者もいる（Olff et al., 2010）。BCT を利用しているセラピストから筆者が聞いたことがある，クライエントと協働して共に治療を進めている感覚はオキシトシンが作用している可能性は十分にある。オキシトシンは，通称「愛情ホルモン」「幸せホルモン」などといわれ，身近な人や動物とのスキンシップで分泌されるといわれている。その効果としては，幸せな気分になるとか，不安や恐怖心の軽減，ストレスの緩和にもなるともいわれている。そして，ポリヴェーガル理論でも，「恐怖による不動化」，つまりシャットダウンや虚脱，凍りつき，死んだふりを引き起こす，背側迷走神経複合体は，安心感・信頼感が確保され，オキシトシンの介在によって，「愛による不動化」，つまり，妊娠，出産，授乳の際の母親などの姿に変わると指摘されている（津田，2019）。したがって，このように考えれば，いわゆる東洋医学によるツボが心理療法的に積極的に使用されることに関しても不思議はないといえる。

　その他，PTSD をはじめとする神経精神疾患の発症には，低度の全身性炎症とストレスへの曝露が相互に影響しあっていることが指摘されており，低悪性度炎症とストレス曝露に関連して，高次認知ネットワークシステム（サリエンスやデフォルトモード，実行機能のネットワーク）の機能的結合が低下していたとする研究（Kim, J. et al., 2020）や，さまざまなトラウマの種類の PTSD 患者で，PTSD でない人と比較すると，血清炎症性サイトカインのレベルが上昇し，炎症性マーカーの変化が，扁桃体，海馬，前頭皮質など，ストレスや感情の制御を司る脳領域の構造的・機能的変化と関連していることが示されている（Kim, J. et al., 2020）。つまり，これらは PTSD と炎症との強い関連を示している研究であるが，炎症（炎症性サイトカインの 1 つである TNF α 産生）を抑えることで PTSD に伴う恐怖記憶の持続に起因する心的外傷後ストレス反応を改善する可能性が指摘されている研究も存在す

表1　Body Connect Therapy の基本的手法／技法

手法の名称／技法	主な目的	概要
ボディ・コネクト・トレーニング	準備	クライエントの気づきや身体感覚，身体的リソース感覚を育てていく
サイド・ボディ・コネクト（SBC）	トラウマ処理	穏やかにトラウマ処理を行っていく
ディープ・ボディ・コネクト（DBC）	トラウマ処理	深い部分にあるトラウマの処理を行っていく
リソース・コネクト（RC）	リソース開発	クライエントのリソースを創造していく
ボディ・コネクト・タッチ（BCタッチ）	クローズ／安定化	情動コントロール感を促す，安定化

る（Yu et al., 2017）。そうした中，ST36（足三里）というツボは，抗炎症，抗関節炎，免疫調整の効果があり，ST36 の刺激が，血清 TNF-α の発現を抑制することが研究で示されている（Tian et al., 2003; Yim et al., 2007）。

　以上のように，ツボを利用することで，脳の広範囲の部位に働きかけ，生化学的な反応も引き起こすことから，人間の身体のあらゆる面のバランスを取っていることが考えられるのである。実際に BCT で使用されるツボの多くは，基礎的な研究で効果を示されたものや臨床的な成果を上げてきているものである。そして，この BCT のツボへのタッピングに加え，片側の眼球運動が同時に行われることで，中脳上丘（浅層では視覚情報，深層では聴覚・体性感覚の入力に関わる）にペンデュレーションによる働きかけ，つまり，脳幹へ働きかけが行われ，ツボ刺激の体性感覚と相互作用して効果が増強されていると推測している。この脳幹は意識を司る重要な部位であり，トラウマを理解する上でも非常に重要な部分であることが指摘されている（Perry, 1994）。

V　BCT 技法の種類

　ボディ・コネクト・セラピー（BCT）について，特に最初に形となったサイド・ボディ・コネクト（SBC）の技法について説明したが，BCT はその他にいくつかの方法がある（表1）。BCT では，基本的に身体感覚を手がかりとするのでクライエント自身がその準備ができる助けとなるようにボディ・コネクト・トレーニング

（BC トレーニング）と呼んでいる冊子がある。これは，河野（1989）の感覚モニタリング法を参考として，さらにクライエントの持つリソースに働きかけ，身体感覚を感じるなどのワークを独自に加えたものである。感情モニタリング法自体が優れた心理療法であり，最近流行っているマインドフルネスの要素も多分に含まれている。基本的にはワークブックとなっており，クライエントに宿題として行ってもらう内容になっている。

　サイド・ボディ・コネクト（SBC）は，トラウマ処理を行う技法である。すでに述べてきたように，タイトレーションやペンデュレーションの要素も含まれている。クライエントの持つトラウマの強度などにも左右はされるが，実際に使用してみるとわかるのだが，上手く進むと非常に処理速度が早く負担も少なく，トラウマの感覚に暴露される時間が少ないのが特徴である。

　次にディープ・ボディ・コネクト（DBC）と呼ばれる技法であるが，脳のより深い部分にあるトラウマを処理するイメージである。具体的には，あるテーマで SBC を使用してトラウマの処理をし，SUDs が 9 点から 0 点になったクライエントに対して，再度，同じテーマで DBC を開始すると SUDs が 6 点となることがある。これはより深い部分にアクセスしてトラウマを処理することとなる。処理速度としては，SBC と同等以上であるが，トラウマの種類や強度によっては，最初から DBC を使うのは難しい場合もある。SBC で処理をして 0 点となって，安定した時点で再度 DBC を行うというような使用方法がある。クライエントの持つ耐性領域を考えながら処理を進めていくことが望ましい。

　リソース・ボディ・コネクトは，クライエントの持つリソースを開発していくことにある。クライエントは本来自分が思っている以上にリソースを持っている場合が多い。また，複雑性 PTSD のような複数のトラウマが存在する状態であったとしても，周りの世界にはリソース（それが僅かであったとしても）がある。リソースとして組み込みが可能なのは，過去の成功体験であったり，空想上の人物や場所であったり，自分の身体反応を感じられる場所であったりする。さらには，実存する人物もリソースとして利用可能である。例えば，クライエント自身は，「自分は全然ダメな人間だ」と思っていても，実は憧れている人物や心の救いとなるような人物がいる場合もある。そうした場合，そのような人物を明確に心に描いて，その人の持っているリソースを借りてきて良い身体感覚や行動の基盤を作ることもできるのである。ある人物に対して，「あのようであるといいな」という気持ちが少しでもあるということは，その人になった時のことを多少なりとも想像して，そのように

思い描いているからである。つまり，その人になりたいという想像した感覚をイメージして，身体感覚にそれを感じて，良い感覚として自分の身体に留めることができるようになれば，それ自体がリソースとなるのである。このような事が可能なのは，ミラーニューロンといわれる人の行為を真似，さらには，他者の触覚や感情の予測にも関与している神経細胞によるのかもしれない（石田，2016）。このミラーニューロンは，その観察者と観察対象者との距離にも反応し，観察者の手の届く範囲にある場合とそうでない場合には反応が異なる部位があることも発見され，観察対象者が身近にいる場合には応答するということも計算している可能性があることから，社会性とも密接に関連していると考えられている（Caggiano et al., 2009）。リソース・コネクトは，このように人が生まれ持った社会性をもつ細胞を利用してリソースを構築しているといえる。

　ボディ・コネクト・タッチ（BC タッチ）は，初級トレーニング（コアスキルトレーニング）では紹介のみであるが，最も基本的な技術として腎臓へのタッチを行う。これは，Kain, K. ら（2018）によっても紹介されている手技と同様で HPA 系へのアプローチを意識したものである。ただし，東洋医学的な腎は解剖学的にも，いわゆる西洋医学の腎臓と同じものではないが東洋医学では“腎”は恐怖を司る臓器である。西洋医学では，いわゆる腎臓の上部にある副腎から，ストレスの時にはコルチゾール，また，アドレナリンとノルアドレナリン（覚醒，心拍上昇などの“闘争逃走反応”に関与している）が分泌される。腎臓へのアプローチは，自律神経系を自分で調整する能力を高め，安定化を促すこととなる。BC タッチの技術は，日本のボディワークの専門家による技術を含んだ独自の統合的アプローチである。

　その他，BCT を基盤としたパーツワーク（自我状態療法）がある。元々ワトキンス夫妻によって開発された自我状態療法は，現在，さまざまな心理療法に取り入れられ，大人の自我，傷ついた子どもや怒りを抱えた自我，葛藤を抱えた自我などとしてのパーツ（自我状態）として扱われている。それらを一つの大きなカテゴリー，総称としてパーツワークとか，自我状態療法と呼ばれている。BCT でもトラウマを抱えているパーツなどにアプローチを行うが，BCT パーツワークとしての特徴は，パーツセラピーを取り入れた多くの心理療法が行うような，パーツ間の交渉というものに時間を割くことなく，クライエント個人の持つ自然な自己治癒力を引き出し，その流れに沿って変化を促していくことを特徴としている。

　また，BCT には，治療に用いる専用トランプのようなカードがある。そのカードを使って投影法的なメカニズムをつかってトラウマを処理，またリソースを構築す

る方法もある。カードを使うことで，トラウマとの距離をとって処理できるほか，カードを用いてリソースを構築する際に，カード自体がアンカーとなって安定化を図ることができる。

　以上のように BCT の技法はバラエティに富んでおり，セラピストの創造力によってさらに広がっていく余地をもっているセラピーとなっている。BCT 自体は，まだ発展途上であるが，多くのセラピストによってさらに広がりをもっていくと考える。

VI　サイド・ボディ・コネクト（SBC）の実際

　ここで，実際に SBC の手順について説明を行っていく。ある程度は真似て使用できるようになるかとは思うが，使用の際には専門家自身の専門領域の範囲において使用をしてもらうことが前提となる。SBC は安全性も高く，処理速度も速い。しかし，効果も高いがゆえに，重篤なトラウマを抱えるクライエントによっては大きな除反応が起きないわけではない。SBC を含め BCT を有効に使用するには，トラウマに対する理解と臨床を経験し，公式なトレーニングを受講することを推奨する。

　SBC の使用において，まずは，トラウマ処理に対する準備として，次のような導入を行うことが多い。

（導入）
「まず扱いたいトラウマを思い浮かべてください。そして，そのことを思い浮かべて
　10 点満点，とてもその場にいるのがつらいのを 10 点，全く平気なのを 0 点だと
　すると今，何点くらいつらさを感じますか？」

点数の回答を待って（ここでは仮に 8 点としておく）から，次のように続く。

（身体感覚の聴取）
「それでは，そのことを考えると自分の身体のどこに，その感覚を感じますか？　例
　えば，胸が苦しくなるような感じや，モヤモヤする感じ，肩に力が入るような感
　じなど，自分の身体のどこに感覚を感じるでしょう？」

その身体感覚（例：胸が苦しい）を聞き取ったら，次のように聞いていく。
そして回答を待ち，仮に「右の方が動かしやすい」と答えたら，
指や指示棒を相手の真ん中のあたりに構えて，

「それでは，目を開けて，この指示棒の先をその事を思い浮かべて，身体感覚を感じ
　ながら見ていてください」

「それでは次に，目を閉じたまま，その事を考えて左右にゆっくりと目を動かすと，
　どっち側の方が楽に動かせますか？　ゆっくりと目を動かして感じてみてくださ
　い」

　ここで，真ん中の位置から，クライエントが楽に目を動かせる方向にゆっくりと
棒を動かしていく。そして，またゆっくりと中心に戻す。
　その時，身体感覚の変化を感じられるか（多くの場合には）楽になる方に意識を
向けてもらう。変化を感じられないとしても，身体感覚への意識づけとして一度行
っておく。

「それでは，まず合谷をタッピングしながら，その事を思い浮かべながら，ゆっくり
　とこの棒の先を目で追っていってください」

　ゆっくりとしたペースで，棒を中心から楽に動かしやすい方向へと動かしていく。
そしてまた，ゆっくりと中心に視線をもどしていく。7〜10往復を基本として，
タッピングを行っていく。そして7回終わったら，場合によって深呼吸（BC呼吸）
を2回してからクライエントに変化を聞く。例えば次のように声をかけていく。

「いま，何か身体感覚の変化はありますか？　何かを思い出したり，何か考えを思い
　つく人や，別のことが頭に浮かぶ人もいます。何かあるでしょうか？　もし，ま
　だ変化がないようでしたら，それで構いません。続けていきます」

　このように声をかけて，次のツボを叩きながら，片側の眼球運動を続けていく。
このやりとりは機械的にならないようにすることが大事である。また，クライエン
トにとって最初は慣れない手順であるため，最初の身体感覚を感じる余裕がなく変

化が起きない場合もあるので焦らないことである。また，非常に防衛が強い，もしくは変化が起きにくいクライエントも中にはいるが，普段から BCT を使って経験していればわかるが，劇的な変化を見せることがあるのが BCT である。そのような手法で効果を感じられない人であっても，それだけ効果がある手法なので意識できないレベルでの変化を内面で起こしている場合がある。クライエントとの安定した関係性，安心安全である場を作ることで，変化は生じやすくなる。実際に最初は全く反応が見られなかったクライエントが後に大きく変化することは多々あることである。それでは次に，BCT で使用するツボについて解説をしていく。

Ⅶ　BCT で使用するツボについて

　BCT で使用するツボは基本は 7 カ所で，そしてオプションとしてのツボもある。基本 7 つを使用する前に SUDs が 0 となることもあるが，最低限 6 つのツボまでは使うことを推奨している。

　BCT のツボは，いわゆる東洋医学で使用されているツボであり，それぞれのツボだけでも特有の症状に効果があることが研究からも東洋医学的なアプローチの臨床成果からも示されている。ツボをタッピング（手の指先で叩く）することによって刺激を加えていくが，眼球運動を加えながら，クライエント自身がタッピングするというセラピーの枠組みによって，クライエントが使用できるツボには制約がある。その上で，すでに述べたような手順で使用することにしたのが BCT で使用しているツボである。以下にタッピングポイントの順番通りに基本 7 カ所のツボの解説を行っていく。

1．合谷（LI4）

　合谷（図 2）は，日本では最もよく知られたツボの 1 つといえる。万能のツボともいわれ，風邪や頭痛，目の疲れ，肩コリなど，痛みを抑制するなどの効果があると考えられる。そして，伊藤ら（2001）の研究で示したように，感覚（痛覚）の経路（視床），情動系（帯状回）および感覚系（中心後回）が賦活されることで広範な影響を示すことが考えられる。また，LI4 は前頭葉の帯状体と海馬ともかかわっていることも示されているツボである。東洋医学的には，五兪穴の 1 つで，気がはいりこんで蓋を閉めた状態にあるので，それゆえ邪気も引っ込んで動かない状態にあると理解され，慢性疾患，陽性疾患，または六腑の病気に利用すべきとされてい

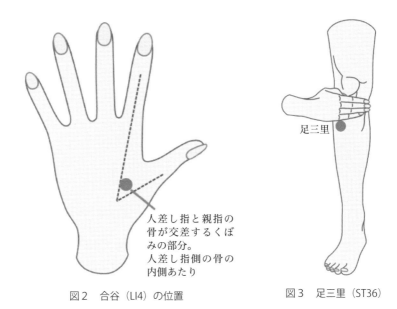

図2　合谷（LI4）の位置　　　　　　図3　足三里（ST36）

る（代田・山田，1979）。したがって，基礎研究の結果とも符合するように広い範囲で効果を示すことが考えられるツボである。

　トラウマ関連の臨床的研究としては，イラン軍兵士で無作為化二重盲検法の実験デザインによって，合計 120 名のイラン軍兵士を，内関（P6），合谷（LI4），対照の３つのグループに無作為に割り付けたというものがある。結果として，LI4 と P6 のツボに指圧することでツボの群の不安得点が最も下がり，特に合谷が最も効果的であったことが示されている（Amini Rarani et al., 2021）。

　BCT のセッション中に伝える合谷の位置は，セラピストが実際にお手本を示しながら「親指と人差し指の付け根の方の骨が交わる少し手前あたりで，やや人差し指側の場所で，そこを人差し指と中指で叩いてください」として説明することが多い（図２を参照）。

2．足三里（ST36）

　足三里（図３）は『奥の細道』で松尾芭蕉が毎日使用していたと記されているツボで，やはり日本で有名なツボの１つである。足三里（ST36）は炎症を抑えるツボとして理解することができる。基礎研究では，潰瘍性大腸炎のラットに対して，ST36 への電気刺激を行い，血清 TNF-α と大腸の TNF-α mRNA の発現を抑制す

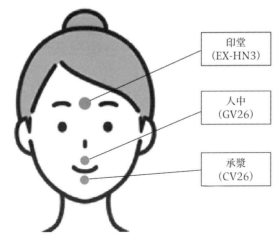

印堂
（EX-HN3）

人中
（GV26）

承漿
（CV26）

図4　印堂（EX-HN3）／人中（GV26）／承漿（CV26）の位置

ることが示されている（Tian et al., 2003）。ちなみに，TNF-αとは，腫瘍壊死因子とも呼ばれるサイトカイン（免疫系細胞から分泌されるタンパク質）であり，炎症性サイトカインが過剰分泌されると，次々と炎症反応がおきる。それを足三里が抑制するのである。その他の研究でも，コラーゲン誘発性関節炎に関しても効果がみられ，抗炎症，抗関節炎，免疫調整の効果があることも示されている。

　炎症とPTSDとの関連については，すでに述べたように，さまざまなトラウマによる種類のPTSD患者は，PTSDでない人と比較して，血清炎症性サイトカインのレベルが上昇し，炎症性マーカーの変化が，扁桃体，海馬，前頭皮質などのストレスや感情の制御を司る脳領域の構造的・機能的変化と関連していることが示されている（Kim, T. D. et al., 2020）。このことからも，足三里は効果的に反応を示すのであろうと考える。また，ST36の反応は梁下野（BA25：ブロードマン25野）に優性であることも指摘されている。梁下野は，うつ病の病態生理とも関連し，経頭蓋磁気刺激によるうつ病の治療においても着目されている部分である（中村, 2012）。以上の点を考慮すれば，足三里は心理的な作用を及ぼす重要なツボであることが考えられる。

　位置は，セラピストが実際に示しながら「膝の外の少し下のポコッと出ている骨から指三本くらい下のあたりです」と伝えながら一緒に行っている（図3を参照）。

3．印堂（Yintáng：EX-HN3）

印堂（図4）は［Yintáng］として国際的には知られており，EX は［Extra］を指し，［HN」は頭（Head）と首（Neck）のポイントという意味で，その頭文字が HN であり，それに［3］という番号がつけられている（形井ら，2007）。印堂には「去風止痛」（風邪を取り除き，痛みを止める），「清熱安神」（熱を冷まし，精神を安定させる）という作用があるとされる（李，1987）。それゆえ，マラリアや不眠や頭痛，高血圧症，眩暈，ストレス緩和などに使用する。印堂を使用した基礎研究では，「百会」（GV20）と「印堂」（Ex-HN3）への同時刺鍼により，薬物療法と同程度の抑うつ状態の緩和が認められている（Takagi et al., 2017）。また，別の臨床研究では，神門（HT7），太淵（LU9），内関（PC6），印堂（EX-HN3）のツボに穿刺し，不眠症治療を行なっている。その結果，1回目のセッションで睡眠の質が大幅に改善し，10回目のセッションでは症状がなくなったと報告されている。BCT 独自の臨床の観点からいうと，このツボは一度下がった SUDs が上がる可能性が高いツボでもあり，今まで思い出したことがなかった記憶が出てくることも多いツボである。

位置は「眉毛と眉毛の間の眉間の場所を，叩いても揉むようにしてもいいですよ」とつたえ，例示している（図4を参照）。

4．人中／水溝（GV26）

人中（GV26）は，水溝とも呼ばれている（図4）。BCT では，人中という呼び名を主に使っている。人中は，顔面神経麻痺や脊柱のこわばり，鼻疾患，またぎっくり腰にも使われているツボである（篠原，2009；李，1987）。また，緊急時，意識の回復にも使用される。症状に対する単独または治療の補助としての人中（GV26）の刺激を評価した無作為化対照試験を対象とした研究の分析では，人中（GV26）を他の一般的なツボと共に使用した場合，血圧では人中（GV26）を通常のケアに加えて使用した場合に，有意に良好な改善が認められている（Hu et al., 2015）。基礎研究としては，水溝（GV26）および内関（PC6）への手指による鍼灸刺激が，急性脳内出血ラットの神経機能および脳内血腫周辺の脳組織における Caspase-3 および Caspase-9（いずれも個体をより良い状態に保つため積極的な細胞の死の指標）の発現を低下させている。また，事例研究では，人中（GV26）と 12 の井穴を使用し，外傷性脳損傷（TBI）患者の術後の意識回復を試みて，3週間の治療の結果，グラスゴー・コー

マ・スケール（GCS：意識レベルの評価する尺度）で改善がみられ，意識も回復し，リハビリも行えるようになったという報告がある。

　位置は，上唇と鼻の下の間であり，督脈に属するツボである。通常「鼻の下のこのあたりを叩いてください」と言いながら，セラピストが例示している（図4を参照）。

5．承漿（CV24）

　承漿（図4）は，癲狂（精神疾患）や，顔面神経麻痺，下歯痛，顔面膨張などに効果があり，鎮静の作用もあるとされる（李，1987）。また，上記の人中（GV26）と承漿（CV24）は，デルマトームでみると脳幹部の三叉神経核と関連があると考えられる（長田，2011）。また，三叉神経感覚核は，脳幹を通り，一部は三叉神経運動核と関連しているとされる。CV24が顔面神経麻痺に効果があり，デルマトームで考えられている三叉神経核と関連しているということを合わせて考えると，ポリヴェーガル理論の腹側迷走神経複合体を構成する3つの核，すなわち三叉神経運動核，顔面神経核，疑核のうちの2つの神経核と関連している可能性があるとも考えられる（津田，2019）。研究としては，咽頭反射に対する承漿（CV24）の効果の検証を行っている研究が散見される（Usichenko et al., 2020; Mistry et al., 2020; Rösler et al., 2003）。統制実験を用いた研究では，他のツボ（PC-6）群やプラセボ群よりも，承漿（CV24）が咽頭反射の抑制に効果的であったことが示されている。

　位置に関しては「唇の下のあたりです」と言って例示している（図4を参照）。

6．胸腺：壇中（CV17），玉堂（CV18），紫宮（CV19）

　このポイントは，BCTでは「胸腺」と呼び，厳密な位置を定めていない（図5）。壇中（CV17）あたりは骨もあってタッピングするのに痛いこともあり，軽く叩いて心地の良いところと指示している。したがって，場所はCV17からCV19のあたりに該当する。このポイントは，セラピーの本によっては胸腺のポイントと紹介されている場合もあり，それを採用している（Eden & Feinstein, 2013）。胸腺は，免疫と関わりがある役割を担っており，加齢とともに萎縮するが，被虐待児童の胸腺も萎縮するということが知られており，重要なポイントだと考えている。心拍変動（HRV）で評価される自律神経系機能へ，ツボが影響するかを検討した研究では，壇中（CV17）と中庭（CV16）という隣り合うツボを刺激することで，HRVに異なる効果がもたらされるか検討された。その結果，中庭（CV16）ではなく壇中（CV17）を刺激することで，心拍数が減少し，心臓迷走神経活動の指標となるHRVの高周

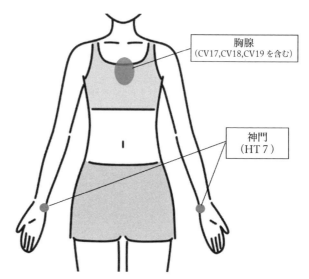

胸腺
（CV17,CV18,CV19 を含む）

神門
（HT 7 ）

図 5　胸腺（CV17, CV18, CV19）／神門（HT7）

波成分のパワーが増加したことが報告されている（Kurono et al., 2011）。

　位置に関しては，「胸の中心の辺りで，このように叩いてください」と言って例示している（図 5 を参照）。

7．神門（HT7）

　神門（図 5 ）で表されている「神」の文字は，神，心，霊，精神の意味があり，「門」は出入り口の意味がある。ツボの効能としても，寧心安心が含まれており，精神不安状態を安定させる効果があるとされるツボである（篠原，2009）。したがって，心煩（胸苦しさ），不眠症，癲狂癇などに使用される（李，1987）。神門（HT7）は，ストレスに作用することを示す研究や，自律神経活動に働きかけ，HRV（心拍変動）を改善する可能性が示されている研究がある（Chan et al., 2002; Huang et al., 2015）。また，臨床的研究では，手術中の神門（HT7）への電気刺激が，麻酔時の小児の覚醒時興奮の出現を減じる効果があったとしている（Hijikata et al., 2016）。

　位置に関しては，「手の平をみて，手首のしわの一番, 小指に近い場所」と言って例示している（図 5 を参照）。

　以上が，BCT で使用する 7 つの基本的なツボである。これらのツボの特徴としては，奇経八脈の経穴が多いことにある。奇経は，平常でない，奇異な経脈という意味で，単独という意味がある。そして，十二経脈中の気，血が旺盛になれば蓄え，不足すれば補充して，その調整を図っており，この関係は十二経脈を大河，奇経を湖に例えられる（代田・山田，1979）。総じて言えば，心身のバランスを取るツボを BCT では使用しているために，幅広い適用が可能なのだと推測される。

Ⅷ　BCT の臨床上の効果と今後について

　これまで見てきたように，BCT は幅広い理論的な背景を持ち，実践によって効果が示されて発展してきている。実際にどのような症状に効果を示すかと問われれば，トラウマ，不安を中心としているさまざまな症状に効果があるといえる。禁忌としては，特に取り立ててこれまで認められてきていないが，妊婦などにおいては，合谷穴などは慎重に使用されなくてはならない。

　個人の臨床経験からは，これまで他の医療機関やカウンセリング機関などで投薬や EMDR を受けた経験があったが改善しないで，トラウマによって数年間にわたり，ほぼ毎日悪夢をみて，時に加害者の幻覚をみていたクライエントが，2 回のセッションで悪夢をほぼ見なくなり，5 回目では幻覚をみても恐怖を感じなくなり，これまでそがれていた気力も回復したというケースもある。また，近親者の死によって，神経が高まり，職場にかかってくる電話でも誰か訃報の知らせではないかと気持ちが高ぶって，過食などの症状があったケースが 2 回のセッションで，それらの症状が無くなり，4 回目で終結したケースなどもある。複雑性 PTSD や発達性トラウマといった長期的反復的に外傷経験をしてきたケースでは当然ながら時間も必要となるが，解離性同一性症などの解離症状があるクライエントに関しても，クライエントのリソースと安定性がある程度確保できるならば施行可能であり，条件がそろえば処理速度の速さや，暴露に関しても時間が短くて済むことが多く，何より導入し，施行し，終了するまでの時間が短いことから臨床的に有用であるといえる。また，すでに EMDR などのトラウマ処理の技法を学んだことのある経験者であるならば，臨床に導入し，効果を上げる可能性が高いことは，藤本（2019）においてもデータとともに示された通りである。

　2021 年 12 月現在までに行われているトレーニングは，BCT コアスキルトレーニングという基礎的なトレーニングだけであるが，この基礎トレーニングにおいても

BCT の使用経験があり，トレーニングスタッフをしている臨床家 2 ～ 3 人から事例を発表してもらう時間を毎回設けている。さらに，本章でも紹介したような BCT を使用したパーツセラピー，BCT カードを使用したトラウマ処理の技法など，さらに複雑なケースにおいて使用することが可能な技法を習得するアドバンスのトレーニングは 2022 年からスタートしている。開発者である筆者自身も思いがけぬ効果を感じる経験や，新しい方法の発見が未だに続いている。それゆえ，筆者自身も BCT の実践を通して，臨床上の技法をさらに確かなものにしていく一方，BCT を使用する多くの臨床家がさらにさまざまな分野で BCT を応用して発展させていくことを願っている。

文　　献

Amini Rarani, S., Rajai, N., & Sharififar, S. (2021) Effects of acupressure at the P6 and LI4 points on the anxiety level of soldiers in the Iranian military. BMJ Military Health, 167(3); 177-181. https://doi.org/10.1136/jramc-2019-001332

Bremner, J. D., Staib, L. H., Kaloupek, D., Southwick, S. M., Soufer, R., & Charney, D. S. (1999) Neural correlates of exposure to traumatic pictures and sound in Vietnam combat veterans with and without posttraumatic stress disorder: A positron emission tomography study. Biological Psychiatry, 45(7); 806-816. https://doi.org/10.1016/s0006-3223(98)00297-2

Caggiano, V., Fogassi, L., Rizzolatti, G., Thier, P., & Casile, A. (2009) Mirror neurons differentially encode the peripersonal and extrapersonal space of monkeys. Science, 324(5925); 403-406. https://doi.org/10.1126/science.1166818

Callahan, R. (2000) Tapping the Healer Within: Using Thought-Field Therapy to Instantly Conquer Your Fears, Anxieties, and Emotional Distress . McGraw-Hill Education.（穂積由利子訳（2001）TFT（思考場）療法入門―タッピングで不安，うつ，恐怖症を取り除く．春秋社.）

Chan, J., Briscomb, D., Waterhouse, E., & Cannaby, A.-M. (2002) An uncontrolled pilot study of HT7 for "stress". Acupuncture in Medicine: Journal of the British Medical Acupuncture Society, 20(2-3); 74-77. https://doi.org/10.1136/aim.20.2-3.74

Eden, D. & Feinstein, J. (2013) Energy Medicine: How to Use Your Body's Energies for Optimum Health and Vitality (Digital original Edition). Piatkus.

藤本昌樹（2019）ボディ・コネクト・セラピー―トラウマ処理の新たな可能性（発達性トラウマ障害のすべて［こころの科学］）．日本評論社，pp.47-53.

Gallo, F. P. (2007) Energy Tapping for Trauma: Rapid Relief from Post-Traumatic Stress Using Energy Psychology. New Harbinger Pubns.

Hijikata, T., Mihara, T., Nakamura, N., Miwa, T., Ka, K., & Goto, T. (2016) Electrical stimulation of the heart 7 acupuncture site for preventing emergence agitation in children: A randomised controlled trial. European Journal of Anaesthesiology, 33(7); 535-542. https://doi.org/10.1097/EJA.0000000000000379

Hu, X.-Y., Trevelyan, E., Chai, Q.-Y., Wang, C.-C., Fei, Y.-T., Liu, J.-P., & Robinson, N. (2015) Effectiveness and safety of using acupoint Shui Gou (GV 26): A systematic review and meta-analysis of randomized controlled trials. Acupuncture and Related Therapies, 3(1); 1-10.

https://doi.org/10.1016/j.arthe.2014.12.001

Huang, H., Zhong, Z., Chen, J., Huang, Y., Luo, J., Wu, J., Liao, H., Zhen, E., Lin, R., Fasmer, O. B., & Wik, G. (2015) Effect of Acupuncture at Ht7 on Heart Rate Variability: An Exploratory Study. Acupuncture in Medicine, 33(1); 30-35. https://doi.org/10.1136/acupmed-2013-010441

石田裕昭（2016）他者の感覚・情動を推測する脳メカニズム．エモーション・スタディーズ，2(1); 31-37. https://doi.org/10.20797/ems.2.1_31

伊藤正敏・遠藤雅俊・金沢素・力丸尚・三宅正泰・鄭明基・山口慶一郎・福土審（2001）合谷電気刺激による脳血流変化．国際生命情報科学会誌，19(2); 367-372. https://doi.org/10.18936/islis.19.2_367

形井秀一・篠原昭二・坂口俊二・浦山久嗣・河原保裕・香取俊光・小林健二（2007）WHO 経穴部位国際標準化の経緯と今後．全日本鍼灸学会雑誌，57(5); 576-586. https://doi.org/10.3777/jjsam.57.576

Kain, K., Terrell, S., & Levine, P. A. (2018) Nurturing Resilience: Helping Clients Move Forward from Developmental Trauma: An Integrative Somatic Approach (Illustrated Edition). North Atlantic Books.

Kim, J., Yoon, S., Lee, S., Hong, H., Ha, E., Joo, Y., Lee, E. H., & Lyoo, I. K. (2020) A double-hit of stress and low-grade inflammation on functional brain network mediates posttraumatic stress symptoms. Nature Communications, 11(1); 1898. https://doi.org/10.1038/s41467-020-15655-5

Kim, T. D., Lee, S., & Yoon, S. (2020) Inflammation in Post-Traumatic Stress Disorder (PTSD): A Review of Potential Correlates of PTSD with a Neurological Perspective. Antioxidants, 9(2); 107. https://doi.org/10.3390/antiox9020107

河野良和（1989）感情モニタリング 実際編―悩みを活かす心の技術．河野心理教育研究所．

Kurono, Y., Minagawa, M., Ishigami, T., Yamada, A., Kakamu, T., & Hayano, J. (2011) Acupuncture to Danzhong but not to Zhongting increases the cardiac vagal component of heart rate variability. Autonomic Neuroscience: Basic & Clinical, 161(1-2); 116-120. https://doi.org/10.1016/j.autneu.2010.12.003

Levine, P. A. (2012) In an Unspoken Voice: How the Body Releases Trauma and Restores Goodness. North Atlantic Books.（池島良子・西村もゆ子・福井義一・牧野有可里訳（2016）身体に閉じ込められたトラウマ―ソマティック・エクスペリエンシングによる最新のトラウマ・ケア．星和書店.）

李丁（浅川要訳，1987）針灸経穴辞典（第2版）．東洋学術出版社．

Mistry, R., Pisulka, S., Borle, A., & Godbole, S. (2020) JCDR-Conception vessel-24, Cun, Customised acupressure bands, Gag severity, Pericardium-6. Journal of Clinical and Diagnostic Research, 14; 3. https://doi.org/10.7860/JCDR/2020/42672.13416

長田裕（2011）無血刺絡の臨床―痛圧刺激法による新しい臨床治療［第2版］．三和書籍．

中村元昭（2012）反復性経頭蓋磁気刺激法によるうつ病治療．精神神経学雑誌，114(11); 1231-1249.

西川隆（2008）PTSD と解離性障害にみる記憶と自己の多重性―消せない現在，見失われた過去．In：加藤忠史編：シリーズ脳科学6　精神の脳科学．東京大学出版会，pp.189-22.

Ogden, P., Minton, K., Pain, C., Siegel, D. J., & van der Kolk, B. (2006) Trauma and the Body: A Sensorimotor Approach to Psychotherapy. W. W. Norton & Co.（太田茂行監訳，日本ハコミ研究所訳（2012）トラウマと身体―センサリーモーター・サイコセラピー（SP）の理論と実践．

星和書店.）

Olff, M., Langeland, W., Witteveen, A., & Denys, D. (2010) A psychobiological rationale for oxytocin in the treatment of posttraumatic stress disorder. CNS Spectrums, 15(8); 522-530. https://doi.org/10.1017/s109285290000047x

Perry, B. D. (1994) Neurobiological sequelae of childhood trauma: Post-traumatic stress disorders in children. In: Murburg, M. M.: Catecholamine Function in Post Traumatic Stress Disorder: Emerging Concepts. American Psychiatric Press, pp.253-276.

Rösler, A., Otto, B., Schreiber-Dietrich, D., Steinmetz, H., & Kessler, K. R. (2003) Single-needle acupuncture alleviates gag reflex during transesophageal echocardiography: A blinded, randomized, controlled pilot trial. Journal of Alternative and Complementary Medicine, 9(6); 847-849. https://doi.org/10.1089/107555303771952190

Shapiro, F. (2001). Eye movement desensitization and reprocessing: Basic principles, protocols, and procedures, 2nd ed. Guilford Press.

篠原昭二（2009）臨床経穴ポケットガイド 361穴. 医歯薬出版.

代田文彦・山田光胤（1979）図説 東洋医学 基礎編. 学研プラス.

Takagi, K., Tanahashi, N., Amagasu, N., Mizuno, K., Kawanokuchi, J., Yi, G., & Ishida, T. (2017). Effect of manual acupuncture stimulation at "Bai-Hui" (GV 20) or "Yintáng" (Ex-HN3) on depressed rats. Journal of Acupuncture and Meridian Studies, 10(1); 26-32. https://doi.org/10.1016/j.jams.2016.11.006

Tian, L., Huang, Y.-X., Tian, M., Gao, W., & Chang, Q. (2003) Downregulation of electroacupuncture at ST36 on TNF-α in rats with ulcerative colitis. World Journal of Gastroenterology: 9(5); 1028-1033. https://doi.org/10.3748/wjg.v9.i5.1028

津田真人（2019）「ポリヴェーガル理論」を読む—からだ・こころ・社会. 星和書店.

Usichenko, T. I., Müller-Kozarez, I., Knigge, S., Busch, R., & Busch, M. (2020) Acupuncture for relief of gag reflex in patients undergoing transoesophageal echocardiography; A protocol for a randomized placebo-controlled trial. Medicines, 7(4); E17. https://doi.org/10.3390/medicines7040017

Yim, Y.-K., Lee, H., Hong, K. -E., Kim, Y.-I., Lee, B.-R., Son, C.-G., & Kim, J.-E. (2007) Electro-acupuncture at acupoint ST36 reduces inflammation and regulates immune activity in Collagen-Induced Arthritic Mice. Evidence-Based Complementary and Alternative Medicine, 4(1); 51-57. https://doi.org/10.1093/ecam/nel054

Yu, Z., Fukushima, H., Ono, C., Sakai, M., Kasahara, Y., Kikuchi, Y., Gunawansa, N., Takahashi, Y., Matsuoka, H., Kida, S., & Tomita, H. (2017) Microglial production of TNF-alpha is a key element of sustained fear memory. Brain, Behavior, and Immunity, 59; 313-321. https://doi.org/10.1016/j.bbi.2016.08.011

Zhang, H.-F., Li, H.-X., Dai, Y.-C. , Xu, X.-J., Han, S.-P., Zhang, R., & Han, J.-S. (2015) Electro-acupuncture improves the social interaction behavior of rats. Physiology & Behavior, 151; 485-493. https://doi.ordg/10.1016/j.physbeh.2015.08.014

第8章
条件反射制御法

平井愼二

I　はじめに

　著者は 1989 年に物質使用障害を対象にして精神科医療を提供する部門で就労を始めた。その部門の対象は，1989 年時点では覚醒剤や有機溶剤の反復摂取に基づいてそれらの摂取をやめられない状態に陥った者，あるいは幻聴や妄想が持続的になった者がほとんどであった。他の者は，アルコールや大麻，睡眠導入剤，鎮痛剤等の摂取を反復したことが原因となった疾病状態で受診した者であった。

　対象者の多くは，反復して摂取した物質が規制されていることが影響してか，反社会的な組織の者やその周辺の者であり，操作的あるいは挑戦的で，対応が困難であるという問題があった（安田・西村，2020）。また，それらの物質をやめられないという疾病状態自体が違法行為を反復する状態であり，違法行為を習慣的に行っている者を取締機関に通報しなくてもよいのかという法的な問題があった（平井，2000）。それらは医学的な問題ではないが，医療を行う上で解決するべき問題であり，対策を構成し，実施し，解決した。

　医学的な問題もあった。それは，患者が一旦やめようと決意した行動を再び行う現象であった。家族等に迷惑をかけるだけでなく，刑務所に閉じ込められることにもなるのでやめようと決めた覚醒剤や有機溶剤の摂取，あるいは，これ以上飲んだら死ぬと医師に言われたからやめようと決めた飲酒などを，再び，行ってしまうのである。

　当時，著者はその問題を医学的な問題だと捉えていなかったかもしれない。少なくとも覚醒剤や有機溶剤，酒などに対する欲求を消そうとは思いもよらなかった。

物質摂取に対する働きかけは，その行動の結果を振り返り，摂取しない考えを強くし，また，回復した仲間を見て，そのように戻れると知り，目指させることなどに限られていた。

　ところが2001年に病棟の一室で集団精神療法をしているときに，参加した患者の多くから，覚醒剤を連想させるものに遭遇したとき大便をしたくなる現象があることを教えられた。それが気になり，2006年になって調査をし，その結果から欲求には条件反射がかかわっていることを把握した（平井，2007）。欲求を消せると考え，2006年6月1日に次のことを行った。

　覚醒剤の摂取を反復して入院に至った患者に，前もって，半透明の不揃いの細粒が入った小さなビニール袋を見せ，内容物は覚醒剤ではなく金魚鉢に入れるカルキ抜きであること，並びに静脈に注射する注射筒の内容は生理的食塩水であることを伝えた。著者は，患者の目前でカルキ抜きの細粒を溶解し，注射筒に入れ，その注射器を机の上に置いた。準備していた生理的食塩水の入った別の注射器に持ち替えた。説明を理解し，それらのすべての作業を視認し，したがって，覚醒剤ではないと知っている患者の静脈に，著者は生理的食塩水を注射した。患者は身をよじり，大粒の汗を顔面に吹き出させ，恍惚の表情を見せた。その他にも激しい反応が生じた。

　後に同様の試みを他の患者にも行い，さまざまな強い反応を得た。また，治療作業の反復により，彼らに生じる反応は急速に低減した。後に治療作業を加え，手順を整えて，条件反射制御法に展開した。

　条件反射制御法は強力である。当初の集中的な治療作業を終えた後，作業量を減らして継続し，もう10年以上も覚醒剤に対する欲求を感じたことがないという患者もいる。また，この治療法の対象は当初は物質使用障害のみであったが，病的窃盗や性嗜好障害，PTSD，ストーカー行為，放火などへも拡大し，多くの疾病状態に効果を表すこともわかってきた。

　この展開は，囚われていた行動に関連する刺激を受けた際の患者の反応，あるいは刺激を中断した際の患者の反応が，一般的な精神医学の知識と合致しない部分が多かったために，ヒトが行動するメカニズムを根本から考え直したことによるところが大きい。覚醒剤や有機溶剤，アルコールを摂取し続ける行動は，現世代に生きるヒトの人生に対して，その質を不良にする行動，あるいはその人生を終わらせる行動をその本人が生じさせる病態でもあるので，検討の焦点が，早い段階で現世代のヒトの行動を決める思考だけでなくなり，主にヒトを作った進化に向けられた。

進化の検討においては，条件反射制御法を開始した当時は，獲得形質は遺伝しないということが進化学の領域ではまだ主流であったと思われるが，そのことについても誤りだろうと考えた。著者は，進化は獲得形質の遺伝と自然淘汰で成立するということを前提にして，ヒトの行動メカニズムを理解し，進化を支えた行動の特性を把握し，技法の細部を調整した。

　その行動メカニズムは，進化を念頭において研究を重ねたパヴロフによる信号系学説を基にして，それらに条件反射制御法の臨床で見られたヒトの反応を照らし合わせて，展開させ，確認してきたものである。

　本論では，まずはヒトが行動する本当のメカニズムを示し，それに基づいて，反復する行動の理解の仕方を解説し，目前に現れた患者の欲求等を消す条件反射制御法を示す。

Ⅱ　ヒトが行動するメカニズム

進化とヒトが行動するメカニズムを次のように著者は捉えている。

1．ヒトの行動を司る 2 つの中枢

ヒトは行動を司る中枢として第一信号系と第二信号系の 2 つをもつ。

①第一信号系
1）生理的行動と進化
　38 億年ほど前に地球上に生物が誕生し，その生命は，防御，栄養摂取（摂食），生殖という現象により保たれてきた。各個体においてそれらの現象を生じる活動が環境に適合していれば生き残り，同一の環境では類似した生命活動をもつ個体が集合して群となり，さまざまな環境で進化し，植物と動物に分かれた。
2）行動の成功あるいは失敗と再現性
　動物の行動は神経活動による。神経活動は，環境からの刺激を感覚器で信号に変え，中枢に伝え，中枢の作用を行い，効果器に伝え，効果器で反応を生じる現象を作る。この刺激，中枢作用，反応で構成される神経活動による現象を反射と呼ぶ。反射は動作やそれを支える自律神経の緊張の程度，過敏性の程度等を司り，反射の連鎖的な作動で動作等が連続し，流れのある行動になる。
　動物がある状況である行動により，防御，摂食，生殖という生きる理（ことわり）に合致した

現象のいずれかに成功した場合，後に同じ状況においてその成功した行動を再現するようになる傾向をもてば，並びに，ある状況である行動により，防御，摂食，生殖のいずれにも失敗に終わった場合，後に同じ状況においてその失敗に終わった行動は再現しなくなる傾向をもてば，その動物は生き残り，存続しやすい。

3）生理的報酬の有無に対応する強化と抑制

それら2つの傾向をもつ各個体が防御，摂食，生殖を再現し，より長く生き，より多くの子孫を残すことが，世代を越えて生存競争の中で反復された。それら2つの傾向は強まり，防御，摂食，生殖を行ったときに成功あるいは失敗かの結果に従って脳内に生じる行動時の効果と，その効果に従って生じる後の現象になった。

つまり，現生の動物においては，ある行動により，防御，摂食，生殖に成功したときに生理的報酬と呼ぶべき効果が生じ，それが生じた場合の効果は，それが生じるまでの神経活動を定着させるものである。その効果を受けて，防御，摂食，生殖に成功するまでの行動を生じさせた反射の連続における各反射間の結合が強化され，一連の反射の作動性は高まる。強化され，定着した反射連鎖は，後に，過去に防御，摂食，生殖のいずれかに成功した行動の開始時あるいは継続中にあった刺激，あるいは同様の刺激を受けると作動し，同じ行動を再現する。

また，逆に，ある行動により，防御，摂食，生殖に失敗に終わったときに生理的報酬と呼ぶべき効果は生じず，生理的報酬が生じなかった場合の効果は，生理的報酬が生じなかった行動を司った反射の連続を強化しないだけでなく，生理的報酬が生じなかった行動が過去に定着していた反射連鎖による行動であれば，その反射連鎖は抑制をうける。強化されなかった反射の連続は，あるいは過去に定着していたが抑制を受けた反射連鎖は，防御，摂食，生殖のいずれにも失敗に終わった行動の開始時あるいは継続中にあった刺激，あるいは同様の刺激を受けても同じ反射の連続は作動しないか，あるいは過去より弱い作動になり，生理的報酬が生じなかった場合の行動を再現しないことが多くなる。

4）変化と再現

そのような機序により，ある行動で防御，摂食，生殖に成功したときにその行動は後に生じやすくなり，ある行動で防御，摂食，生殖に失敗したときにその行動は後に生じがたくなり，この2つの特性を動物は発揮して，環境への適応が進む。

生命が保たれたその現象は世代を超えて反復し，動物の行動は，経過においては，個体に焦点をあてると各世代で各環境に適応する方向に生き生きと変化し，群に焦点をあてると世代を超えてやはり生き生きと変化し，その変化する行動に対応して

形状も変化して進化が生じる。また，一時点においては，前世代までの進化で規定された行動の上に，個体の誕生からその時点までの環境とのやりとりで条件付けられた行動が機械的に再現される。

5）ヒト以外の動物ももつ第一信号系

ヒトを除く動物はここまで示した特性がある中枢のみをもち，その中枢をパヴロフは第一信号系と名付けた。

第一信号系は環境から刺激を受け，条件付けられた反応を一対一の反射で生じ，その連続および集合により，一連のまとまった行動を司り，生理的行動に成功すればその行動の再現性が高まり，失敗すればその行動の再現性が低くなり，動物の行動を環境に適応させる。

動物の行動は，消化や代謝や心肺機能による循環，刺激に対する過敏性，動き等を司る神経領域で構成され，それらが第一信号系の中枢作用により司られる。

ヒトはその第一信号系を中枢の一部にもち，第一信号系はヒトの自律神経，気分，動作を直接的に司り，過去に防御，摂食，生殖という生理的な成功に繋がったまとまった行動を再現する作用を生じる。

②ヒトのみがもつ第二信号系

数百万年前までに一部の動物が徐々に立ち上がり，二足で歩行するヒトになった。その結果，防御，摂食，生殖という生理的行動を行う際に，目前で視認しながら手によるさまざまな多くの操作を行い，失敗を重ね，その後に成功に至り，生理的報酬を獲得することが爆発的に増加した。

つまり，多くの刺激が入力され，複雑に関わりながら失敗の行動を生じさせたさまざまな反射の連なりがあり，その後に，成功に至った行動を生じさせた一定の反射の連なりがあり，防御，摂食，生殖のいずれかの成功に至り，生理的報酬を生じ，その効果により成功に至った行動を生じさせた一定の反射の連なりが強化され定着する現象が激しく頻回に反復した。

この現象の持続が，多くの世代を経たことにより，その現象に対応する神経系が成長した。その中枢が，パヴロフが第二信号系と名付けたものである。

第二信号系では，その神経系に入る刺激と生じる反応は一対多であり，複数の反応は強さの程度がさまざまである。現実においては同時にあるいは連続的に中枢に多くの刺激が入る。それらの多くの刺激に対して，実際の動作を伴わない状態で，対応する反射が複雑に絡まり網のように繋がり，拡大と収束を伴いながら，成功ま

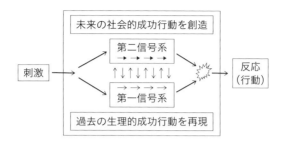

環境からの刺激に対して，各信号系内で反射が展開し，また，相互に刺激
しあう。各信号系は，環境および他方の信号系のいずれからの刺激にもそ
の信号系の方式で作用する。2つの信号系から生じた最終的な反応のうち
強い方が行動として表出する。

図1　一時点における2つの中枢の関係

での道筋を脳内で司る。つまり，目前の状況あるいは把握した情報の中にある重要
要素を材料にして，意識的に，現状を評価し，将来を計画し，結果を予測し，機会
を待ち，行動開始を決断するなどの思考という作用を行って，直接的に動作を司
り，間接的にはその思考と動作が自律神経と気分を司る反射を刺激して反応を生じ
させ，未来の行動を創造する。

　また，第二信号系の評価において自分の行動の成功あるいは状況の改善等を把握
すると，その神経活動は第一信号系に作用し，生理的報酬と同様の効果を生じさせ，
それまでの反射の繋がりを強化する作用をもつようになったと考えるべきである。

2．第一信号系と第二信号系の関係

　ここまで示したように，ヒトは，他の動物ももつ第一信号系，並びにヒトのみが
もつ第二信号系の2つの中枢をもつ。

①一時点における2つの中枢の関係（図1）

　ある一時点においてヒトの2つの信号系が，環境から刺激を受けると，各中枢作
用が展開し，また，刺激し合うが，次のように各信号系の方式を保つ。

　第一信号系は，環境からの刺激，並びに第二信号系に生じた反応を刺激にして，
無意識的に反射が作動し，過去の生理的成功行動を再現する。

　第二信号系は，環境からの刺激，並びに第一信号系に生じた反応を刺激にして，
意識的に思考し，未来に社会的成功行動を創造しようとする。

　その際に，2つの信号系から生じる動作の方向が同じであれば2つの信号系は協

調してその行動を進める。しかし，2 つの信号系の動作の方向が異なれば，作動性が強い側の信号系が他方の信号系を従えてその行動を進める。

②経過における 2 つの中枢の関係

　ある時点においてある行動に関して第二信号系の作動性が第一信号系の作動性より強くても，未来の一時点までの経過において，その行動を司る第一信号系の作動による行動の表出に対して第二信号系が可能な抵抗を怠り，あるいは許可し，その行動の成功が反復されることがある。その場合は，その行動により生理的報酬が生じることが反復され，その行動を司る第一信号系の反射連鎖の作動性は強化され，未来の一時点において，その行動に関して第二信号系の作動性より第一信号系の作動性が強い状態に至り，第二信号系がその行動の制御能力を失うことがある。その状態において，第二信号系ではやめようと決意した行動が，第一信号系の作動により反復して生じる。

　逆に，ある時点においてある行動に関して第一信号系の作動性が第二信号系より強くても，未来の一時点までに，自然な環境の変化により，または，第二信号系の選択による治療や仲間の協力を得た自助的努力により，その行動を再現する神経活動が第一信号系に生じた際に，生理的現象に失敗した反応が第一信号系に反復して生じることがあり得る。その場合は，その行動を司る第一信号系の反射連鎖の作動性に対して抑制が反復され，未来の一時点までに，その行動に関して第一信号系の作動性より第二信号系の作動性が強い状態に至り，第二信号系が行動の制御能力を回復することがある。

3．第一信号系の特性

　第一信号系と第二信号系の差異に焦点を当てて，第一信号系が作用する基本的なところはすでに示した。この項では，逸脱した行動や不快な自律神経症状，気分が反復して生じる反射を抑制し，抑制された状態を保つための治療において着目すべき特性を示す。

　第一信号系のそれらの特性は，先天的な反射は可塑性が低く，後天的な反射は可塑性が高いという差異があること，並びに行動の駆動性を過酷な体験が高めること，頻回に生じた反射は抑制されても放置により回復することである。これらは，約 38 億年前に生命が地球上に誕生し，現在まで生命を繋いで来た世代交代，各世代での環境への適応，季節の変化への適応により成立した性質に基づくものである。

①先天的な反射と後天的な反射の可塑性の差異

　環境の変化や治療的対応により，動物がある時点でもつ"ある反射"が未来の一時点までに変化する。その変化の早さは，その反射の獲得の仕方，ならびにそれまでに反復されてきた期間および回数，頻度等による。

　本能行動を司る反射連鎖の本流となる先天的な反射は，遺伝子を通じて前世代から受け継いだものであり，世代を超えて長期に数多く反復してきた反射である。その反射は進化的に変化するのであり，一代では目に見える変化は生じず，治療的対応で変化させられない。

　一方，後天的な反射は生後に形成されたものであり，可塑性に富み，各世代で状況の変化により大きく変化するものであり，治療的対応で容易に変化する。

②行動の駆動性に影響する生育環境

　穏やかな行動により，防御，摂食，生殖に成功することを反復すれば，それらを穏やかに進める反射が第一信号系に定着する。しかし，生活に生じる危機や饑餓の程度が強く，あるいは生殖行動に対する阻害が強ければ，第一信号系はそれらに対応する行動を素早く強く生じさせるものになる。

　行動に対する阻害が世代を越えて同じ程度に弱ければ，あるいは逆に強ければ，それらの程度に応じた行動を支える形質をもつさまざまな動物種に進化する。また，同一動物種でも，最近の世代における生息環境，ならびに個体間では生後の環境により行動を生じる駆動性に差異が生じる。

　ヒトの社会においては，第一信号系の行動の駆動性における個体間の差異を生みやすい要因には，防御反応を生じる危機的状況の程度と頻度がある。

　例えば幼少期に日常の生活の中で，両親の激しい摩擦の現場に居合わせ，泣きながら優しい祖母の元に走り，慰められ，安定すれば，危機を生き延びることに成功したのであり，生理的報酬が生じる。その効果により，それが生じるまでの日常生活からの刺激および危機的状況からの刺激，反応した行動の神経活動は強化される。その現象が反復すれば，それらの神経活動は定着する。

　そのように未成年期に家庭の構成員間の不和，饑餓，貧困，家庭内や学校，その他での虐待，大病，事故，災害，戦争などの危機的状況を継続して体験したヒトは，日常の中で頻発する生きることに対する多くの阻害要因から素早く強く行動して，身を守り，摂食し，一部は生殖する神経活動を生じさせながら，生きることに成功し続けてきたのである。

　その結果，日常にある刺激に対して，強い駆動性が反応の一部として生じ，その神経活動が本能行動を生じさせる反射連鎖に流れ込む第一信号系をもつことになる。

　したがって，未成年期に危機的状況を継続して体験したヒトは，行動能力が高まった後に，日常にある刺激に反応して，第一信号系が強く作動し，防御，摂食，生殖のいずれかを行いそうになりながら，あるいはいずれかの一部を生じさせながら生活している。

③抑制後の放置による元の反射の回復

　地球の自転軸は公転軸に対して傾いており，したがって，地球では季節が廻る。ある季節の環境は，徐々に変化して次の季節の環境になり，また変化して，元の季節の環境に戻る。その中で動物のある群は生き延び，ある群は絶滅した。

　季節Aで，ある動物群による防御，摂食，生殖という生命を支えるさまざまな行動の内のいずれかの行動aはその季節で頻回に反復される。季節Aにおいては行動aを司る反射は高い作動性をもつ。

　次の季節Bでは，前の季節Aから残った一部の刺激に対して，前の季節Aにあった行動aが季節Bの当初には生じる。しかし，その動物群が生活する環境が季節の変遷に従って変化しているために，季節Bにおいて行動aでは生命を支える現象に繋がらず，生理的報酬は生じない。従って，この季節Bの当初において，行動aが発現して生理的報酬がない現象があり，その現象により行動aに抑制が生じ，その反復により抑制が重なり，季節Bにおいて行動aを司る反射連鎖の作動性は低くなり，行動aは生じなくなる。季節Bの途中からは，行動aを司る反射を季節Aには作動させた刺激があるが，行動aを司る反射は作動しない状態に至る。

　ときが過ぎ，季節Cになり，その動物群が生活する環境が季節Aからは大きく変化し，季節Aに行動aを作動させた刺激がなくなる。つまり，季節Cにおいては，行動aを司った反射を作動させる刺激が環境中にない状態になり，行動aを司る反射は放置される。

　季節Aでその動物群において頻回に作動して行動aを司った反射は，季節Bで刺激があり作動するが生理的報酬がないので抑制され，季節Cで刺激もなくなり放置される。季節Cにおいて行動aを司った反射が刺激を受けず放置された間に，その動物群の行動aを司った反射がどのようになるかに焦点を当てて，次を記す。

　その動物群の中に，季節Cで放置された間に行動aを司った反射が回復する群と回復しない群があるとする。

　季節Cで放置された間に行動aを司った反射が回復する群は，季節Cの最後には行動aを司った反射の作動性は高くなっている。従って，季節がめぐり，季節Cから季節Aに戻ったとき，行動aを司った反射は環境中の刺激に反応し，円滑に行動aを生じ，生命を支えるいずれかの現象に成功する。この群は生き延びる。

　一方，季節Cで放置された間に行動aを司った反射が回復しない群は，季節Cの最後に行動aを司った反射の作動性は低いままである。従って，季節がめぐり，季節Cから季節Aに戻ったとき，行動aを司った反射は環境中に刺激があっても反応せず，前年には季節Aで生命を支えた行動aが生じない。この群は絶滅する。

　過去から生き延びることを反復してきた群が現生の動物であり，現生の動物は上記の生き延びる群の性質をもつ。つまり，現生の動物の第一信号系において，一時期，頻回に成功した行動を司った反射は，後に抑制されても，刺激されず放置されれば，その間に反射は回復する性質をもつ。

Ⅲ　反復して生じる逸脱した行動あるいはその要素等

　反復して生じる同一の行動，あるいはその要素である過呼吸等の自律神経症状，抑うつなどの気分の変調，映像や音声等の知覚，方向の定まらない欲動や焦燥，不安等は反射の作動により生じる。また，思考は刺激から行動の表出までに，行動の方向に関する2つの信号系の相互作用が意識に上り，第二信号系に観察されたものである。さらに，例えば殺したいという欲求と共に対象の者を殺す手順を考えるなど，同一の思考が反復する現象にも反射の作動が強く影響している。

　反射には先天的な反射（無条件反射）と後天的な反射（条件反射）がある。生後直後は先天的な反射のみでヒトは行動するが，生後の環境の中で生きることにより直ちに後天的な反射が同一行動を司る反射の連続に組み込まれていく。つまり，臨床で対応する通常の同一行動あるいはその要素は先天的な反射と後天的な反射が混合した反射連鎖の作動で生じる。

　対象の症状を生じさせる反射連鎖の本流が，先天的か後天的か，つまり，万人に共通の本能行動の過剰な作動か，あるいは対象者に特有の生後に獲得した反射連鎖かに着目することで，必要な対応に重点を置く効果的な治療を構成できる。

　著者は反復するさまざまな行動の発生機序を次のように考えている。

1．先天的な反射が本流である行動の過剰な作動

　本能行動には防御，摂食，生殖があり，それらの過剰な作動はそれぞれ次の①から③のような状態である。これらの本能行動の過剰な作動が生じる状態は，健常に誕生しても若年期に長期のストレス，あるいは，成人した後に短期でも強いストレスを受けた者，また，発達障害や知的障害をもち第二信号系による行動の制御が十分でない者に生じることが多いと著者は感じている。

①防御本能の過剰な作動

　防御反応の過剰な作動には，心的外傷後ストレス障害，パニック障害，反応性抑うつ，放火，リストカットなどがある。

　動物は危険が迫れば，それを知覚し，交感神経は亢進して心拍数と呼吸数は上昇し，発汗しながら逃走する。後に，安全な場所に潜伏して危機が去るまで動かず生き抜く。あるいは火で暖をとって生き抜く。また，逃走や闘いで傷ついて出血したが生き抜く。つまり，防御に成功して生理的報酬を獲得することを世代を超えて反復してきた。従って，その行動やその要素を司る反射が遺伝子に組み込まれており，現代において，環境からの危険に関する刺激に反応して，行動を生じさせる駆動性が高まった際に，防御を司る反射連鎖のいずれかの部分が生じる。その発現が反復されると，後天的な反射を組み込みながら，強化され，後に，容易に生じる状態になり，冒頭の症状の発現が反復する。

②摂食本能の過剰な作動

　摂食本能の過剰な作動には，病的窃盗，病的賭博，貯め込み，過食などがある。

　摂食反応は，狩猟あるいは採集を行い，ときに貯め込み，その後に食べるという一連の行動である。その一連の反射連鎖のいずれかの部分が過剰な作動を生じて，前記の疾病状態を作る。そのために，病的窃盗と摂食障害が合併しやすい。

　摂食障害には過食の現象も生じることがあるが，多くの場合は摂食が不良になる。過剰な作動と逆の現象が生じる理由は次である。防御，摂食，生殖という本能行動の過剰な作動が生じる病態にある者には，未成年期に危機的状況を反復して体験した者が多い。その経過で防御反応を生じることが反復され，第一信号系の行動を生じる駆動性が高くなっており，交感神経系が優位にあり，摂食が不良になる。

　また，狩猟や採集において失敗が反復されても，成功するまで諦めず試みた動物

が生き抜いた。その一種が現生のヒトであるので，現代において失敗が反復しても，成功に向かう神経活動が過剰に生じた状態が病的賭博である。

③生殖反応の過剰な作動

生殖反応の過剰な作動には，窃視症，盗撮，露出，強制猥褻，ストーカー行為などがある。生殖反応は対象を見つけ，接近し，接触し，脱衣して，性交するという行動である。その行動を司る反射連鎖のいずれかの部分が過剰な作動を生じて，前記の逸脱行動が生じる。

２．後天的な反射が本流である行動の過剰な作動

適応行動を生じる後天的反射連鎖には物質使用の反復により成立したものと目標達成等の把握を反復したことにより成立したものがあり，それぞれに過剰な作動を生じた状態がある。

①物質摂取行動の反復により成立した反射連鎖の過剰な作動

生理的報酬と同様の作用を生じる物質を摂取する行動を過剰に反復する状態は，過去に受けたストレスが軽度であっても，あるいは行動に強く影響するストレスを受けていなくても，前記物質の摂取反復が高度であれば生じる。

１）物質摂取行動の過剰な作動

覚醒剤やアルコール，ニコチン等の物質は薬理作用として生理的報酬と同様の作用を生じ，その作用が生じるまでの神経活動，つまり，それらの物質を摂取する行動を司る反射連鎖を成立させる方向に作用する。

例えば覚醒剤を摂取するヒトは，何かを見る，聞く，臭う等の神経活動をしながら，覚醒剤を入手し，準備し，摂取し，生理的報酬を獲得することを反復する。その反復により，覚醒剤摂取の前に生じた神経活動で構成される反射連鎖の作動性は強化される。その反復後は，過去の覚醒剤摂取の前に体験した視覚刺激，聴覚刺激，臭覚刺激等を受ければ，覚醒剤を入手し，準備し，摂取する行動を司る反射連鎖が無意識的に作動する。その作動性は，そのヒトの第二信号系が覚醒剤摂取をやめようと考えても，それより強く作動するところまで至ることがある。

この現象，つまり，物質摂取行動に関して，第一信号系の反射連鎖がその行動を促進し，第二信号系がそれを抑制しようとしても，第一信号系の反射連鎖の作動性が勝り，その物質を摂取する行動を反復してしまう現象が，薬物乱用を反復する病

態の根幹である。この物質摂取の反復を根幹にして，種々の問題や，障害が生じる。

2）「依存」という言葉の不適切性

　特定の行動を反復する病態を「依存症」と呼び，診断名として使われることがあるが，その言葉は病態を適切に表していない。

　例えばアルコール依存症という言葉を文字どおり捉えると，アルコールに依りヒトが存在するという意味になる。その意味に該当する状態は次のものである。

　アルコールには神経活動を抑制する作用がある。連続的な摂取によってアルコールが定常的に体内にあれば，その薬理作用による抑制がある中で通常の機能が生じるように生体の機能は亢進し，均衡する。生体の亢進した機能は，アルコールが血中に一定の濃度であることに依り，つまり，頻回のアルコール摂取に依り，不安定ながら通常に近い行動を支え，ヒトは存在できる。それが身体依存の状態である。

　そこで，アルコール摂取を突然やめると均衡が崩れ，生体の亢進した機能がアルコールの抑制を受けないまま現れるので，自律神経の変調や意識の異常が生じ，生体の活動が不調になる。

　しかし，その状態は物質摂取を反復する現象の成立において限定的な重要性しかもたない。なぜならば，臨床においては，身体依存からの離脱を終えた後のヒトを含め，身体依存をもたないヒトによる物質を摂取する行動をやめさせることが，物質使用障害の治療において最大の焦点だからである。また，身体依存をもたないヒトが物質摂取行動を再現するのは，すでに示した反射連鎖の作動である。その反射連鎖の作動は，依存という言葉で表される性質のものではないので，物質摂取を反復する病態を依存と呼ぶことは不適切である。

②目標達成等の把握により成立した反射連鎖の過剰な作動

　特定の行動により目標が達成したことあるいは事態が良好に変化したことを第二信号系が把握することで，生理的報酬と同様の作用が生じて，その発生までの神経活動が強化されると考えるべきである。なぜならば，ヒューマンエラーと呼ばれている事故の一部の発生原因は次のように考えられるからである。

　業務の達成等が生理的報酬と同様の作用を生じ，その作用を生じるまでの神経活動つまりその業務を行う動作を司った反射の連続を強化する。その業務が日常的に反復されると，その業務の動作を司る反射の連続は，強化された反射連鎖となって，その業務における動作を強く促進するようになる。その結果，第二信号系が作用しなくても，第一信号系により業務の動作が進み，意識的な確認が疎かになり，ヒュ

ーマンエラーが生じる。精神科医療施設における患者への投薬エラー（西村, 2013）
や大型重機の操作エラー等はその典型である。

Ⅳ　条件反射制御法の基本

　特定の行動あるいは自律神経症状や気分の変調が過剰に反復して生じるメカニズ
ムは，第一信号系にある特定行動を司る反射が過剰に作動することにより，動作を
伴うものであれば第二信号系の制御を超えて行動の全体が生じるものであり，ある
いはその行動の一部である自律神経や気分の変調が第二信号系の制御を受けず生じ
るものである。

　第二信号系の関与に差異があるのは，直接，各信号系が司って表出する反応の領
域は，第一信号系は自律神経，気分，動作であり，第二信号系は動作であるからで
ある。

　動作を伴う行動全体が生じるものは薬物乱用，万引き，痴漢，ストーカー行為，
放火等であり，また，行動の一部である自律神経症状や気分の変調等が生じるのは，
パニック障害，心的外傷後ストレス障害，反応性抑うつである。

　従って，対応は，第一信号系の過剰な作動を抑制すること，並びに，動作を伴う
ものであれば第二信号系の制御を強くすることが加わる。

　上記の疾病状態に対して，条件反射制御法は第一信号系を焦点にして，その系の
過剰な作動を弱くし，仮に生じてもそれをとめられるようにする（平井, 2015）。

　また，特定の行動あるいは自律神経症状や気分の変調の過剰な反復はヒトの社会
では逸脱しているが，生理的には正常な反応を基本とする。従って，条件反射制御
法は，現生の動物がもつ正常な性質を利用する。それは，自然淘汰の中で動物の生
命を支えてきた，何らかの神経活動が生じた後に生きることに成功しなければ，そ
の神経活動は抑制を受けるという現象である。

　さらに，治療を構成する要素には，この論説の「Ⅱ　ヒトが行動するメカニズム
　３．第一信号系の特性」に従ったものであり，生命を繋いできた世代交代，各世
代での環境への適応，季節の変化への適応への対応が組み込まれている。

　混乱を避けるために，条件反射制御法が他の治療技法と異質であるところを記す。
条件反射制御法が焦点とする第一信号系は無意識的に行動を司る中枢である。その
無意識を，専門家の少なくない割合の者が，意識しないままに計画的に目的をもっ
て未来の行動を作る中枢と考えているようである。現実はそうではなく，無意識は

第一信号系であり，過去に生きることを支えた行動を反射で再現するようになり，過去に生きることに成功しなかった行動を徐々にしなくなる性質をもつ，計画しない中枢である。38 億年の経過により，環境に適応して生きる行動を再現した中枢をもつ群が生き残ってきたので，現生動物の第一信号系による行動は周囲と調和することが多く，従って，目的をもち計画して行動を司っていると誤解されているのである。

　また，ヒトの行動を説明する言葉として，認知や意思，動機，記憶などが用いられることもある。それらの言葉が表すところは，実は，環境からヒトが刺激を受け，第一信号系と第二信号系が反応し，相互に刺激しあいながら各作用が進み，行動が生じるまでの過程の途中に，意識に上った神経活動であり，第二信号系により観察され，解釈されたものである。従って，認知や意思，動機，記憶などの言葉を，治療を構成する際に行動を生じさせる神経活動の起点あるいは独立した要素として用いると，誤った治療の構成を導き，効果は不良になる。

　どのような神経活動も，環境からの刺激を受容器で受け，それを中枢に伝達し，中枢作用が加わり，それを効果器に送り，効果器を作用させ，反応を生じる反射弓の一部である。反射の作動は臨床的に観察されるのであり，後天的なものには働きかけ，変更できる。その変更により，とめたい行動あるいは自律神経症状，気分の変調が発現しないようにするのが条件反射制御法である。

1．条件反射制御法が標的とする方向性と駆動性

　条件反射制御法は特定の行動を反復して生じさせる第一信号系を標的とし，さらに，各治療作業の標的として，抑制する対象行動の方向を司る反射連鎖，ならびに，環境からの刺激に反応して行動の駆動を司る反射を想定している。

　自動車が方向を司るハンドルと駆動を生じるエンジンにより進行するのと同様に動物の行動を捉えることで，その両方に効果的に働きかけられる構成になった。

2．各標的に対する治療作業とステージ進行

　条件反射制御法の治療作業は主には 4 つあり，制御刺激，疑似，想像，体験の書き出しと後の読み返しに続く 20 単語の書き出しである。

①方向性に対する治療作業とステージ進行

　条件反射制御法の開始時に，対象者にヒトの本当の行動メカニズムを理解しても

らう。その後に実際に行う治療作業のはじめのものは，制御刺激というものである。まずは，後に記すように制御刺激を決め，その刺激を反復すると，後には標的の行動の方向を司る反射連鎖ならびに反復する行動に主に共通の駆動を司る反射の両方に対して，それらの作動を一時的にとめる作用をもつ。

　その後に行う標的行動の真似をする疑似，ならびに閉眼して標的行動を思い出す想像は，網羅する刺激の量に差異があるが，いずれも連続して行動を司った反射連鎖を再現し，その後に，生理的報酬を生じさせないものであり，標的行動の方向性を抑制する作業である。

　上記の制御刺激，疑似，想像を，条件反射制御法では順に行い，積み重ねる。その経過に従い，表1のように治療ステージを制御刺激ステージ，疑似ステージ，想像ステージの順に並べ，その後に維持ステージを設けて，維持作業ではそれまでに獲得した望ましい第一信号系の状態を維持する作業を行う。

②駆動性に対する治療作業

　第一信号系の特性には，過酷な体験をすれば高い駆動性をもつという現象がある。各世代での環境に適応してきた動物が生き残ってきたことから生じる現象である。すでに示したように，日常の中で過酷な現象が生じ，それを生き残り，防御に成功したヒトは，高い行動の駆動性をもち，日常の刺激に反応して，過敏であり，行動を強く生じさせる。

　上記の反射で生じる，高い駆動性を抑制するためには，過去の過酷な現象が生じた際にあった日常の刺激，その現象の刺激，生じた神経活動を再体験し，しかし，生理的報酬が生じないようにすることが求められる。その作業が，体験の書き出しと，後の読み返しと20単語の書き出しである。

　体験の書き出しと読み返しは，良かったことを100話，つらかったことを100話書き出し，その後，読み返す作業である。

　順序は最初に良かったことを100話書き出す。まずは簡単に1話を数行以内で100話書き出し，後にそれらをもとに書き広げて800〜1200字の話を100話揃える。この作業は，制御刺激ステージで行う。

　その後に，つらかったことを100話書き出す。上記と同様に，まずは簡単に1話を数行以内で100話書き出し，後にそれらをもとに書き広げて800〜1200字の話を100話揃える。この作業は，疑似ステージで行う。

　その後に書き出した1話を読み，読み終われば，話の中に出てきた人，物，景色，

表1　条件反射制御法の各ステージでの作業

下の1）〜3）は閉鎖環境で，4）は主に社会内で行うことを想定している。
　仮に，すべてのステージを社会内で行う場合は，1）はより長期となり，2）および3）は観察を密にするなどして，標的行動の発生を予防する体制を整える必要がある。

1）制御刺激ステージ（2〜4週間程）
①制御刺激は1日に20回以上，計200回以上を目指す。 　周囲には自然で自分には特殊な言葉と動作の組み合わせを，時間間隔は20分以上にして，開眼で反復すると，標的の神経活動を一時的にとめる刺激になる。 　言葉の例：私は今，○○（標的行動）はやれない，大丈夫 　動作の例：手を胸にあて，離して親指を外で拳，次に中で拳 ②良かった体験100話をまずは簡単に書き出し，それを元に詳細に書き広げる。

2）疑似ステージ（2〜4週間程）
①疑似は標的行動の最終部分等を報酬効果が生じないように主には動作で再現する。 　疑似の回数は1日に20回以上を目指す。制御刺激は1日に5回以上行う。 　制御刺激をしたら，疑似をするまでは，20分以上あける。 　疑似の反復の当初は反応が強い。中断で苦悩などが，制御刺激で安堵などが生じる。 　疑似の反復により主には標的の反射連鎖の最終部分の抑制が反復される。 　疑似の長所は疑似物質および道具等が刺激として存在し続けること。 　疑似の短所は受ける刺激が疑似の刺激に限定され，日常の刺激を網羅しないこと。 ②つらかった体験100話をまずは簡単に書き出し，それを元に詳細に書き広げる。 ③標的行動の描写文作成 　標的行動を行った典型的な一日を選択し，起床から標的行動完了までの状況の変化を，時間を追って4000〜12000字に書き出す。減弱しない刺激として保存できる。

3）想像ステージ（2〜4週間程）
想像の準備として，標的行動をした日を10〜20選択し，その日の行動を100〜400字に書き出す。 ①想像は標的行動をした日の行動を閉眼して報酬効果が生じないように思い返す。 　想像の回数は20回以上を目指す。制御刺激は1日に5回以上，疑似は2回以上。 　制御刺激をしたら，想像までは20分以上あける。疑似と想像は連続してもよい。 　想像の反復の当初は反応が強い。中断で苦悩などが，制御刺激で安堵などが生じる。 　想像の反復により標的の反射連鎖の全体の抑制が反復される。 　想像の長所は多様な経緯で日常から報酬までにある多くの刺激を網羅すること 　想像の短所は反復により想起できる刺激が減り，温存される反射が出てくること。 ②良かった体験とつらかった体験に関して1話読み20単語書き出す作業を反復する。

4）維持ステージ（一生）
制御刺激は1日に5回以上，疑似と想像は1日に2回以上を継続する。 　標的行動の描写文は1週間に1度読む。 　良かった体験とつらかった体験に関して1話読み20単語書き出す作業を反復する。 　維持作業により制御刺激の効果と標的とする反射の低減した作動性を保つ。

声，音，動きなどを，時間的に順序良く，20単語で書き出す。

　つらかったことの読み返しと20単語の書き出しでは，一話ごとの作業において生じたつらさを，最強を10，無を0にして，評価し，記入し，必要な調整に備える。

　つらかったことの読み返しにおいて，反復しても反応が落ちない体験があれば，多くの場合，防御反応を生じさせる過酷な先天的な刺激が連続する体験を含むことがあり，抑制が進まない。治療者はその話を読ませてもらい，過酷な先天的な刺激が連続する部分は削除するかあるいは事実とは異なる他の展開にして，再現を反復することがよい。

V　制御刺激ステージ（第1ステージ）

　著者が条件反射制御法になる働きかけを開始し，展開させてきたのは，主に精神科医療を提供する施設にある40床の閉鎖病棟であった。ヒトが行動するメカニズムの深いところに踏み込むような感覚をもって，手探りで開始し，手順を整えるに従い，さらなる深淵から浮かび上がるかのように気づかされる不足に対応して，現在の構成になっている。

　この項から，著者が勤務する病棟における条件反射制御法の各ステージでの働きかけを示す。なお，すべてのステージあるいは一部を精神科の外来や心理士の相談指導，自助組織等において，つまり，社会内でも安全性に配慮して，効果を上げている施設がある。

　この制御刺激ステージでは，制御刺激とよかったことの書き出しを行う。

1．制御刺激の作成

①制御刺激の概要と効果
　制御刺激は，簡単に3〜5秒ほどで完了し，他者には自然で，自分には特殊になる動作の組み合わせを，環境にある物体あるいは景色を見て，行いながら，自分がこの瞬間において標的の行動をしないことを言う，あるいは言葉には出さず思うというものである。

　例えば覚醒剤乱用が標的行動であれば，著者が患者に指導するものの1つは次であり，各動作は自然であるが，組み合わせることにより特殊になる。

　言葉　　　　　　動作
　私は今：　　　　右掌を胸に当てる

覚醒剤は：	親指が外の拳にして，見る物や景色に向ける
やれない：	親指を拳の内にする
大丈夫：	親指が内の拳を再度強く握る

　上を制御刺激に成長させる刺激として後に示す方法で反復すると，次に示す３つの効果をもつようになる。

　この制御刺激には標的行動に関する単語があることから，この作業を開始した当初は制御刺激が標的の行動を司る反射連鎖に対して促進的に働き，その反射連鎖は作動する。しかし，制御刺激を作動させた後に標的行動を行わず，生理的報酬を生じさせない。その現象により，制御刺激の後の標的行動を司る反射連鎖に抑制が生じる。それを反復することに抑制が重なり，制御刺激を作動させると，その後には標的行動を司る反射連鎖は作動しなくなる。その結果，欲求が生じても，制御刺激を作動させれば，欲求が数秒で消えるようになる。

　また，制御刺激は１つの物体あるいは１つの景色を見て作動させる。毎回，見るものを変え，生活環境の多くの視覚刺激を網羅する。その作業は，制御刺激作動中に環境中の刺激を入れ，その後に，標的行動を行わないことを反復する。従って，この作業を行う者の第一信号系は環境中の刺激により標的行動が生じないように変化する。

　さらに，標的の行動をとめる効果をもつ制御刺激は，他の行動を司る反射連鎖が過剰に作動した際にそれをとめる効果をもつ。行動における方向と駆動は自動車のハンドルとエンジンのようなものであり，ハンドルがいずれの方向を選択しても，エンジンの駆動は共通している。制御刺激が標的の行動をとめるまでに成長すれば，方向を司る反射と駆動を司る反射の両方をとめる。従って，標的の行動への欲求をとめるように成長させた制御刺激は，標的以外の行動が過剰に第一信号系により生じつつある場合，制御刺激を作動させればその行動の駆動をとめる効果をもつ。

②制御刺激をするとき，ところ，目，回数方法

　制御刺激を成長させる作業は前記した言葉と動作の組み合わせを開眼して，生活環境のいろいろな場所で，時間間隔を 20 分以上にして，１日に 20 回以上を目安に反復する。欲求があってもなくても，行う。

　時間間隔を 20 分以上にすることは，一度，制御刺激をすればその後制御刺激の言葉からの刺激を受けないことを保つ。一度制御刺激が現れれば，その後には標的行

動を生じない時間が続くという現象が制御刺激に期待する効果であるからである。その現象を作るために時間間隔をとる。

　１日に 20 回以上を目安にするのは，制御刺激に期待する現象を条件付けるために，頻回に反復することが必要であるからである。

　制御刺激を作動させる頻度に関しては，上記の時間間隔をとることと頻回に反復することは相反するので，その和解点を 20 分にして実施したところ，効果が出たので，それを継続している。

③回数と禁止事項

　このステージでは制御刺激を，毎日 20 回以上を目安に行い，次のステージに入るまでに最低でも 200 回以上を２〜３週間程で行う。後のステージでは毎日５回ほどに減らし，他の作業をしやすくする。

　制御刺激は平安で穏やかな精神状態が始まる刺激であるので，制御刺激を作動させた後の 20 分間は，次の制御刺激はせず，あるいは標的の行動に対する反省もせず，標的の行動に関連する器具等の映像も見てはならない。仮に制御刺激を行った直後など 20 分経ていないタイミングで促進刺激に遭遇することがあれば，標的の行動をしないことあるいはできないことを確認し，その作業により第二信号系から第一信号系に刺激を送り，第一信号系において標的の行動を司る反射連鎖の作動が弱くなることを期待する。その作業は，制御刺激の動作をせず，標的行動をしないことを確認するために制御刺激の言葉のみを言うことでもよい。

④制御刺激の指導と観察

　治療者は患者と一緒に制御刺激の言葉と動作を決定し，制御刺激を何回も一緒に行う。患者が制御刺激をできるようになったら，累積回数を書き込む票を渡す。その票は，制御刺激，後の疑似，想像の毎回の回数を正の字で，毎日増える累積回数を数字で書き込むようになっている。患者は，単独で制御刺激を反復し，回数を記載する。朝昼夕食後と寝る前に，前回の記載から行った治療作業の回数を正の字で積み重ねる。毎日，寝る前に，その時点までの治療作業の累積回数を数字で記載する。この数が毎日増す。

　病棟では職員が，毎日，それらの記載を見て，また，体温と脈拍の測定時に最終の制御刺激が 20 分以上前であれば，目前で患者に制御刺激をしてもらい，必要な指導を行う。

２．良かったことの書き出し

　この作業は，過去に体験した良かったことを，まずは，簡単に 100 話，いつ，どこで，なにがあったかを書く。次に，簡単な書き出しを元に，詳細に 1 話の状況の変化をその事象において見えた人，物，景色，動き，聞こえた声，音などの刺激を主にして，800 〜 1200 字に書き広げる。この作業により体験した事象に関する多くの刺激を再度，体験しながら，100 話すべてについて書き残す。後の，読み返しと 20 単語の書き出しの作業に利用する。

　良かったことの書き出しと後の読み返しに続いて 20 単語を書き出す作業は，行動の駆動性を抑制する働きかけである。

　また，良かったことの書き出しは制御刺激と交互に行うことになるので，後には制御刺激をすれば良かったことを体験していたときの平安な気持ちが生じやすくなる。

Ⅵ　疑似ステージ（第２ステージ）

　疑似ステージでは，標的行動の方向性に対してその一部を再現する疑似を行い，後に読み返すために標的行動の全体を書き出しておく。また，駆動性に対してつらかったことを書き出し，後に読み返すための準備をする。制御刺激は頻度を減らして続ける。

１．標的行動の反射連鎖の一部を再現

①疑似の概要と効果

　このステージにおける疑似では，主には標的の行動の最終部分の連続した動作を再現し，あるいは行動によっては途中のいくつかの部分を断片的に順序正しく再現し，しかし，終末に生理的報酬あるいはそれと同様の効果を生じさせないことにより，再現した反射を抑制する。その作業を重ね，標的の行動の主に方向性を司った反射連鎖の一部の作動性を低くする。

②疑似の方法

　疑似の対象が物質使用ならば，実物に似せた物質や容器，器具を用いて，疑似的に摂取する動作を最終まで完了させる。

　覚醒剤を乱用した者に対しては，小さいビニール袋に入れた白い結晶，樹脂の柔らかい針がついた注射器，水の入ったペットボトル，斜めに切ったストローを準備する。患者は白い結晶を小袋からストローで掬いだし，注射器に入れて，ペットボトルから水を吸い入れ，水溶液を作って，静脈注射の真似をする。

　飲酒を反復した者に対しては，飲用する動作を，例えば，ロッカーの奥においた大型封筒を取りだし，中に入れてあった空のビール缶を手に持ち，開ける真似，飲用する真似をする。

　万引きや痴漢に対する疑似ならば，先天的な反射の割合が多い反射連鎖の部分で再現を終えることは避け，生理的行動が失敗する現象を加え，その失敗からの刺激が第一信号系に入る調整をして再現する。

　なぜならば，反射が作動した後に生理的報酬がない場合の抑制の速度は，後天的な反射においては急速であり患者の行動を変える。しかし，先天的な反射の抑制は進化的に生じるのであり，臨床的には変化は見られない。従って，先天的な反射の割合が多い行動，あるいは先天的な反射が連続する行動まで再現すると，その再現により生じる反応は低下せず，治療的効果は極めて不良である。

　具体的には，万引きに対しては，病棟内の集団精神療法室を疑似店舗にし，疑似商品を棚やテーブルに置く。患者は疑似商品を対象にして万引きを行う。患者は疑似店舗から出て，廊下の所定の位置に，万引きした疑似商品を置く。患者が視認するところで治療者が回収して，患者の視野から去る。この最終の現象により失敗の反応を患者の第一信号系に生じさせる。

　痴漢行為に対しては，集団精神療法室を疑似電車あるいは疑似路上とし，マネキンを設置する。患者は，マネキンに接近した後に，触る時間を5秒以内として，対象がヒトでない冷たい硬い感触を受けさせる。この現象により失敗の反応を患者の第一信号系に生じさせる。

③疑似を開始する際の指導

　疑似の1回目と2回目の治療作業は，治療者が付き添い，方法を教える。

　1回目は完了する。激しい反応が生じることが多い。

　2回目は前もって，中断することおよび疑似動作をどの動作まで行って中断するかを伝える。このとき，最終動作まで複数の動作を残したところで中断するように具体的な動作を挙げて伝える。

　患者は疑似を開始し，自分で中断できることもある。患者が忘れており，中断を

指示した動作を超えて先に進めれば，中断するべきであることを告げると中断する者もいる。あるいは第一信号系の作動に抵抗できず，続ける患者もいるので，次に示すメカニズムで怒りが生じることもあり，暴力を振るわれないように注意しながら，物理的に行動を止める。

　患者が単独で中断に成功すれば，第二信号系の意識的な制御が第一信号系の無意識的な促進より，その時点では優勢に作動したことを示す。中断に失敗すれば，第二信号系の制御が第一信号系の促進より劣っていたことを示す。その場合に，疑似動作が進んでいる患者の動作を物理的に治療者がとめたときには，治療者による中断を患者の第二信号系が把握し，患者の第一信号系と摩擦する。いずれにおいても，まずは，第一信号系と第二信号系の摩擦が生じる。その摩擦の際には，第一信号系による動作の方向，違和感，胸の絞扼感，苦悩等を感じ，第二信号系は対象行動への欲求として解釈し，行動を阻止する治療者に対して，怒りさえ生じることがある。

　その時に治療者は患者に対して，違和感や苦悩等をもつかを問い，回答を得た後に，制御刺激をさせる。制御刺激はすでに200回以上行っており，その作動により第一信号系の反射連鎖の作動はとまるので，摩擦がなくなり，数秒で安堵感が生じる。

　この中断と制御刺激に対する反応が当初に激しく生じる患者は少なくない。疑似であるとわかっていながら中断に反応したことにより，自分が異常な状態にあったことを知る。また，制御刺激で安堵したことにより，条件反射制御法への期待が膨らむ。患者によるそれらの理解が進むように治療者は病態の解説をする。

④回数と禁止事項

　疑似は1日に20回以上を目指して行い，200回を2～3週間程で終える。物質使用障害ならば，患者が単独で行うので，1日20回が可能である。一方，万引きや痴漢は，疑似専用の部屋への移動等があり，職員の関わりを要し，時間を費やすので，著者が勤務する病棟では1日10回で行っている。

　前ステージで開始した制御刺激はこのステージでは，頻度を1日に5回ほどにして継続する。また，制御刺激は標的行動がない時間の開始となるものであるので，制御刺激の後に疑似を20分間はしてはならない。疑似の後に制御刺激はしてよい。

⑤患者による反復および職員による観察と指導

　疑似の開始当初に疑似と観察票の記載の方法を指導した後は，薬物乱用や飲酒な

らば患者は単独で，万引きや痴漢は職員による誘導で，疑似を反復する。

　また，疑似の反復において，10 回の内，9 回は完了し，回数が 10 の倍数では疑似動作を中断し，制御刺激をする。

　反復において中断を 10 回に 1 回行うことは，中断以降の反射を残すことから，中断時には残った反射の抑制をしないことになるので，治療的には中断は効果を妨げる作業である。しかし，後に示すように病態を理解し，改善を把握できるので，治療を行う動機を高める効果が生じる。

　著者の病棟では，反応を記入する観察票を準備しておき，毎回の疑似の直前にそのときに生じている反応，ならびに，疑似直後に，疑似中に生じた反応と終了後に生じている反応，中断時には中断に対する反応と制御刺激に対する反応を観察票に記入する。この記入は 1 回目から 200 回目まで行う。

　当初，激しい反応が生じても，疑似の回数を重ねるに従って反応は徐々に低減することを患者自身が感じる。この低減から，病状が改善してきたことを患者は知る。また，後には観察票を見直すことで，反応の低減が明らかになる。さまざまな反応の変化の中でも，本当の行動ではないと知りながら行っている疑似動作を，自分による中断で苦悩等が生じること，ならびに，それらが低減することは，病状を理解し，改善を感じやすく，治療の動機を効果的に保つ。

　看護師は，毎日，各患者の観察票を開き，反応を示す記載を見て，正しく疑似の完了と中断，制御刺激ができているかを必要に応じて，問い，指導する。

２．つらかったことの書き出し

　このつらかったことの書き出しも，良かったことの書き出しと同様に，まずは簡単に 100 話書き出し，次にその 100 話を詳細に書き出す。この作業の目的は，つらかった体験が生じたときの刺激を再体験すること，ならびにそれらの刺激を書き残しておくことである。

　上記の指示を患者に出すことで多くの場合は効果的な書き出しがなされる。しかし，PTSD あるいはそれに近い症状をもつ患者に関しては，書き出した描写文を読み，トラウマを構成する先天的な反射が連続した部分には変更を加えることがある。

３．標的行動の描写文の作成と後の読み返し

　標的行動を反復する生活の典型的な一日を選択し，起床時から日常の生活を経て問題行動を完了するまでの行動を作文用紙 10 〜 30 枚に，自分の行動とその場面に

出てきた人，物，声，音などを詳細に描写する。この作業で，自分が問題行動を反復する生活の中にあった刺激を順序よく並べて書き出すことになる。

　この描写文についても，反復する行動が物質使用障害ならば摂取の成功までの描写を完成させるべきである。しかし，万引きや痴漢行為，その他の本能行動の過剰な表出がある描写文は，後の読み返しにおいては，先天的反射が連続する部分は削除するか，明らかな失敗に変更することがよい。

　この描写文の作成は疑似ステージの当初に行う。その時期に行う理由は，先に疑似を反復して反射連鎖の抑制が進むと行動をどのように進めたかを思い出せなくなり，効果的に反射連鎖を刺激できる描写文を作成できなくなるからである。

　その描写文を後の維持ステージで週に1度読むことを反復する。

Ⅶ　想像ステージ（第3ステージ）

　想像ステージでは，標的行動の方向性に対して全体を再現する想像を行い，駆動性に対して書き出した良かったことおよびつらかったことを読み返し，読んだ話を始めから順序よく思い出しながら出てきた物体等を単語で書き出す。制御刺激と疑似は頻度を減らして続ける。

1．標的行動がある生活の反射連鎖の全体を再現

①想像の概要と効果

　前ステージでの疑似において再現する動作等の対象は，主には標的の行動の最終部分あるいは途中のいくつかの部分であった。一方，このステージで行う想像において再現する対象は，制御する標的行動が生じた日の起床時から日常の生活を経て標的行動の完了まで，あるいは，行動が本能行動の過剰な作動であれば起床時から日常の生活を経て一部に変更を加えた標的行動の完了までである。つまり，標的の行動を関係ないと思いがちな日常生活も再現する。この作業を反復する。

　なぜならば，標的の行動を反復した生活の一日は，覚醒し，日常生活を送り，その後，標的の行動の準備をし，標的の行動を開始し，行い，完了して，生理的報酬が生じるものであった。生活の中で逸脱した行動等の発現が反復したのは，起床時から日常生活を経て，標的の行動を完了するまでの行動が反射連鎖で司られるようになっていたからである。想像は，さまざまな経過で標的行動を司った反射連鎖の起点から最終の後天的な反射までを抑制することを目的とする。

　想像は閉眼して，行動した空間の視野全体を細部まで再現するので一時的にも疑似より多い刺激を，より長い時間に渡って再現し，第一信号系に入力するものである。従って，開始当初の想像は多くの刺激を再現する点で疑似に優る。しかし，後に想像の反復によりある反射の作動性が低減し，反応が弱くなると，次の反射に対する刺激が弱くなる。一方，疑似は，偽物ではあるが実在の道具を使って反復後も確実に刺激を入れるので，刺激自体は変化しない。従って，刺激を保持する点で想像は疑似に劣る。つまり，疑似と想像は補完的である。

②想像の方法

　想像を開始する前に，標的の行動をした日の起床時から標的の行動までを 20 話ほど，100 字から 400 字で書き出しておく。条件反射制御法に想像を加えた当初，想像を反復した後に，記憶がなくなり，想像ができなくなることがあった。それを予防するために，標的の行動をした日の概要を書いておく。

　毎回の想像の開始前に書き出した概要を一話読み，それを起床時から行動の完了まであるいは最終部分を調整して，想像する。

　想像においては多くの刺激を再現する。例えば「朝，起きて，トイレに行った後，台所でコーヒーを作って……」と想像するのではない。正しくは，「朝，起きて，かけ布団を右手でのけ，ベッドの左に降りて，2 m 程歩いて，右手でドアノブを回して，押して開き，廊下に出て，右側に歩く。突き当たりまで 3 m 程歩いて，右手でドアを回して，引いて開け，トイレに入って……」と，多くの刺激を再現する。日常生活，および，覚醒剤を準備する動作やアルコール容器を手に持ってからの動作，万引きをした店舗の状況，痴漢をした場所や対象者の身長や髪型，衣服も詳細に表現し，環境から受ける多くの刺激を再現するように指導する。

　また，疑似と同様に想像においても，再現の終末において，生理的報酬や類似の作用が生じないようにする。

　後天的な反射を本流とする物質使用障害は最終の行動まで再現する。覚醒剤ならば注射や吸引の完了まで，飲酒ならばアルコール飲料の嚥下まで想像する。

　一方，先天的な反射を本流とする本能行動の過剰な表出の差異に注意して，再現する行動の細部を次のように調整する。

　万引きの想像では，店舗で万引きし，安全な場所まで移動してバッグの中を見たら，万引きした商品がなかったという経過にする。痴漢の想像では，電車の揺れなどを利用して対象の女性に近づき，臀部に触れた瞬間に，対象の女性が杉の大木に

なったという経過にする。

　非現実的であるが，第一信号系の反射連鎖を抑制するという点からは合理的で必要な調整である。また，患者は改善を目的に治療を受けているので，第二信号系は目的を遂行しようとする。その努力を職員が支えるよう働きかける。

③想像を開始する際の指導

　想像の1回目と2回目は，患者が前項で示したように行動の詳細まで想像するように，想像を口述させながら治療者が誘導し，方法を教える。

　1回目は完了する。想像している最中に，映像が見えるか，動画か静止画か，色つきか白黒か，物体の色は何色か，物体の辺縁は明確か，音声，臭覚，温度覚，触覚の有無等を問う。最終部分が近づくにつれて，前のステージにおいて疑似を重ねて反応がなくなっていた患者にも再度，強く反応が生じることが多い。日常生活の多くの刺激で生じた反応が，疑似で抑制していた反射連鎖に刺激として流れ込み，再度，その反射連鎖を作動させるものである。その再度，活発になった現象のメカニズムを患者に伝え，想像の作業も十分に行うことを指導する。

　想像を完了した場合は，想像した行動の中に出てきた人，物，声，音，動き，光景などを時間的に順序良く20単語で書き出す。この書き出す作業は，想像した行動を刺激を明確に意識しながら再度辿り，抑制を効果的にする。また，仮に治療作業を怠る傾向にある者でも，刺激を書き出すことにより標的行動の始めから完了までを再度辿ることを避けられないようにして，治療作業の実施と効果をより確実にするものである。

　2回目は前もって，中断することおよび疑似動作をどの動作まで行って中断するかを伝える。

　患者は想像を開始し，自分で中断できることもある。患者が忘れていれば，治療者が中断を促すと，患者は多くの場合，中断する。患者が中断しない場合は，治療者は大きな声で強く誘導し，閉眼のまま中断させる。

　中断した時に治療者は患者に対して，違和感や苦悩等をもつか，映像はどのようなものかを問い，回答を得た後に，閉眼のまま制御刺激をさせる。制御刺激はすでに200回以上行っており，その作動により第一信号系の反射連鎖の作動はとまり，摩擦がなくなり，数秒で安堵感が生じる。また，見えていた映像が真っ暗になる現象や缶ビールを置いたテーブルが遠ざかる動画，店舗のライトが消えシャッターが下がる動画などが生じることがあり，それらは第一信号系が標的行動の促進を終え

る際に意識される現象である。

　想像を中断して制御刺激をした後は，20分間は促進刺激を受けてはならないので，想像した行動の中に出てきた事物を20単語で書き出す作業はしない。

④回数と禁止事項

　想像は1日に20回以上を目指して行い，200回を2〜3週間程で終える。後のステージでもこの作業を，頻度を1日に2回ほどにして継続する。

　想像と想像，あるいは想像と疑似の時間間隔はとらなくてもよい。

　制御刺激との時間間隔は，疑似と同様に，制御刺激をすれば，その後の想像までの時間は少なくとも20分以上あける。想像の後に，制御刺激をしてもよい。

　このステージでは，制御刺激は1日に5回以上，疑似は1日に2回以上行う。

⑤患者による反復および職員による観察と指導

　想像の開始当初に想像と観察票の記載の方法を指導した後は，患者は単独で想像を反復する。また，想像の反復においても，10回のうち，9回は完了し，回数が10の倍数では想像を中断し，制御刺激をする。目的は疑似と同様である。観察票も用いる。

　職員は，毎日，各患者の観察票を開き，反応を示す記載を見る。また，万引きと痴漢の想像において，最終部分の行動の調整をどのようにしているかを患者から聞く。それらに対して，必要な指導をする。

2．体験の読み返しと20単語の書き出し

　このステージに入るまでに詳細に100話ずつ書き出した良かったこと，つらかったことを用いる。それらの1話を読んで，その話を再度思い出しながら，出てきた人，物，景色，動き，音，声などを時間的に順序よく20単語書き出す。この作業を，1日にそれぞれ1話から5話反復する。

Ⅷ　維持ステージ（第4ステージ）

　維持ステージは退院前に開始し，一生継続する。想像ステージで行っていた治療作業を，頻度を減らして行い，新たには，週に一度の標的行動の描写文の読み返し，並びに毎日の最大の出来事の振り返りを加える。

1．維持ステージの目的と期間

　過去に過剰に作動して標的の行動を生じさせていた反射は，想像ステージの終了までの治療により相当な程度に治まっている。また，制御刺激が過剰な反射をとめる作用は強力になっている。

　このステージの作業はそれらの反射の状態を維持し，より安定させるのが目的である。

　仮に，維持作業をせずそれらの反射を放置すると，この論説の第一信号系の特性で解説したように，反射の作動性は元に戻る。つまり，標的行動を司った反射は回復し，制御刺激は効果を失い，標的の行動は再度生じることになる。

　従って，維持ステージの期間は一生である。

2．維持ステージの概要と各作業の頻度

　このステージでは前ステージまでに行ってきた治療作業を，量を少なくして継続し，さらに，後の①および②を加えて，行う。

　各作業の頻度は，毎日，制御刺激を5回以上，疑似を2回以上，想像を2回以上（完了のときは20単語の書き出しをする），体験の読み返しと20単語の書き出しは良かったことを2話以上，つらかったことを2話以上，次の一日の最大の出来事の書き出しと読み返しは毎日1話，1週に1度は標的行動の描写文の読み返しを行う。安定すれば，作業量を減らす。

①標的行動の描写文の読み返し

　標的行動を反復する生活の典型的な一日の描写文を疑似ステージで作成した。その描写文を週に1度読むことを反復する。自力では思い出せない刺激を確実に第一信号系に入れることができる。初回は強く反応することがあっても，2回目には反応は大きく低減する。

②毎日の最大の出来事の書き出しと読み返し

　就眠前にその日にあった最大の出来事を，良かったかつらかったかにこだわらず，1つ選択し，数行で書き出し，10回ほど読み返す。

　良かったことはますます良くなり，つらかったことや悔しかったことは読み返しを反復すると徐々に反応が和らぐ。

3．観察と指導

①治療者側からの積極的な働きかけ

　治療作業をやめると再発の危険性が高まることを解説書やテストを用いて入院中に伝えていても，過去には退院後に維持作業を怠り，再発する者が少なくなかった。従って，治療者側から維持作業を支える働きかけを積極的に行うことがよい。

　外来に通院する患者は，受診する際は必ず作業回数記録票をもってきてもらい，それを医師が見る。また，毎日，あるいは毎週，あるいは毎月，LINE やメールを用いて，作業回数累積票や 20 単語を書き出したノートの写真を担当医に送るよう患者に指導し，実行する。

　条件反射制御法を取り入れている回復支援施設の一部には条件反射制御法の担当者がおり，その者が入寮者の作業回数累積票や 20 単語を書き出したノートを見る。あるいは，過去に万引きを反復し，入院で条件反射制御法を受けた者に対して，社会内で疑似万引きをする施設もある（鈴木・川口，2021）。

　事件を起こして保釈中に条件反射制御法を開始し，その後，実刑を言い渡され，服役している者には，毎月あるいは数カ月に 1 度，作業回数累積票を送り，治療作業を促す。

②治療作業を観察する方法

　患者が行う治療作業の書き出しを見ることは，維持作業をしていることを観察できるよい方法である。しかし，想像した後，あるいは体験を読み返した後に，20 単語を書き出す作業において，想像や読み返しを怠り，すでに行った 20 単語の書き出しを全く同様に書き写したと思われる記載を見つけることがある。通常の精神機能をもつ患者であれば，そのような怠慢な作業でも，書き出した 20 単語を書き写すだけで，その作業により刺激を受け，不十分ながら効果がある。ところが，同一逸脱行動を反復して生じさせる患者の一部には言葉の刺激による反射の作動が不良な一群があると著者は感じている。従って，20 単語を書き出していることを治療者が見るだけでは，維持作業を効果的には支えない。

　そのような者に対しては怠慢による反射連鎖の回復を予防できるように，想像の後に，20 単語の書き出しの代わりに，1 回の想像につき紙芝居のように連続した 6 枚の描画を 6 分割した A4 の紙面に描く指導を行い，患者による実行を後に職員が描画を見ることにより確認している。

IX　条件反射制御法の安全性と対応体系について

　前項まででヒトが行動する本当のメカニズム，並びに，そのメカニズムを基盤理論として展開してきた条件反射制御法を示した。この項では条件反射制御法が安全な構成になっていること，並びに反復する行動に対応する治療体系内での精神科医療施設等と回復支援施設等の連携における各役割，並びに治療体系と刑事司法体系の連携における各役割を，ヒトが行動するメカニズムに従って示す。

1．条件反射制御法の安全性について

　過去には著者は，覚醒剤をやめられない外来患者に対しても覚醒剤を乱用した理由や状況などを考えさせる指導をした。目的は誤った考えを改訂させ，危険な状況を避けさせるためであり，当時は正当な指導だと考えたのだが，今になると病態を理解していなかったために行った危険な指導であったと考える。覚醒剤摂取行動を強く生じさせる反射を前もって処理しないままに，覚醒剤を乱用する理由や状況などを社会内で考えさせることは，覚醒剤を探し，摂取する行動を司る反射連鎖を刺激し，反応を生じさせ，再発の危険性を高めるものであったのである。

　したがって，条件反射制御法を社会内で行う施設では，まずは制御刺激を行い，良かった体験を書き出して読み返す期間を長期にして，標的の神経活動の作動をとめる条件反射をまず作成し，日常生活を送る空間を安全なものにしておく必要がある。また，疑似を行った際にはその後十分な時間をかけて精神を安定させて，自宅等へ帰すなどの対策が求められる。実際にそのようにして効果を上げている精神科クリニックがある。

　著者は病棟という閉鎖空間で条件反射制御法を行うので，治療作業が社会内での違法な行動に結びつく恐れは少ないことから，重篤なケースにも強い反応が生じる刺激を与える。それでも，条件反射制御法を進める手順をこの解説に示したとおりにして，苦悩や欲求，衝動を少なくし，患者に生じる不快な気分や苦悩を軽くし，欲求や衝動に従って退院を求める可能性を低くすることも目的である。

　条件反射制御法のステージの進行が制御刺激，疑似，想像の順になっているのは，標的行動を促進する刺激をまずは僅かに入れ，その後段階的に増やすためである。各ステージで新たに出会う刺激を少なくして，それらで作動する反射を各ステージで抑制し終えた後に，次のステージに進むことを重ねる。条件反射制御法はその構

成をもって，患者に一度にかかる負荷を小さくすることと最終的には多くの刺激を連続的に受けても反応が生じないように反射を抑制することを実現している。

また，体験の書き出しは良かったことを先に，つらかったことは後に行い，つらかったことの書き出しにおいて生じる可能性のある苦悩への対応を準備しておく。

まず行う制御刺激を反復するステージでは良かったことの書き出しを行い，制御刺激により安定した精神状態を生じさせる条件反射を成長させておく。疑似ステージに入って，つらかったことの書き出しをすると，強く反応し，不安が生じ，ときには恐慌状態に陥る。その際には，制御刺激をして，良かったことの読み返しをするなどして対応する。

看護師は入院当初には条件反射制御法の進行の全体を説明し，新たなステージの開始時には治療の概要を説明し，試験と解説を反復して患者による理解を深める。また，可能性のある反応や不安，恐慌状態についても予告しておく。反応が生じて不安になった患者には，いずれの時間帯にも病棟には看護師がおり，反応は必ず低減することを伝えられる。また，恐慌状態に陥った患者には制御刺激と良かったことの読み返しに看護師が同伴するなどして，患者が条件反射制御法を進められるように支える。

最終のステージで行う維持作業が継続されるためには，ヒトを含む現生動物の形質は進化の結果であり，放置された反射は回復する現象があることを理解しなければならない。その理解により，治療者は患者による維持作業を支える義務を感じ，また，患者は維持作業の必要性を納得しやすく，再発を予防する可能性が高まる。

2．条件反射制御法の基盤理論が整理する各機関の役割

①精神科医療等と回復支援等の連携での各役割

特定の行動を反復する者は，必ず，環境からの刺激に対してその行動を司る反射が過剰に作動する状態にある。それに対応するのが条件反射制御法であり，それを主に提供するのは精神科医療や相談機関等である。

また，特定の行動を反復する者の一部には特定の行動を若年時から反復し，学業や就労を怠り，規則的生活を送る能力や対人関係能力を成長させないままに青年期以降に至った者，あるいは一旦はそれらの通常の成長をした後に長期に特定の行動を反復した者がいる。それらの者においては，通常の社会生活における多くの基本的な行動を司る反射連鎖の作動が不十分である。それに対応するのが，自助的組織による集団生活あるいは精神科デイケア等での生活訓練である。日常生活の多様な

局面において社会規範に従ったさまざまな行動を司るそれぞれの反射連鎖が円滑に作動するように成長させる訓練が提供されるべきである。

　環境からの多様な刺激に対して，ヒトは第一信号系と第二信号系が各中枢作用で反応を生じさせて行動する。第一信号系に通常の社会生活を阻害する過剰な反射あるいは不足した反射があり，それらが第二信号系より優勢であれば社会生活は破綻する。あるいは，過剰な反射あるいは不足した反射があり，それらを第二信号系が大きな摩擦を生じながら，行動を社会生活の範囲内に収めているならば，そのヒトにはストレスがかかり，不健康であり，些細な逸脱は生じ続ける。

　さまざまな刺激に対して求められる社会的な行動を第二信号系が理解し，その行動を無意識的につまり大きな努力を必要としないままに第一信号系にあるそれぞれの反射連鎖が，過剰に作動せず，また，不十分に作動せず，丁度良く作動するように調整するのが治療体系の役割であるという理解が，援助機関間の連携を成立させる。

②治療体系と刑事司法体系の連携での各役割

　第二信号系の制御を超えて反復して生じる行動は，薬物乱用や万引き，痴漢行為，放火，ストーカー行為等であり，違法であるものが少なくない。

　治療体系はそれらを生じなくするために，第一信号系への働きかけをする役割を負う。その役割を果たすためには，各援助機関は対象者がそれらの行動をした直後にも取締機関に通報せず，受け入れる態勢をもつべきである。そうでなければ，疾病に基づいて違法行為を反復する者が治療を求められず，検挙されなければ社会内に放置される。各援助機関は対象者を取締機関に通報しない態勢を広く宣言し，治療等を開始するべきである。その態勢は社会の平安を守るために欠かせない援助側の態勢であり，これを社会全体で支持する意識が必要である。

　また，治療体系の職員等は働きかける信号系を第一信号系に限らず，第二信号系にも援助的な態勢の範囲で働きかけるべきである。著者は，患者による規制薬物乱用の最終使用から 2 週間程経た後に，つまり証拠がなくなった時点で，同意した対象者を取締官と面接させることを実施しており，その面接の後には患者の第二信号系が規制薬物から離れるように強く作用する（平井，2002）。

　刑事司法体系も対象はヒトであるので，ヒトの行動に作用するには第一信号系と第二信号系の両方に働きかけるものでなければならない。

　しかし，特定の違法行為をして検挙されることを反復された者により，さらに新

たに同一の違法行為が再現された場合，その行為の原因は，第二信号系の制御を超える程に強化された第一信号系の反射である。しかし，その行為に対して刑事司法体系は刑罰を科す。刑罰の作用は第二信号系に向かうものであるので，刑事司法体系が対象とする行為の原因に処遇が対応しておらず，累犯者が多く作られている。

　刑事司法体系は，その特性は強制力であり，また，社会からは違法行為の初発および再発の予防を期待されている。従って，刑事司法体系は，次のように現行制度の一部を保ち，また，その強制力が治療や訓練の提供にも用いられるように新たなところを加える必要がある。

　広く一般の者の第二信号系に対して，刑事法体系は反復傾向のある違法行為を検挙する現在の態勢を保ち，反復傾向のある違法行為を開始させないことに効果を上げるべきである。

　すでに反復傾向のある違法行為を開始して行っている者に対して，その行為から離れさせるために，検挙した者に対しては，検挙の対象になった行動を促進した第一信号系に対しては必要な治療等を強制する法を創設するべきである。また，検挙した者の第二信号系には，検挙された行為に関してそれを促進する第一信号系に抵抗できる制御能力が第二信号系にある状態でなされたものであれば，抵抗を怠ったことに刑罰を科し，あるいは，逆に検挙された行為に関してそれを促進する第一信号系に抵抗できる制御能力が第二信号系にない状態でなされたものであれば，第一信号系が強く作動する疾病状態に対する必要な治療等を検挙までに受けなかったならば，そのことに対して刑罰を科す法を創設するべきである（平井，2010, 2011, 2019）。

X　おわりに

　次の2つの文を見比べよう。

　数学の問題を解く方法には，いろいろな考え方がある。
　精神科領域の技法には，いろいろな考え方がある。

　数学の問題を解く方法は，さまざまな方法があっても，1 + 1 = 2のような基本は絶対に外さない。
　一方，精神科領域の技法にいろいろな考え方があるという表現は，基本さえ多様

であることを含んでいる。ヒトの行動が生じるメカニズムを軽視した表現である。

　刑事司法体系に至っては，ヒトは考えて行動するという前提で法を規定しているので，刑事司法体系の作用は第二信号系が優勢なヒトに有効である。しかし，特定の違法行為を促進する第一信号系が第二信号系より優勢なヒトに対しては現行制度の作用は，的を外している。結果もその的外れに従って刑務所内には同一違法行為を反復したヒトが多い。現在の刑事司法体系は，特定の違法行為に囚われた個人を治さないだけでなく，そのまま社会に戻す態勢があり，社会の平安を守り切る制度にはなっていない。

　精神医学と刑法学は，ヒトの行動を変更して社会に適応させようとする学問であり，ヒトが中枢の一部に進化の過程で成立した第一信号系をもつことから，必ず自然科学でなければならない。従って，治療体系と刑事司法体系はいずれもヒトが行動するメカニズムに関して共通の理解をもって，さまざまな経過と状況への対応を準備しなければならない。

　条件反射制御法は精神科領域の技法であり，強力な効果をもち，それを安全に提供できる理由は，その技法の基本と構成がヒトの本当の行動メカニズムに従ったものであるからであろう。その行動メカニズムに従って，治療体系と刑事司法体系の基本的な機能に基づき，2つの体系の連携案（平井，2017）をすでに著者は構成した。今後，議論を加えて，精度の高い改訂刑事司法体系の案に成長させていく。

文　　献

平井愼二（2000）薬物乱用対策における取締処分と援助の連携のあり方．法と精神医療，14; 19-38.
平井愼二（2002）薬物乱用者の診療における尿中薬物検出検査の目的と効果．精神科臨床サービス，2(3); 303-310.
平井愼二（2007）条件反射による物質再摂取促進と診断．日本アルコール精神医学会雑誌，14; 27-34.
平井愼二（2010）覚せい剤の自己使用犯に対する刑事弁護等への期待．季刊刑事弁護，64(4); 42-47.
平井愼二（2011）嗜癖行動のメカニズムに従った薬物需要削減のための連携．犯罪と非行，169(3); 50-71.
平井愼二（2015）条件反射制御法―物質使用障害に治癒をもたらす必須の技法―．遠見書房．
平井愼二（2017）同一違法行為を反復する中枢と裁判制度私案．条件反射制御法研究，5; 60-70.
平井愼二（2019）治療等を求めなかった不作為に対する刑罰と∞連携．条件反射制御法研究，7; 31-40.
西村武彦（2013）条件反射制御法による投薬エラーの予防．条件反射制御法研究，1; 61-64.
鈴木康之・川口徹（2021）病的窃盗に対する回復支援施設での維持作業．条件反射制御法研究，9; 32-36.
安田浩二・西村武彦（2020）処遇方針決定と条件反射制御法実習の看護師の関わりによる治療環境の安定化．条件反射制御法研究，8; 54-60.

第9章

ホロニカル・アプローチ

定森恭司・千賀則史

I　はじめに

　筆者らは，児童相談所，施設，学校，開業などの現場で，虐待，ハラスメント，非行，発達障害，不登校・ひきこもりなどへの心理社会的支援を行ってきた。こうした福祉・教育領域の現場においては，多層多次元にわたる問題が複雑に絡み合っている事例が多く，単一の理論や技法だけでは通用しなかった。既存の一理論，一技法，自分の専門領域を超えた統合的アプローチの理論化が求められる中で創出されたのが内的世界と外的世界を共に扱う統合的支援方法のホロニカル・アプローチであり，今なお実践を通して深化し続けている。本章では，このように現場実践から生まれたホロニカル・アプローチの歴史的経緯，基礎となる考え方，実践方法について紹介する。

II　ホロニカル・アプローチの歴史的経緯

1．誕生の背景

　ホロニカル・アプローチの原点となる着想は，本章の筆者である定森恭司が児童相談所に心理職として勤務していた 1980 年代まで遡る。当時の児童相談所は，施設福祉から在宅福祉へ転換された障害児・者の地域療育や障害児保育・教育の最前線であった。また，少年非行が戦後第三のピークと呼ばれ，全国では校内暴力事件が相次いでおり，定森が担当する市内の中学校も例外ではなかった。こうした問題に対して，従来の非日常性を重視した内省的，自己洞察的なアプローチでは適切に

支援することができなかった。相談動機に乏しく，相談関係の成立すら困難な事例に対して，心理職といえども，面接室で待っているのではなく，家庭・学校・地域などに出向いていくような積極的な対応が求められた。

　こうした実践の中で，次のような課題が明らかになり，その後のホロニカル・アプローチ誕生の背景となった。

①問題の原因や犯人捜しを因果論的に分析し対策を図るという枠組みでは，支援が行き詰まるばかりで，かえって問題をこじらせていることが多いこと
②苦悩（症状や障害を含む）とは，場所の抱えるさまざまな矛盾を自己に映し，自己内に抱え込むことから起きていること。例えば，ある非行少年の生徒がクラス担任を殴り倒した瞬間には，「非行少年自身や家族の問題だけではなく，生徒を取り囲むクラスの問題，学年の問題，学校全体の問題，地域社会の経済・文化の問題，地域社会の問題を生み出した歴史の問題，神経・生物学的問題，もっと突き詰めていうならば，宇宙開闢以来の一切合切の矛盾」が包摂されていること
③場所を共にする被支援者と支援者（関係者を含む）が，生きづらさを契機に，内的世界および外的世界との関係を，共同研究的協働作業を通して見つめ直すことのできる場を構築し，被支援者と支援者が共に変容することが重要であること
④安全かつ安心できる適切な場所は，適切な自己の発達を促進すると考えられること

2．現在に至るまでの経緯

　ホロニカル・アプローチは，現場実践の中から創出されたものであり，最初は，「名もなき理論」であった。しかし，この理論により，明らかに効果的な変容が生じ，健全な自己の発達を促進する手応えを得ることができたため，「名もなき理論」を裏付ける試みが始まった。こうした作業を通して，ニューエイジ運動や複雑系のニューサイエンスと相似的パラダイムであることを知った。哲学・思想では，現象学やポストモダンが近く，日本では，西田幾多郎の哲学や井筒俊彦の東洋思想が参考になった。宗教では，唯識論や華厳思想との親和性があることなども少しずつ明らかになってきた。また，伝統的な心理療法を乗り越える形で出てきた家族療法，プロセス指向心理学やシステム論やナラティヴ論，最近では，認知行動療法，EMDR，マインドフルネス，脳科学も参考になっている。

　前述したように，ホロニカル・アプローチの最初の着想は40年以上前にに生ま

れたものであり，定森が「ホロニカル」と個人的な研究日誌に命名したのは1990年であった。その後，研究会や心理学関係学会で公開されてきたものの開業の臨床心理士の定森による在野研究の中で深化し続けてきた理論であり，論文や書籍としてまとめられたものは数少なかった。そうした中で，『教師とカウンセラーのための学校心理臨床講座』（定森編，2005），『ホロニカル・セラピー』（定森，2015）が公刊された。さらには，広く心理社会的支援に携わる対人援助職のために『ホロニカル・アプローチ』（定森・定森，2019）が公表された。現在では，医学モデルに基づく「治療」とは異なる立場を明確化するために「セラピー」という表現を避けて，「ホロニカル・アプローチ」と呼んでいる。本章の共著者である千賀との共同研究は，定森恭司が発起人代表，定森露子が発起人副代表となり，2019年5月に千賀を代表として「対人援助職のための『統合的アプローチ研究会』（Association of Integrated Approach; AIA）」が設立されたことで加速化し，今日に至っている。

Ⅲ　ホロニカル・アプローチとは

1．“こころ”とは

　心理療法とは，日本語でいうところの“こころ”を扱う営みである。しかし，東洋と西洋では，“こころ”の捉え方が大きく異なる。実際に，“こころ”に相当する英語は，「mind」「heart」「spirit」などがあげられるが，厳密にはニュアンスが異なるため，“こころ”を的確に翻訳することはできない（Senga, 2021）。西洋では，自己や世界を観察対象として，識別する作用に“こころ”（精神・意識）をみる。その一方で，東洋では，“こころ”は「無」とし，自己と世界のすべての現象に“こころ”の作用を見る。ホロニカル・アプローチは，東洋思想の影響もあり，“こころ”を「絶対無」「空」と考える。漢字表記による誤解を避けるために数字で表現するならば，「0」となる。潜在的に「0」のものが，観察主体と観察対象の組み合わせの差異による重々無尽の「∞」の現象世界となって自己にとっては実感・自覚されると考える。

　西洋では「無」を「有に対立するもの」と捉えるが，東洋では「無」を「有無を包んだ中にあるもの」や「有無の対立をも超越して成立させるもの」と捉える。ホロニカル・アプローチは，“こころ”を「絶対無」と考える。東洋哲学でいうところの「絶対無」とは，「何もないもの」という虚無的な意味ではなく，「すべてを創り出すもの」という創造的な意味であり，“こころ”とは，多層多次元的な多彩な顕

れ方をするものであるとみなす。

2．ホロニカル・アプローチの定義

　ホロニカル・アプローチは，「生きづらさを契機に，"こころ"の内的世界および外的世界を自由無礙に俯瞰することによって，より生きやすい生き方の発見・創造を促進する支援方法」（定森・定森，2019）と定義される。Sigmund Freud, Carl G. Jung, 家族療法，プロセス指向心理学, システム論, ナラティヴ・セラピー, トランス

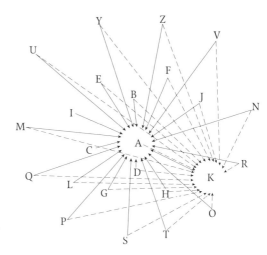

図 1　事事無礙・理事無礙　（出典：井筒（1980）より）

パーソナル心理学に加えて，西洋哲学から東洋哲学までをバックボーンにしている。

3．ホロニカルとは

　ホロニカルとは，「部分と全体の縁起的包摂関係」を意味する。ホログラフィック・パラダイム（Wilber, 1982）やホロン（Koestler, 1978）の概念の影響を受けてつくり出されたオリジナルの概念である。「部分」は「全体」に含まれるとともに，「部分」もまた「全体」を含もうとする。自己（部分）と世界（全体）もホロニカルな関係性をもち，"こころ"がホロニカル性をもつと考える。

　Aという多の一は，Aという中に，他のB，C，D，E，F……というあらゆる他との関係によって限定されながらも，B，C，D，E，F……との関係を包摂してAとして振る舞い続けようとする。

　Aは独立自存的に存在しているわけではなく，Aではないものとお互いに縁起的な関係性の世界をつくり出している（図 1 ）。

　ホロニカル・アプローチでは，ある心的問題には，クライエントの内的・外的世界をめぐるすべての問題が含まれていると捉える。ある心的問題は，単なる部分の問題ではなく，ある心的問題（部分）の変容は，自己や世界（全体）の変容に関係し，全自己や世界（全体）の変容は，ある心的問題（部分）の変容に深く関係すると考える。このように，ある部分には，全体が包摂され，全体にはある部分が包摂

されるというホロニカルな関係がホロニカル・アプローチの中核概念としてある。

4．フラクタル構造

　部分と全体が自己相似的構造になっていることを複雑性の科学ではフラクタル構造という。フラクタル図形としては，コッホ曲線が有名である。雪の結晶，植物の葉脈，樹木の枝葉なども典型例であり，生態系，生物，生物を構成する臓器や組織などにも発見される。

　ホロニカル・アプローチでは，被支援者の内的世界や外的世界をめぐる観察主体と観察対象の多層多次元にわたってフラクタル構造をもつ悪循環パターンの発見に努める。例えば，精神分析でいうエディプス・コンプレックスは，家庭では父子関係の確執として，職場では上司との対人緊張として，心身医学的には過敏性腸症候群として診断されるなどがフラクタル構造の例としてあげられる。一見するとバラバラの問題があるかのように思われるテーマが，観察主体と観察対象を置き換えると批判的な観察主体が観察対象を抑圧するという同型のパターンが発見できるのである。ホロニカル・アプローチでは，多層多次元にわたって悪循環パターンを繰り返しているフラクタル構造を発見したときには，最も取り扱いやすく変容の見込みのある小さな悪循環パターンを見つけ，その変容を丁寧に扱っていく。すると，部分と全体はホロニカル関係にあるため，小さな意味のある変容は，やがて大きな意味のある変容につながっていくと考えられる。

5．ホロニカル・アプローチの統合性

　ホロニカル・アプローチでは，あらゆる理論や技法は，“こころ”という複雑な現象をめぐる観察主体と観察対象の組み合わせの差異として，体系的・統合的に見直すことができると考える。例えば，客観的に記述可能な行動・認知の変容を対象とする認知行動療法と，過去の親との関係などの経験と記憶から形成された表象などの内的対象関係を扱う精神分析，家族関係や人間関係などの外的対象関係に焦点を当てるシステム論は，多層多次元な“こころ”の顕れの，どの層，どの次元に，被支援者や支援者がどのような観察主体から，どのような構えから観察しようとしているのかという差異として統一的に記述することができる。このように，観察主体と観察対象の関係の差異に注目することで，心理社会的支援に関する既存の理論や技法を場の状況に応じて自在に扱うことが可能となる。

Ⅳ　ホロニカル・アプローチの主要概念

1．自由無礙の俯瞰

　ホロニカル・アプローチの重要な用語として「俯瞰」があげられる。一般的に，俯瞰というと，鳥瞰的視点を意味する場合が多いが，ホロニカル・アプローチの「自由無礙の俯瞰」とは，ある出来事を観察対象とし，無限のミクロの点の立場から観察するとともに，無限のマクロの球の立場から観察し続けることである。通常，人は観察主体か観察対象のいずれかしか意識化しない。そのため，観察主体と観察対象の関係が，何らかの悪循環パターンに陥っていても，なかなか自力では負のスパイラルから抜け出せなくなる。こうした場合は，観察主体と観察対象の不一致・一致の関係を新たな適切な観察ポイントから，自由に柔軟に観察する場をもつことが重要となる。無限の俯瞰によって，観察主体と観察対象の組み合わせによって生じる多層多次元にわたる現象世界が，あらゆる部分と全体の関係が縁起的包摂関係（ホロニカル関係）にあることの実感・自覚を促進することができるからである。こうした実感と自覚の深まりは，やがて「絶対無分別の世界」と「重々無尽の分別の世界」が，華厳思想の「一即多・多即一」の関係にあるという「主観即客観」「客観即主観」の体験をもたらす。また，こうした俯瞰の確立が，観察主体と観察対象の不一致に伴う自己と世界の悪循環パターンから脱却し，過去の自己と世界の関係性の見直しを促進し，自己と世界の一致に向かって，よりよい人生を創造することを可能にする。

2．不一致・一致

　ホロニカル・アプローチは，自己と世界の出あいの不一致・一致という"ゆらぎ"に注目する。自己と世界の関係は，不一致となったとき，主客が多層多次元にわたって対立し自己に生きづらさをもたらす。対照的に，それらが一致すると，主客合一となり，ホロニカル・アプローチで「ホロニカル体験」と呼ぶ忘我脱魂の無我の境地に至る。この状態では，自己と世界が無境界となって，すべてをあるがままに体験することができる。

　ホロニカル・アプローチは，不一致・一致の行ったり・来たりを重視し，一致ばかりを求めることはしない。むしろ実践においては，不一致をいかに扱うのかが重要であり，一致のための契機と捉え，積極的に扱う。ホロニカル・アプローチによ

る心理社会的支援では，自己と世界の不一致・一致の行ったり・来たりを，安全かつ安心して自由無礙に俯瞰することのできる場を構築することに専念する。

3．内我・外我

　ホロニカル・アプローチは，自己と世界の出あいの不一致・一致の繰り返しの中で生起する意識作用の主体を「現実主体」と呼ぶ。これは「我」の意識のことである。臨床心理学や精神医学では，自我と呼ばれているものであるが，ホロニカル・アプローチでは，自我という概念は，西洋の近代的自我のことを指し，日本人のいう「我」とは異なると考える。ホロニカル・アプローチは，現実主体（我）が観察主体となって自己や世界を観察するときの志向性によって，「内我」と「外我」の二つを区別する。

　内我とは，自己と世界の出あいの直接体験をそのまま直覚しようとするものである。例えば，足の裏が何かに触れている感覚に意識を焦点化し，足の裏を直覚的に感じ取ろうとするときには，内我が働いていると考えられる。その一方で，外我とは，自己や世界を観察対象として，さまざまなものを識別，区別しようとするものである。例えば，足を「足」として識別し，客観的観察対象としているときには，外我が働いているといえる。内我と外我のどちらが立ち顕れるかは，観察主体と観察対象の関係性をめぐって，その瞬間に自己と世界の出あいをどのように意識しようとするかといった志向性の違いによって決定される。内我と外我の関係は，さまざまな歴史的・社会文化的体験を経ていくうちに，発達段階や個人特有の心的構造を形成していく。

4．自己（場所的自己）

　ホロニカル・アプローチでは，自己を物心一如，心身一如的な存在と捉える。自己は，世界があってはじめて存在できるものであり，生物・神経学的な特性，自然，風土，社会，文化，歴史などと相互影響・相互限定しあう場所的存在，すなわち「場所的自己」（定森，2020）といえる。

　従来の心理学の「自己」の概念には，「自己の底」に「生きている場所」がなかったといえる。「場所」の視点のない「自己」の概念では，ある場所の一切合切の矛盾を自己に映し自己自身の内なる問題として抱え込んで苦悩する当事者の生々しさを的確に表現し切れず，あたかも個人病理のように扱ってしまうことで，社会的スティグマを生み出すことにもつながっていたと考えられる。対人援助の現場では，既

存の理論や技法を，それらが培われてきた場所の歴史的な差異を考慮せずに，その
まま活用しようとしても，「場違い」な支援になってしまい，うまくいかないことが
多い。ホロニカル・アプローチでは，場所論を採用し，自己を場所的自己と捉える
ことで，既存の理論の差異を超えて，それらを統合的に活用することができる。

5．ホロニカル主体（理）

　自己超越的な「理」のことをホロニカル主体（理）と呼ぶ。自然，社会・文化的
なものの中に含まれていて，現実主体（我）の中に内在化されていく。「理」の面だ
けではなく，「情」の面ももつ。「理」の側面は，宇宙の原理，社会規範，生活規範，
戒律，文化，美徳，思想，信条，信念，倫理となる。「情」の側面は，厳格な態度，
批判的態度，冷静客観的な態度，慈悲深い態度など情緒的な色合いをもつ。Freud
の超自我の概念もホロニカル主体（理）の一つといえる。

6．「それ（IT）」

　ホロニカル・アプローチが生まれるプロセスにおいて重要なポイントは，極限の
無限の点から極限の無限の球に至るさまざまな心的現象のすべてを，超越的な全総
覧的視座から観察しているような「それ（IT）」としか呼びようのない"こころ"の
働きの発見にある。「それ（IT）」と名づけた理由は，神や真理などと名を与えると，
途端に言葉を産み出している文化・歴史の理でもあるホロニカル主体（理）の影響
を排除しきれないからである。言詮不及という意味で，「それ（IT）」と概念化して
いる。自己は，「それ（IT）」との出あいの体験を通じて，自己がトランスパーソナ
ル的（超個人的）な霊性的存在でもあることを実感・自覚することができると考え
る。ホロニカル主体（理）から歴史的・社会文化の影響を脱統合していくと，究極
的には，「それ（IT）」になる。

7．多層多次元性

　ホロニカル・アプローチでは，"こころ"は多層性および多次元性を獲得しなが
ら自己を自己組織化させながら発達していくと考える。
　多層性とは，意識の表層から無意識といわれる深層まで，"こころ"が層構造を
もつことである。Jung は，Freud が明らかにしたコンプレックスの奥には，もっ
と深い無意識の層に人類のすべてが類型的イメージを抱く集合的無意識の層がある
としたが，こうした考え方も"こころ"の多層性を認めた例といえる。日本の臨床

心理学を牽引してきた河合（1992）も，表層意識の下には深層意識が広がること，その深層意識にあっては，井筒（1980）がM領域としたイメージの活性化する領域があり，さらにその下層に言語アラヤ識があり，このアラヤ識が，Jung のいう「元型」にあたることを重視してきたことを述べている。自己の底に向かって，個人的無意識層，家族的無意識層，社会的無意識層，民族的無意識層，東洋的無意識層，人類的無意識層，哺乳類的無意識層，は虫類的無意識層……量子的無意識層をもっていると考えられる。より深い層ほど意識化することが難しくなり，主体への影響は無意識的となる。

多次元性とは，意識の主体と外的対象関係が多次元の心的構造をもつことである。個人的次元以外に，子どもでいえば，家族の一員としての次元，学校の一生徒としての次元，地域社会の一員としての次元，日本人としての次元，世界の次元，宇宙の次元をもつと考えられる。

自己は，水平方向に多次元性や空間性をもって無限の世界に広がって存在するとともに，垂直方向に向かって多層性や時間性をもちながら，「今・ここ」に存在すると考えられる。

8．共同研究的協働

ホロニカル・アプローチでは，共同研究的協働という関係性を重視する。苦悩を契機として，より豊かな人生を歩むことを被支援者と支援者が協働しながら発見・創造する枠組みを提供する支援方法といえる。医学モデルによる治療ではなく，心理社会的支援モデルであり，あくまで被支援者の主体的意思にもとづく支援行為である。したがって被支援者と支援者の関係は，治療関係とは異なる。なお，ホロニカル・アプローチにおける共同研究的協働の立場には，専門家以外にも家族や関係者も想定している。共同研究的協働によるネットワークが，被支援者の適切な自己意識の発達を促す適切な容器になることが重要であると考えられる。

9．ホロニカル・アプローチの各技法

ホロニカル・アプローチには，さまざまな技法が創発されている。主な技法には，①小物などによる外在化，②場面再現法（ホームシミュレーションを含む），③対話法，④能動的想像法（映画監督法を含む），⑤ただ観察，⑥超俯瞰法，⑦スケール化法，⑧無意識的行為の意識化法，⑨スポット法，⑩三点法などがある（定森・定森，2019）。各技法に共通しているエッセンスを抽出すると，次節で示す ABC モ

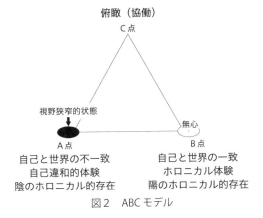

図2　ABC モデル

デルとなる。なお，ホロニカル・アプローチは，各技法を効果的に組み合わせて実行される。また，各技法については，ホロニカル・アプローチとは独立して活用することもできる。

V　ホロニカル・アプローチの基本モデル

1．ABC モデルとは

　ホロニカル・アプローチの基本モデルとしては ABC モデルがある（図2）。これは自己と世界の不一致・一致を自由無礙な立場から俯瞰することができれば，自己と世界の一致に向けた自己の自己組織化を促すことができると捉えるホロニカル・アプローチのパラダイムをわかりやすく可視化したものである。ABC モデルでは，自己と世界の不一致（自己違和的体験）を A 点，自己と世界の一致（ホロニカル体験）を B 点，俯瞰（支援者との協働）を C 点として，A 点と B 点という相矛盾するものを同一の C 点から適切に観察できるようになれば，自ずと B 点に向かって自己組織化していくと考える（千賀・定森，2021）。

　自己違和的体験（陰のホロニカル的存在）では，自己と世界が不一致に伴って不快感・苦痛・苦悩・陰性感情が随伴している。自己違和的体験の累積や生死に関わるような強烈な不一致の体験に対して，観察主体は視野狭窄的になって A 点に固着する。観察主体と観察対象の関係は，執着性，反復強迫性を帯び，不快な気分の高まりを増幅している。ホロニカル体験（陽のホロニカル的存在）とは，忘我して，自己と世界が無境界となって，すべての現象を相互包摂的関係のうちにあるがまま

に一如的かつ共時的に体験することである。観察主体が無となって観察対象と「一」になったときに得られる。しかし，ホロニカル体験を「得よう」という「我の意識」が少しでも働くと，ホロニカル体験は得られなくなる。ホロニカル体験は，むしろ事後的に頓悟することが多い。なお，ABCモデルによる支援を行うにあたっては，自己違和的体験（A点），ホロニカル体験（B点），適切な観察主体（C点）を小物や描画によって可視的に外在化するとより効果的である。

　A点で，観察主体が観察対象を，「層」としたとき，個人的無意識，家族的無意識，社会的文化的無意識，民族的無意識，人類的無意識，哺乳類的無意識，は虫類的……量子的無意識といった「内的対象関係」が考えられる。また観察主体が観察対象を「次元」としたとき，個人的次元，家族的次元，社会的文化的次元，民族的次元，人類的次元，地球的次元，宇宙的次元といった「外的対象関係」が考えられる。

　A点に固執する被支援者にあっても，自己違和的体験が軽微かつ適切な観察主体（C点）を樹立している場合は，傾聴をベースとした受容共感的アプローチによって，被支援者自らがA点からC点やB点に観察主体を数回のセッションで移動可能である。しかし，被支援者の自己違和的体験が重篤な場合や幼少期からの長年にわたる逆境体験から複雑性PTSDのような状態を呈している場合には，適切な観察主体のC点自体が脆弱のため支援者によるサポートが年単位で必要になる。また，観察主体が脆弱な被支援者の自己違和的な体験を支援者が，ひたすら受容的に傾聴し続けていると，被支援者のA点に関する語りはエンドレスになるとともに，執着心を一層強化してしまうなど，かえって逆効果になってしまうことになるため留意が必要である。こうした場合には，主客合一となるホロニカル体験（B点）や適切な観察主体のポジション（C点）への移行をサポートする必要がある。

　B点への移行の促進の仕方には，①被支援者の過去においてすでに体得しているホロニカル体験の想起と増幅・拡充を図る方法，②面接の場という「今・ここ」における被支援者のホロニカル体験の体得を促す方法の2つがある。いずれの場合でも，観察対象A点やB点と一定の心的距離を保ち，かつ，いつでもA点とB点との間を行ったり・来たりすることを可能とするような「適切な観察主体」（C点）の確立・強化・補完がすべてのポイントである。そのためには，生きづらさを抱えている被支援者と対人援助職の立場にある支援者が，C点において，適切な共同研究的協働関係を構築することにつきる。適切な協働的C点が確立する時，「今・ここ」という場所において，自然なはからいが働き，各々の自己と世界が一致し，新しい

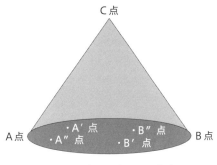

図3　モデルⅠ（個人モデル）

より生きやすい道が発見・創造されるからである。

　その背景には，A点とB点の行ったり・来たりの作業は，C点からのA点およびB点の二重注意が重要と考えられる。二重注意を可能とするC点からのA点の俯瞰がA点への執着が減じ，身体症状を和らげ，症状の消失に寄与し，A点が遠い感じとなる感覚をもたらすのである。これはセンサリーモーター・サイコセラピー（Ogden, Minton & Pain, 2006）やEMDR（Shapiro, 1995）に通じるところがあると思われる。なお，自己の発達段階の差異による適切な観察主体の確立度合い（定森，2015）が変容時間の差異の大きな要因になる。

2．ABC モデルの発展仮説

　前項の図2で紹介した基本モデルは，ABC モデルを二次元的に表現したものである。ここでのA点とB点には，多層多次元性がみられる。A点においては，観察主体と観察対象をめぐる多層性内や多次元性内の各位相間，あるいは層と次元間での位相間における不一致による悪循環が，自己違和的な直接体験として顕在化する。その一方で，B点においては，ホロニカル体験の瞬間，自己と世界は一致となり，その後，多層多次元間の位相の不一致の自発自展的な統合化が促進される。こうした特徴をもつA点とB点の行ったり・来たりが，自己と世界の一致に向けての適切な自己の自己組織化を促すと考えられる。

　自己と世界の不一致による自己違和体験と一致によるホロニカル体験の往復は，一見対立するようにみえるものが，実は不可分一体であるとの実感・自覚をC点の立場に立つ観察主体にもたらしていく。このように瞬間・瞬間，不一致と一致を繰り返しながら，自己と世界の縁起的包摂関係（ホロニカル関係）を実感・自覚していくことには，いくつかの段階があると考えられる。こうした発展仮説を可視化すると，以下の3つのモデルによって示すことができる。なお，各モデルの観点は，支援者自身の意識であり，その支援者の観点の意識の差異を示しているといえる。

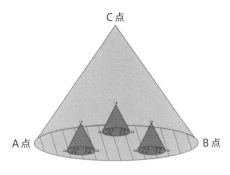

図4　モデルⅡ（場所モデル）

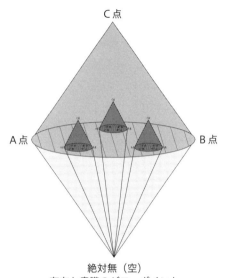

絶対無（空）
存在と意識のゼロ・ポイント

図5　モデルⅢ（場モデル）

①モデルⅠ（個人モデル）

　モデルⅠは、「個人モデル」である（図3）。C点の意識は、自己と世界の不一致・一致の繰り返しの直接体験を累積していった個人の次元を対象としている。自己の世界との不一致・一致の直接体験は、A点とB点を両極としながらも、多様多彩の組み合わせとして存在する。その多様性を円で表現したとき観察主体と観察対象の個人的次元の関係は円錐モデルとなる。

②モデルⅡ（場所モデル）

　モデルⅡは、「場所モデル」である（図4）。C点の意識は、当事者や被支援者ばかりでなく、家庭、学校、施設、ある特定の地域社会などにおける家族、知人、関係者も支援対象とし、当事者や被支援者を含む場所そのものが適切な場所となるように意識されている。

　モデルⅡでは、場所も支援対象となる。対象となるのは、家族、組織、地域社会など、いろいろな場所の限定が考えられる。大円錐の頂点のC点は、個人の意識を超えた超個的次元の観察主体といえる。しかし、この大円錐の頂点のC点の観察主体は、社会文化的影響を受けている。したがって大円錐内にある各自己のC点も、当然のこととして所属する社会の既知のホロニカル主体（理）の影響を受けていると考えられる。

図6 場面再現法の例

図7 外在化の例

③モデルⅢ（場モデル）

　モデルⅢは，「場モデル」である（図5）。ここでは，場と場所的自己の不一致・一致レベルを扱う。この段階では，生死の場との一致を求める真の自己の実感・自覚に向かう。すべての現象が，絶対無（空），あるいは存在と意識のゼロ・ポイントから生成消滅を繰り返しており，そのことが多様な観察主体と観察対象の不一致・一致の現象となっていることを実感・自覚していく。実感・自覚の深まりとともに，歴史的・社会文化的影響を受けていたホロニカル主体（理）は脱統合され，究極的には，「それ（IT）」になる。

Ⅵ　ホロニカル・アプローチの実践例

1．構成的事例A「里親への危機介入」

①事例の概要

　児童養護施設から里親のところに小学生男子Aが措置された。しかし，Aは，被虐待をはじめとする逆境体験の影響から，些細なことで感情を爆発させ，里親に対して反抗的,攻撃的に振る舞った。養育の限界を感じた里親が児童相談所にSOSの連絡をしたところ，直ちに児童福祉司と児童心理司が家庭訪問をし，Aと里親夫婦に会った。児童心理司は，Aと話をした後で，里親夫婦にホロニカル・アプローチによる面接を行った。

図8　ABC モデルの例

②場面再現法の実施

　まずはＡが感情を爆発させて攻撃的になった契機となったある場面を振り返るために場面再現法を行った。代表的な場面の選択を里親に求めると，Ａが暴れて物を投げたり，自傷行為を行った昨日の場面を選んだ。児童福祉司は，画用紙を使って家の間取り図を作成し，里親夫婦およびＡを小物を使って外在化し，昨日の場面を間取り図の上で，あたかも記録映画のように再現していった（図6）。

　再現プロセスの中で，Ａが暴れるまでのパターンには，いつも同じような法則性があることがわかり，自己相似的な悪循環パターンの存在に気がつくことができた。しかし，一旦，そのパターンにはまってしまうと視野狭窄的になってしまい，どうしてよいのかわからなくなってしまうということであった。そこで，悪循環パターンに陥り，陰性感情を抱いている里親をＡ点として小物を置いた。この際に，オカリナと壺を使って，ドツボにはまった状態（Ａ点固着状態）を外在化した（図7）。

　Ａ点固着状態そのものを，小物を使って外在化したことで，里親は視野狭窄状態に陥っている自己自身を，ほどよい心的距離を保った観察主体（Ｃ点）から，ありのままに観察できるようになった。このように，里親の観察主体がＡ点固着状態からＣ点への移行を促進することを試みた。

　次に，里親に対して，子どもと夢中になって楽しく過ごすことができているときの記憶（ホロニカル体験時）の想起を求めた。里親がそのときの陽性感情や記憶表象をいつでも想起できるようになるまで徹底的に増幅拡充を図り，そのときの里親をＢ点として小物を置いた（図8）。このとき，里親の“こころ”の片隅にはＡ点の感覚が確実に残存しているが，その状態で，Ｃ点の観察主体の意識が，Ｂ点を観察対象として観察できるように積極的に働きかけることが大切である。Ａ点，Ｂ点，Ｃ点を小物により外在化し，Ａ点時とＢ点時の想起を交互に求めた。すると3回程度，Ａ点時とＢ点時の想起を往復することで，里親は自ずと陰性感情が和らぎ，子どもに巻き込まれるのではなく，程よい距離をとることができるようになった。行動上の問題を抱える子どものことをＣ点（適切な観察主体）から受容することが可能になっていった。

 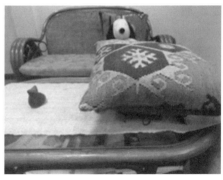

図9 夢の場面の外在化の例　　　　　図10 映画監督法の例

　家庭訪問後，すぐに状況が改善したわけではないが，里親は今起きていることを理解できるようになり，過度に巻き込まれることなく，冷静に対処できるようになった。その結果，里親養育を継続することが可能となり，ときがたつと次第にAの行動も自然と落ち着いていった。

2．構成的事例B「夜驚への対応」

①事例の概要

　小学生男子Bが友達との喧嘩を契機に夜驚がひどくなり心理相談室に来室した。3回にわたる箱庭療法を通じて，少し打ち解けてきた感触を得ていたカウンセラーは，Bに最近みた夢について尋ねた。その結果，Bは夢の話題に触れられただけで，表情を曇らせ，身体を硬直させた。カウンセラーは，Bの身体反応の微妙な変化に留意しながら対話を続けると，たくさんの妖怪がBの背後から追いかけてきていることが明らかになった。このとき，カウンセラーは，この夢の恐怖の一瞬には，Bの観察主体と観察対象をめぐる多層多次元にわたる一切合切の悪循環パターンがフラクタル構造的に包摂されているだけに，夢の報告だけでBは固まってしまったと了解した。そこで本事例では，小物を使ってBの夢の再現をサポートすることにした。これはABCモデルでいう安全かつ安心できる共同研究的協働の立場であるC点の立場からのサポートであり，この作業自体が暴露療法のような意味があると考えた。夢の再現にあたっては，夢の登場人物などを小物を使って再現する場面再現法と，能動的想像法（映画監督法）を組み合わせて実施した。

②映画監督法の実施

　カウンセラーは，〈これから夢のお話を作ってほしいんだ。今のままでは，妖怪たちに追いかけられながら逃げている場面で夢は終わってしまっているよね。だから，この後，夢の中のBを，今のBが助けるお話を作ってあげてほしいんだ。そのために今からBが映画監督になって，夢の続きのお話をつくってほしい。夢だから，どんなお話でもいいよ〉とBに提案し，小物を使って夢の場面を外在化した（図9）。

　しかし，悪夢をつくり出している観察主体と観察対象のフラクタル構造には，まだ何も変化が起きていない段階では，Bの観察主体は，妖怪を想起するだけで観察対象である妖怪のエネルギーに呑み込まれてしまい，Bは新しい物語がまったく浮かばない様子であった。そこでカウンセラーは，共同研究的協働関係を図るために，〈夢の続きは自由だよ。例えば，怖い連中を光線銃でもってビーンビーンと焼き殺してしまうとか。空飛ぶ円盤がやってきて，Bをあっという間に救い出してくれるとか……〉と，場を和ませるために，少しトリッキー気味に新しい物語の創作例をいくつか提示した。

　するとBの表情が緩み，気分の変化に促されるようにして，「ドスンした」と言った。カウンセラーが〈ドスンって？〉と尋ねたところ，「空から円盤のようなものがドスンと落ちてきた」とBは笑顔で答えた。カウンセラーは，Bに詳しい状況を確認した上で，クッションを円盤に見立てて妖怪たちの上に置いた（図10）。このときBは，妖怪に対して背中を向けていた人形を何気なく妖怪の方に向きを変えた。この行為をみたカウンセラーは，Bは恐怖と直面化できたとの印象をもち，〈なるほど，妖怪たちの上に，突然，大きな円盤が落ちてきて押し潰してしまうわけだ。いいアイデアだね。それで，こいつらはみんな死んじゃったの？〉と聞いた。するとBは「死んでないよ。だって妖怪だもん」と答えた。そこでカウンセラーは，〈ああそうか，妖怪だったもんね。じゃあ，今，妖怪たちはどうなっているの〉と聞くと，「助けてくれ，助けてくれ！（低い声で真似ながら）といっているよ」と答えた。〈じゃあ，今度，どうする？〉と聞くと，「ビーンビーンって光線銃を使う」と答えた。そこで〈妖怪たちは死んだ？〉とカウンセラーが再度聞くと，Bは首を振って「妖怪は死なないもん。だから小さくした」と言った。カウンセラーは，妖怪を殺すことばかりを考えていたことに恥ずかしくなりながら，〈妖怪たちはどれぐらい小さくなったの？〉と尋ねた。Bは「すごく小さいよ。アリより小さくなって，タチュケテクレ，タチュケテクレ（甲高い声で真似ながら）と言っている」と答え，〈それでどうするの？〉というカウンセラーの質問に対して，「助けないよ。こいつ

ら馬鹿だよ，だってもうアリよりも小さくなっているから，いつでも逃げられるもん」と話した。カウンセラーは，状況を俯瞰的に捉えながらつくるＢの物語に感心するばかりだった。

　両親の話では，このセッション以降，夜驚症状や，友達への警戒気味の態度が消失し，少し自己主張的になったとのことだった。Ｂは，夢のレベル，カウンセラーや学校，家庭での対人関係レベルでも，萎縮気味なＡ点固着状態から，適切な観察主体Ｃ点を樹立した後は，Ｂ点に向かっての適切な自己組織化の自発自展を可能にしたと考えられた。

Ⅶ　ま　と　め

　筆者らは，多層多次元な"こころ"と観察主体と観察対象の組み合わせに注目することによって，既存の理論・技法の統合化を試みてきた。しかし，これは既存の理論の統一化を意図するものではない。そもそもすべての心理社会的支援の方法を統合するなど簡単にできるものではない。統合的視点から実践的な心理社会的支援をしつつ，さまざまな理論や技法については，随時，必要なものは取り入れ，不必要なものは破棄するという作業の繰り返しの中で体系化されてきた理論がホロニカル・アプローチといえるだろう。

　ホロニカル・アプローチでは，"こころ"の内的対象関係および外的対象関係を自由無礙に俯瞰する適切な観察主体を育むことを重視する。自己と世界の不一致と一致の繰り返しの中で，適切な自己は自己と世界の一致に向かって自発自展的に自己組織化すると考え，苦悩などの不一致についても創造的な意味を見出していく。この理論は，特定の個人や家族を対象とする面接室内での支援だけではなく，人が生活する場である家庭，学校，地域などにおける支援など，幅広い領域で応用が可能である。心理療法に携わる医師，臨床心理士や公認心理師などに限らず，専門性や資格の有無や学問の立場の違いなどを超えて，"こころ"の心理社会的支援に関心がある者にとって有効なアプローチと考えている。このような理論的射程の広さは，多層多次元な問題を重複的に抱える被支援者に対して，多機関・多職種連携を基盤としたネットワークを形成しながら多面的にアプローチをすることが求められる現場においてこそ意義が大きいと考えられる。

　今回は紙面の限界もあり紹介できなかったが，ホロニカル・アプローチには，自己意識の発達モデルと独自の心的構造論もある。詳しくは，定森（2015）の『ホロ

ニカル・セラピー―内的世界と外的世界を共に扱う統合的アプローチ』（遠見書房）
や定森・定森（2019）の『ホロニカル・アプローチ―統合的アプローチによる心
理・社会的支援』（遠見書房），千賀・定森（2022）の『子ども虐待事例から学ぶ統
合的アプローチ―ホロニカル・アプローチによる心理社会的支援』（明石書店）など
の文献を参照されたい。

文　　献

井筒俊彦（1980）意識と本質―東洋哲学の共時的構造化のために．思想，672; 1-13.
河合隼雄（1992）心理療法序説．岩波書店.
Koestler, A. (1978) Janus: A Summing Up. New York. Random House.
Ogden, P., Minton, K., & Pain, C. (2006) Trauma and the Body: A Sensorimotor Approach to
　　Psychotherapy. New York. W. W. Norton & Company.
定森恭司編（2005）教師とカウンセラーのための学校心理臨床講座．昭和堂.
定森恭司（2015）ホロニカル・セラピー―内的世界と外的世界を共に扱う統合的アプローチ．遠
　　見書房.
定森恭司・定森露子（2019）ホロニカル・アプローチ―統合的アプローチによる心理・社会的支
　　援．遠見書房.
定森恭司（2020）「場所的自己」について．統合的アプローチ研究，1; 6-23.
Shapiro, F. (1995) Eye Movement Desensitization and Reprocessing: Basic Principles, Protocols and
　　Procedures. New York. Guilford Press.
Senga, N. (2021) Introduction to the Holonical Approach: An integrated method to pursuing the
　　essence of Kokoro. AIA Journal of Integrated Approach, 2; 33-52.
千賀則史・定森恭司（2021）ホロニカル・アプローチの ABC モデルによる心理社会的支援―統合
　　的アプローチの代表的技法としての三点法．同朋福祉，28; 159-175.
千賀則史・定森恭司（2022）子ども虐待事例から学ぶ統合的アプローチ―ホロニカル・アプロー
　　チによる心理社会的支援．明石書店.
Wilber, K. (1982) The Holographic Paradigm and Other Paradoxes: Exploring the Leading Edge of
　　Science. Boulder. Shambhala.

第 10 章

P 循環療法

牧久美子・東　豊

I　はじめに

　P循環療法は, システムズアプローチのひとつの方法として東 (2010ab) が 2010 年頃から提案しはじめた心理療法であり, P循環療法のPはポジティヴ (positive) の頭文字をとって命名したものである。

　システムズアプローチとは, システム論やコミュニケーション論をベースにした対人援助の考え方と方法の総称である。個人や集団を「システム」として円環的に理解する。

　システムズアプローチは方法論としてはわかりやすい構造をしているのだが, あくまでもひとつの「考え方」であるがゆえ, 心理療法としては決まった型というものがあるわけではなく, マニュアル化が難しいという側面があった。筆者 (東) は, かつて頻繁に行っていたオリジナルの「虫退治」(東, 2002, 2004) というアプローチをマニュアル化しようと試みたこともあったが, マスターしにくいという感想をもらうこともしばしばであった。「虫退治」もシステムズアプローチのひとつの方法に過ぎないので, この方法をうまく使いこなせないからといってシステムズアプローチを用いることをあきらめる必要はない。ただ, 長年気になっていたのは, セラピストや心理臨床を学ぶ学生たちの中にはシステムズアプローチの考え方には惹かれるのに, なかなかセラピーに活かしきれないと訴える人が多いということだった。そのような人たちに向けて「誰にでもできるシステムズアプローチ」なるものがあればいいのにとひそかに思い続けてきたのである。

　そして念願かなってできたのがP循環療法である。この 10 年の間, P循環療法

を筆者自身が多くの事例で試してみた結果，非常にシンプルでうまくいく方法だという確信がもてた。また，この方法を広めていく過程で，大学院生や必ずしも臨床経験の豊富でないセラピストでも使いこなせるということがわかってきたので，この機会にぜひ多くの方にＰ循環療法を知っていただければうれしい。

　まずは，システムズアプローチの基本的な考え方とＰ循環療法の枠組みを紹介し，その後に事例をいくつか報告する。また，Ｐ循環療法に関して寄せられたことのある疑問にＱ＆Ａ形式で回答する。

　これを読めば，あなたもできるＰ循環療法！

Ⅱ　システムズアプローチとＰ循環療法

　まずは，システムズアプローチの説明を簡単に行う。

　システムとは「部分と部分が相互に影響を与え合っている全体，あるいはそこで繰り返し見られる円環的な相互作用のあり方（連鎖・パターン）」のことを指している。

　部分は全体のありように規定され，全体は部分のありように規定される。このようなものの見方を，円環的思考法と呼ぶ。

　つまり，部分は全体のありようの結果であり，全体は部分のありようの結果であるといえる。部分が存続し続けるためには全体が存続し続けなければならないし，全体の存続のためには部分の存在があってこそということになる。

　システムは長期的に見ると通常ゆっくりと変化し続けるが，短期的に見ると不変で固定的に見えることがある。連鎖に「問題」や「症状」と呼ばれるような現象が存在しており，それらの現象にとらわれている状態に陥ってしまったとき，人はクライエントとして相談室等を訪れることになる。

　さて，システムズアプローチの考え方の特徴のひとつは，過去ではなく現在のありように重点を置くことである。それは「問題」や「症状」の原因に焦点をあてるのではなく，現在その「問題」あるいは「症状」が維持されている相互作用のありように焦点をあてるというものだ。つまり，本気で原因を探したりはしないが，クライエントやその周りの人（多くの場合は家族）が何を「問題」や「症状」の原因とみなしているかについては注意を払う。具体的には，現在クライエントが周りのさまざまな現象の中の何に注目し，それにどのような意味づけを与え，どのようなコミュニケーションを行っているのかを分析する。

　「問題」や「症状」を含む相互作用は，たいていは個人内だけで維持されているのではなく，その人の周りの人々との間に起こるなんらかのコミュニケーションの相互作用を通して，強化されたり減弱されたりしていると考えられる。

　そこで，システムズアプローチを専門とするセラピストは，特にコミュニケーションレベルの相互作用に注目し，さまざまな変化を創出しようとする。その中でもセラピスト－クライエント間の相互作用と，クライエントの日常の対人関係における相互作用は特に重要だ。セラピストは主に会話を用いて「現実の再構成」を行い，セラピスト－クライエント間の相互作用に変化を生じせしめる。その先にあるセラピーのゴールとしては，心身の変化であったり，対人関係の変化（多くの場合は家族関係）であったりする。結果的にクライエントの語る「問題」や「症状」が改善あるいは消失することもあるだろう。

　システムズアプローチの一つの方法であるP循環療法の特徴をあげるとすれば，セラピスト－クライエント間のポジティヴな相互作用を形成する方法がこれまでにないほどシンプルであることである。また，「問題」や「症状」などからの解放（P循環療法で言うところの『N循環』からの脱出）にとどまらず，積極的にポジティヴな状態の形成（『P循環』の形成）をしようとするところが最大の特徴である。

　実のところ，P循環療法を始めてからは「問題」や「症状」の消失には，あまりこだわりがなくなってきている。なぜなら，この方法がうまくいくと一時的な問題の解決ではなく（対症療法ではなく），クライエントのその後の人生にも長く良い影響がおよぶ可能性が大きいからである。

Ⅲ　P循環・N循環のしくみ

　P循環・N循環のしくみを述べたい。
　ただし，ここから述べることはすべて仮説である。

　　P循環療法とは，一言で説明すると「ポジティヴな言説や行動を広げると自分自身や環境が好転するといった枠組みに基づき簡単な課題を与え，その遂行に従って生じる良い変化を話題にしていく」といった形式を取るものである（東，2017）。

　「P」はPositive（ポジティヴな，前向きな，肯定的な）の略語で，一般的には「良いもの」を示す。

「N」は Negative（ネガティブな，消極的な，否定的な）の略語で，一般的には「良くないもの」を示す。

1.「Ｐ循環」と「Ｎ循環」

私たちが日常的に抱くいろいろな感情をおおまかに２種類に分け，「Ｐ感情」「Ｎ感情」と呼ぶこととしよう。

「Ｐ感情」とは，明るい気持ち，楽しい気持ち，嬉しい気持ち，ありがたい気持ち，穏やかな気持ちなどのことであり，「Ｎ感情」とは，暗い気持ち，悲しい気持ち，憂うつな気持ち，不安な気持ち，怖い気持ち，腹立たしい気持ち，恨み，妬み，不平不満などのことである。

では，このＮ感情とはいったいどこからやってくるのだろうか。周囲の人，環境，自分の性格のせいなのか。あるいは何か過去にひどい体験をしたからなのか。はたまた運の良し悪しで決まるのだろうか。

ところで，私たちが日頃何気なく使っている言葉の中には「気」のつく言葉がたくさんある。

「気持ち」「雰囲気」「運気」「気配」「元気」「勇気」「陽気」「活気」「平気」「気楽」「のん気」「気が合う」「気が合わない」「気まずい」「病気」「陰気」「弱気」「短気」「気にしすぎ」……などなど，すべて「気」の存在を前提にしている言葉だ。

「気持ち」というのは「気」を持つことだが，できれば良い「気」を持ちたいと思うのが人の常である。では，いったいそれは何によって決まるのか。

ここで，そのような「気」も「Ｐ気」と「Ｎ気」に大きく２つのタイプに分けてみよう。

私たちがＰ感情でいるとそのレベルに応じた「Ｐ気」が集まり，私たちがＮ感情だとそのレベルに応じた「Ｎ気」が集まってくる。

同種のもの同士が引き合うしくみだ。まさに「類は友を呼ぶ」である。

つまり堂々巡り。原因や結果もない。どちらも原因でありどちらも結果であると考えられる。このような考え方を円環的因果律と呼ぶ。

したがって，Ｎ感情が先かＮ気が先かは別にして，Ｎ気とＮ感情は互いに強め合いながら発達していく。つまり，これがＮ循環である。

もちろんＰ気とＰ感情の関係も同様だ。Ｐ気とＰ感情が互いに引き合い強め合う。この現象がＰ循環である。円環的に考えると「Ｐ感情がＰ気を集める」あるいは「Ｐ気がＰ感情を作る」，どちらの表現でも当てはまる。

　いま，あなたの感情はN感情，P感情のどちらが優勢だろうか。今まさにその感情である理由は，周囲の人，環境，性格，過去の出来事によるものではなく，すなわち今現在の「気」（P気 or N気）のせいだということになる。

　しかし，毎日生活をしていると誰の心にもP感情・N感情の両方の感情が生じる。時と場合によって，どちらかの感情が強めに出てきたり，一時的にどちらかに偏った感情が続くこともあるだろう。

　P感情が続けば，人は楽しくさわやかで平和な日々を送ることができるであろうし，反対にN感情が続けば，人はつらく悲しく不安な日々やイライラした日々を送ってしまうことになるだろう。

　どちらの感情のほうが出現する割合が多いかについては個人差があるものの，やはりその人のその時々の意識の持ち方によって変動するものである。しかし，意識の持ち方次第では，固定的に（N的な人・P的な人などと）見えてしまうことがあるかもしれない。

　これらは，ごく当たり前の現象として実は皆がよく知っていることである。

2．心身のN循環とP循環

　心身医学の世界では「心身相関」や「心身交互作用」と呼ばれているものがある。
　例えば，落ち込んだ状態やイライラした状態が長く続くと胃がしくしく痛んだり，怒りをため込んでいると頭痛が出現したりといった現象だ。

　このように，N感情は身体の不調につながり，身体的な不調はN感情を増幅する。増幅されたN感情はまた身体の不調につながっていく。

　このような相互作用を「心身のN循環」と呼ぶ。

　N感情→身体不良→N感情→身体不良→N感情→身体不良→N……まさに悪循環である。

　一方，P感情は身体の健康に良い影響を及ぼし，身体の好調を感じられればP感情は増幅する。増幅されたP感情は身体の健康へとつながっていく。

　このような相互作用を「心身のP循環」と呼ぶ。

　P感情→身体良好→P感情→身体良好→P感情→身体良好→P……これは良循環である。

3．対人関係のN循環とP循環

　私たちの感情は自分の身体だけでなく他者にも影響を及ぼす。それは多くの場合，

コミュニケーションとして伝達される。

　N感情を表出すると他者のN感情を引き出す傾向がある。言葉にしなくても，表情や雰囲気，ちょっとした仕草でN感情が相手に伝わり，何となく気まずい状況になることがある。ましてや腹立ちやイライラをストレートに表出すると，多くの場合，相手からも何らかのN感情（怒り，恨み，悲しみ，などなど）が返ってくることになる。N感情には他者のN感情を刺激する傾向があり，徐々にN感情の応酬合戦となる。ひどいときはケンカに発展したり，無視しあったり……。

　これを「対人関係のN循環」が生じているという。

　「対人関係のN循環」が一時的なケンカにとどまらず固着化すると，長期間の不仲状態が維持されることになる。

　一方，P感情を表出すると，他者のP感情を引き出す傾向がある。言葉にしなくても，表情や雰囲気，ちょっとした仕草でP感情が相手に伝わり，何となくその場が居心地のよい空間になることがある。不思議なものでP感情を表出すると，多くの場合，相手からも何らかのP感情（親しみ，信頼，喜び，などなど）が返ってくるものだ。ある人と一緒にいると気持ちが落ち着き，嫌なこともいつの間にか忘れて自然に笑みがこぼれる……というような経験をしたことが皆さんもおありだろう。

　これを「対人関係のP循環」が生じているという。

　対人関係のP循環もN循環も，多くは，家族間，恋人間，友人間，上司・部下など，身近な人との間で生じやすいといえるだろう。

4．心身と対人関係の相互影響

　ここまで，心身（個人内）および対人関係それぞれのP循環N循環について述べた。ここでは，心身と対人関係の相互影響について述べる。

　対人関係で生じたN循環は当事者たちのN感情を一層増悪させる。そしてそのN感情はやはり身体に悪影響を及ぼす。つまり心身のN循環が作動する。そしてまたイライラが高じて誰かに八つ当たりなどすると，それがまた対人関係のN循環につながっていく。

　このように，個人の心身とその人を取り巻く人間関係のありようは互いに強く影響しあっている。つまり，階層の違うシステムもまた相互に影響しあっているということだ。

　心身のN循環→人間関係のN循環→心身のN循環→人間関係のN循環→心身のN循環→人間関係のN循環→心身の……このような循環である。

　例えば，カウンセリング場面でも親子や夫婦など，家族の関係が変わる（対人関係のN循環がP循環に変わる）だけで，子どもの心や身体が元気になる（心身のN循環がP循環に変わる）といった現象を観察できることがあるだろう。

　もちろん大人であっても，身近な家族関係から強い影響を受ける。また，家族関係を職場の人間関係などに置き換えても同じようなことがいえるだろう。NであれPであれ，全体として同種のものがシステム（家庭や職場）に循環しやすくなるというわけだ。

5．N循環からP循環へ

　現在の悩みがどのようなものであれ，その背景には必ずN循環が観察されるはずである。もしも背景がP循環なら，悩みは出現したように見えてもすぐに解消されるものだからである。つまり，現状のN循環をP循環に切り替えていくと，その程度に応じて現在の問題や悩みは自然と姿を消していくというメカニズムだ。

　以上がP循環N循環についての仮説である。
　PやNの記号を使ってはいるものの，P循環とN循環のしくみは思えば昔からなじみのあるもので，考え方としては受け入れやすいものではなかっただろうか。
　では，肝心のN循環からP循環への切り替えはどのような方法を用いればよいのか。なにがしかの「しかけ」が必要となる。
　さて，いよいよ次節ではP循環を作る方法に入りたい。

Ⅳ　P循環の作り方

1．感謝の利用

　P循環を作る一番シンプルな方法とは，P気を収集することである。「P気がP感情を作る（P感情がP気を集める）」ことはすでに述べたとおりだ。まずは自分自身からP気を放つことが大事だ。自らP気を放てば，自然と周りのP気・P感情を引き寄せるからだ。
　それには，「感謝の言葉」を用いるのが一番シンプルでうまくいく方法だということにたどりついた。拍子抜けしたかもしれないが，実にこれがうまくいく。
　「ありがとう」「ありがとうございます」
　はじめは心（P感情）が伴わなくても構わない。形だけでよいので感謝の言葉を

言う。なぜならば，その言葉自体が本来的にＰ気を帯びているからである。

　実は，心理学の世界ではポジティヴ心理学の隆盛に伴い，2000 年ごろから感謝のもつ力に注目が集まっており，多くの研究によって感謝と well-being は関連があることがわかっている。最近では，それだけにとどまらず，感謝を意図的に行う「感謝の介入」によって人々の日常生活に良い影響が及ぼされることが徐々に明らかになってきている。

　筆者らも大学生 80 名の参加者を対象に研究を行った（牧・東，2020）。

　この研究では，参加者は約３カ月にわたり１日１回（以上）感謝の言葉を唱えるように教示された。３カ月後に感謝の実践を通して経験したことについて参加者らに感想を記述してもらい，それらを分析したところ，54 名が「効果があった」，11 名が「感謝の影響かどうかわからないが効果があった」，12 名が「効果は感じないが実践して良かった」，３名が「効果はなかった」と回答し，約 68％の参加者が何らかの効果を具体的に記述していたことが明らかになった。また，参加者たちが良い変化を感じた領域として，「感謝の心」「幸福感」「人間関係」「楽観性」「明るさ」「前向きさ」「ストレス・コーピング」「レジリエンス」「健康」などが抽出された。「初めは正直うさんくさいと思っていたし，感謝をする意味もわからなかったが，次第に些細なことにも感謝を抱くようになった」や「感謝の言葉には自然と幸せがついてくるんだと思った」などの感想が複数見られた。

　さて，ここから先は，この感謝の言葉を一日一回以上言うことを「感謝行」と呼ぶこととしよう。

２．感謝行の仕方

　感謝行は具体的にはおおむね次のような形式をとる。

①文言の基本形
　「ありがとうございます」が含まれていれば十分だが，毎日の継続が大事なので，自分の好きな文言にアレンジするとよい。

②声の大きさ
　自分の耳に軽く聞こえる程度で十分である。あるいは，心の中で繰り返すだけでもＰ気は心身を循環する。

③回数と時間

回数は何度でも構わない。ただし毎日の継続が何より大事なので，最初は一日一回（「ありがとうございます」を３回繰り返す）くらいからスタートするとよい。

実行する時間帯は就寝前が効果的である。イライラしながら寝るよりやはり就寝前に取り込んだＰ気が睡眠中に心身を循環するほうがよいからだ。また，早朝もよいだろう。

もちろん日中に行っても構わない。しかし，起きている間はいろいろな出来事に遭遇するので，Ｎ感情が心に生じることも多々ある。Ｎ感情のただなかにいるときに感謝の言葉は発しにくいものだ。したがって，その時々の感情に左右されないためにも，はじめのうちは決められた時間帯に毎日淡々と行うのがよいだろう。

④対象

本来は特定の対象を思い浮かべるのではなく，ただ「ありがとうございます」だけでよい。

しかし，慣れるまでは何か具体的な対象があって，それに語りかけるような形式を取る方が親しみもあり，実感が伴いやすいようだ。

「○○さん，ありがとうございます」このような文言だ。

この際，はじめのうちは必ず好ましい人の名前を入れて行ってほしい。大好きなペットでも，お気に入りの芸能人でもよい。そのほうが，実際のＰ感情が伴いやすくなるからだ。

一方で，嫌いな人や苦手な人を対象に感謝行をしようと努力する人がいる。確かにそれはそれで意味があるが，Ｎ感情が生じやすくなるのでやはり上級者コースと言える。

その意味では，人以外のものを対象にするほうが安全なやり方だ。

「良い天気をありがとうございます」「おいしい食事をありがとうございます」「今日も一日ありがとうございます」

ぜひ自分に合った文言を試してみてほしい。Ｐ気が充満して最終的には何があっても感謝できるような生き方になっているかもしれないが，そのような悟りの境地が訪れることはほぼ稀であるので，とにかく無理は禁物である。そのようなゴールをめざすプロセスを自分のペースで歩んでいると思えることが大事だ。

ここまで説明してきたように，Ｐ循環形成のための「しかけ」とは「ありがとう

ございます」と一日一回繰り返す感謝行のことである。

　これを一人で行うだけでもセルフヘルプの効果は十分にあると思われるが，カウンセリングでセラピストとともにＰ循環療法に取り組むと，さらに変化を感じられるだろう。

　次節ではカウンセリング場面では実際にどのようなプロセスでＰ循環療法を実施するかを紹介する。

Ｖ　Ｐ循環療法のカウンセリング・プロセス

　以下が，標準的に行っているＰ循環療法を用いたカウンセリングのプロセスである。

①クライエントの主訴（症状や問題や悩み）をよく聴く
②Ｐ循環・Ｎ循環の説明を行う
③Ｐ循環の形成をセラピーの目的とすることを合意形成する
④感謝行を課題として提案する
⑤２回目以降の面接では，クライエントの日常に生じている「良い変化」を拾い続ける

　最初に忘れてならないのは，相手の話をよく聴くことである。クライエントは一時的な，あるいは長期的なＮ循環を抱えて面接にやってくる。したがって，面接開始当初は，たいていの場合はクライエントから個人内のＮ循環や対人関係のＮ循環にまつわる話が出てくるものだ。この時クライエントを「問題の人」と見ないことが大変重要である。「問題の人」や「問題の家族」は本来どこにも「ない」のだが，人々（社会）によってそのように構成され，あたかも「ある」ように見えているだけである。その視点がなにより大切なのだ。

　セラピストがクライエントとの対人関係のＰ循環を形成するための第一歩は，ジョイニング（joining）である。ここでいうジョイニングとは，クライエントから放出されるＮ気，Ｎ感情，Ｎ循環に関わる話に波長を合わせ，いったんはＮ循環に参入することを意味している。その中身は傾聴・理解・共感であったりするだろう（クライエントによってはそれらにたっぷり時間をかけてほしい人もいるかもしれない）。もちろん，本気でクライエントや家族の「問題」を探したり，「症状」の原

因を探そうとしたりしないことも重要だ。そのような意味では，ジョイニングとはセラピーの技術というよりは，実はセラピストの心構えを指しているといえるだろう。

　Ｐ循環・Ｎ循環のクライエントへの説明は，先の節で解説した内容を参考に自分なりに工夫しながら，なるべく具体例を用いて行うのがよいだろう。

　Ｐ循環形成をセラピーの目的とすることは，当面の間，悩みや問題やＮ循環はそのままで，Ｐ循環を作ることだけに意識を集中することを意味している。なぜなら，それらに直接的に手を加えようとしなくても，Ｐ循環が形成されてくると結果的にＮ循環は弱くなり，そのうち悩みや問題も解決するからだ。

　このあたりは，あとで紹介する事例１のＰ循環療法導入部分を参考にされるとよいだろう。

　２回目以降の面接でのセラピストの役割は特に重要である。良い変化は大変小さなところから始まるので，クライエント自身はそれを見逃しがちになるが，セラピストは可能な限り些細な変化にも敏感でなければならない。そして，クライエントの日常に生じている「良い変化」や「良かったこと」に焦点をあてた会話を膨らませるように心がける必要がある。つまり，Ｐにまつわる話を根掘り葉掘り聞いていくということだ。

　そうすることで「問題」や「症状」に注目していた従来のクライエントの語り（つまり主訴と呼ばれていたもの）が少しずつ良い出来事や微細な変化にシフトしていく。システムズアプローチではこの現象を「脱焦点化」と呼んでいる。

　聴く技術としては，ソリューション・フォーカスト・アプローチで多く使われている「ポジティヴ・リフレーミング」や「例外を尋ねる質問」や「サバイバル・クエスチョン」などが有効だろう。このような技法も大変役に立つが，セラピストがＰ気，Ｐ感情，Ｐ循環をキャッチするアンテナをしっかりと立てて置くことがなによりも大切だ。

　つまり，セラピストの一番の仕事はセラピーのはじめからおわりまで「自分とクライエントの間にＰ循環を生じせしめること」であるということになる。

　次節では，実際にどのようにセラピーの中でＰ循環療法を用いているかを紹介したい。

Ⅵ　事　　例

事例 1 ：長期にわたる体調不良を訴える会社員男性

　クライエントは 50 歳男性，会社員。初回面談の主訴は「眠りが浅く疲れが取れない。腰痛がつらい」。家族構成は，クライエント，妻（40 代，専業主婦），長男（20 代，無職），次男（大学生）の 4 人家族。

第 1 回面接

　クライエントの訴えを要約すると次の通りである。

　「仕事には大きな支障はないものの，慢性的に熟眠感が得られない。腰が痛く，いつも体がだるい感じがして疲れが取れない。病院で薬をもらったこともあるが，なかなか良くならないので，心理療法を受けた方が良いと言われた。それをきっかけに，約 10 年前からさまざまな心理療法を受けてきた。どれも気休めにはなったが，これといった効果がなかった。あるカウンセラーからは，父親との関係が問題であることが指摘された。今はもう亡くなっているが，たしかに父親とは昔から関係が悪かった。そのことと症状にはなにか関連があるのだろうかと気にはなったが，治療は続けなかった。今も心のどこかで引っかかっている。今回は，最後にみてもらっていた先生からあなたを紹介してもらったので，遠方ではあるが一度会ってみようと思って予約を取った」

　セラピストは十分にクライエントの話を聴いたあとで「私の治療はあなたがこれまで受けてきたカウンセリングや，あなたがイメージしている治療とずいぶん違う可能性が高いが，それでも構わないか？」とクライエントに問うた。すると，クライエントはちょっと驚いたような表情を見せたものの「ワラにもすがりたい気持ちでもあるので，ぜひお願いしたい」と言う。セラピストが「今日はもう時間がきたので詳しい話はできないが，次回，もしも私の語ることにがっかりしたら正直に伝えてほしい。治療中断を選択されてもよい」と伝えると，クライエントはそれに同意し，1 〜 2 カ月に一度の治療契約がなされた。

第 2 回面接

　クライエントは「この 1 カ月，症状はまったく変わらない」と言う。セラピスト

は切実に語られる身体的症状の訴えをしばらく傾聴し終えたところで，P循環N循環の話をすることとした。

「今回は私の治療の考え方と方法について話をするが，少々風変わりな話でも聞いてもらえるか？」と問うた。すると，クライエントは「それを楽しみに来た」と言う。

セラピストが「あなたはなにか特定の宗教をもっているか？」と問うと，クライエントは「まったくない。そのような非科学的なものは信じたことがない。なにか宗教を始めなければならないのか？」と訝しげな表情で問い返す。

セラピストは「もちろんなにか特定の宗教の勧誘ではまったくない。しかし，ちょっと非科学的と思われる可能性が高いし，そのようなものにまったく関心がない人にはおそらくかなり聞きづらい話だ」と述べると，クライエントは「宗教は嫌だし，非科学的なものには興味はないが，もしそれで治せるものなら，理屈はどうあれ受け入れることはできる」と言う。

セラピストは嫌になったらいつでも話を中断させてもよいと断ったうえで，ホワイトボードを用いながら，次のような話を始めた。

- 人間の心の中にはP要素とN要素がある。PはポジティヴのP，NはネガティブのN。
- 「感謝」「ゆるし」「安心」「喜び」「自信」など，これらの要素はP要素。
- 「悩み」「怒り」「恨み」「妬み」「哀しみ」「恐怖」「不安」など，これらの要素はN要素。
- N要素はあなたの個人の内部で循環してあなたの心と身体にダメージを与える。心身医学でいうところの心身交互作用はこれにあたる。例えば強い「怒り」がうつや心疾患につながるなど。これをN循環と呼ぶ。要するに，身体症状そのものよりも，現在どのような循環の中にいるかのほうが大事なのである。
- また強いN循環の渦中にいると，周囲も巻き込み，近くの人や環境をN要素で満たしてしまうこともある。NはNを呼ぶことになりやすい。波長の合うものが寄ってくるのだ。とはいえ，自分自身を責めてはならない。責めるとますますN循環である。
- N循環に入ってしまうことは誰にでもあるので，性格や生育歴・生活歴などに原因を求める必要はない。原因を探し出すとますますN循環の渦からP循環の渦に移行することこそがさまざまなことから回復する道である。環境も心身の健康も，P循環の渦の中にいてこそ良好なものが得られる。

さて，そのP循環を簡単につくれる方法があるのだが，やってみる気はおありか？

セラピストはこのような話を，クライエントの反応を幾度も確かめながらゆっくりと進めた。クライエントは繰り返しうなずき，熱心に聞いていた。

　そのうえでクライエントは「Ｐ循環・Ｎ循環の話はなるほどと思ったが，原因を気にしなくてもいいというのは本当か？以前のカウンセリングで父親との関係，特に子どもの頃の経験や出来事でなんらかの未処理の問題があると言われたのだが」と問うた。

　セラピストは「現在の症状と過去の体験をつなぐのは一つの考え方に過ぎない。また原因論はともかく，仮になんらかの嫌な体験があったとしても，現在Ｎ循環の渦中にいるためにそいつが我がもの顔でのさばっているのだ。現在の循環をＰ循環に変えることで，自動的にいろいろなことが変化していき，過去の嫌な記憶もクリーニングされるものである」と述べた。

　クライエントが「その方法をぜひ教えてほしい」と言うので，「いろいろ方法はあるが，一番簡単なものを教える」と述べたうえで，次のような文言を紙に書いて渡した。

　　○○さん，ありがとうございます

　セラピストは「○○にはその日お世話になった人の名前を入れてほしい。お世話になった人以外でも腹が立った人やイライラさせられた人の名前を入れてもよいが，入れるのは一日一人でよいし，できるだけ軽度なＮ感情から処理するのがよろしい。このおまじないを就寝前に３回唱えてから眠るように」と提案した。

　クライエントは「予想していた以上にすごく怪しいが，しかし方法としては簡単なことなので，とりあえずこのおまじないをやってみる」と笑って約束した。

　セラピストは「ただし，これをやったからといってすぐに症状が激変するわけではない。症状改善の前に，日々の小さな出来事の中にこそ効果が現れてくる」と伝えた。

第3回面接

　クライエントは「この１カ月も症状はまったく不変である。しかしおまじないは続けている」と言う。

　セラピストは「循環が変わっていくのはゆっくりで，それは日常の出来事の小さな変化として感じ取れる。多くの場合，症状の変化は一番あとに現れることなので，症状の具合についてはしばらくここでの話題とせず，まずは日々の生活の様子を知りたい」と述べ，二人で日常生活の話題を膨らませた。

　すぐに話題は家族のことに展開していったが，クライエントは「長男が大学を出てから現在まで引きこもったような生活をしている」こと，「次男も元気がなくて大学を休みがちである」ことを語った。そして「妻もそれを大変心配しているが，私と子どもたちはほとんど会話がないので，父親としては特に手を打つことができずにいる。我々両親の心配とイライラで，家中がＮ循環の渦の中にあるようだ」と言う。そして「このおまじないを続けておれば，そのようなことも解決するだろうか」と問う。

　セラピストは「あなたの変化が家庭内の循環に影響するので，間接的に子どもたちにもなにかしらの変化が生じるだろう」と述べた。そして「もし奥さんが同じように協力してくれるとさらに変化は早いが，奥さんはこちらに来ることはできるだろうか？」と尋ねると，クライエントは「子どものことはむしろ妻のほうが大変心配していて心労も強いのでぜひ来させたい」と言う。しかしこの一見風変わりなやり方については「妻は疑い深いので受け入れるのは難しいかもしれない」とも語った。

　そこでセラピストは「とりあえずもう少しだけあなただけがおまじないを続けて，なにかしら子どもたちの変化が見られたら，奥さんもこちらに興味をもつのではないか」と述べたうえで，「おまじないの文言の中の○○の部分に子どもたちや奥さんの名前を入れるのもよい。ともかく小さな変化を見つけてほしい。おまじないだけは続けてほしいが，子どもたちへの関わり方には特段のアドバイスはない」と伝えた。

　クライエントは「おまじないを続けてみる」と約束した。

第 4 回面接

　クライエントは開口一番「長男に良い変化が見られた」と驚いた様子である。「実に小さなことだけれども，以前に私たち両親がプレゼントした財布を彼は長い間ほったらかしにしていたのだが，それを最近使い始めた」といささか興奮気味に語った。

　セラピストが「Ｐ循環はそのような小さな変化から現象として現れてくる」と述べると，クライエントはほかにもいくつかの長男の変化を思い出して述べた。セラピストはその話を詳しく掘り下げて聴くように努めた。クライエントはおまじないをさらに継続したいと述べた。面接中，身体症状についてはほとんど語られることはなかった。まれに語られた際にも「放っておけばいいのですね？」と自ら念を押

すようにその話題を閉じようとした。

第5回面接

クライエントは「長男はしばしば買い物に出るようになった」と言う。また「次男が後期の大学の授業に出始めた」とも言う。続けて「今がチャンスだと思い，妻にこの治療のことを話してみたところ，驚いた様子だったが興味をもったようである」と言う。

セラピストは，次回はぜひ夫婦できてほしいと依頼した。

第6回面接

夫婦そろっての来談となった。

セラピストはしばらくの時間を費やして夫婦の語る子どもたちの心配事を傾聴した。そして，妻が半信半疑ながらもこの治療に希望と期待をもっている様子を感じ取ったので，P循環・N循環についてのレクチャーを夫婦に向けて行った。

これを聞いた妻は「私は元来スピリチュアルなものに興味がある。今の話はいわゆる引き寄せの法則に似ているので，とても理解ができる。それに子育ての失敗ではないと言われて大変気持ちが楽になった」と述べた。そしてセラピストからのおまじないについての提案をあっさりと受け入れた。

このあと妻からは「子どもたちのことを思うと不安が強く出るがどうしたらよいか。また，子どもたちには日々どのように接したらいいか？」といった質問が出た。セラピストは「N感情は意識的にコントロールできるものではない。不安や心配が出てきても，無理に抑え込もうとせず放っておこう。徐々にP循環が生じれば，自然とN的なものが目立たなくなるものである。また子どもへの関わり方も無理に変えなくてもこれまでどおりでよい。おまじないを続けていく中で，子どもたちへの思いや子どもたちへの関わり方が自然と変わってくることがあるので，その場合はそれを受け入れるように」と伝えた。

第7回面接

クライエントは「前回の面接から大変気持ちが楽になったと妻が喜んでいる。あれこれ心配しても仕方ないという感じで，淡々と夫婦一緒におまじないをしている」と言う。また「子どもたちも引き続き落ち着いている。あまり気にならなくなった。本人たちに任せておけばよいという感じになった」と言う。

第 8 回面接（初回から約 8 カ月）

クライエントは「特別な問題はない。長男がアルバイトを始めた」と言う。

セラピストとクライエントは「おまじないのいろいろなアレンジや工夫」について語り合った。

終了間際，久々に身体的なことに話題が及ぶが，クライエントは「身体の調子はだいたい良い。というか，何かあってもあまり気にならなくなった。こんなものだろうと思っている」などとあっさり答えた。

第 9 回面接（最終回）

クライエントはこれまでの面接を振り返った。「体の症状のことで治療を受けに来たのに，こんな変な治療で大丈夫かと最初は思ったが，だんだんと体のことにこだわらなくなっていったように思う。少々のことがあっても，まあこれでいいかと思えるようになった。特にこの 2 カ月驚くほど調子が良くなった気がする。結果的に今は良く眠れるようになっているし，倦怠感も気にしなくなっていて，不安感もなくなってきているのがわかる。子どもたちは二人ともバイトと大学でそれなりに頑張っている。正直な話，約 1 年の面接でここまで変われるとは思わなかった。非科学的なことは好きではないけれど，おまじないは今後も続けたい」

セラピストは「一見怪しげな P 循環の話や課題をそのまま受け入れてくれた，あなたの素直な心のおかげだ」と述べ，治療を終結とした。

事例 2：自分の顔が大嫌いな女性

クライエントは無職の 17 歳女性。

帽子を目深にかぶり大きなマスクで顔を隠している。彼女は高校卒業後自宅にひきこもりがちなのだが，その理由は，自分の顔立ちが気になって仕方ない。すでに整形手術を一度行ったようだが，まだまだ変えたい部分はたくさんあるのだと言う。

またクライエントは，近所の同級生にいじめられたことで人生が狂ったと考えているようで，彼らを厳しく責め立てる。そして「私は運が悪い」と口癖のように繰り返した。

ここでセラピストは，P 循環・N 循環の話をし，現在の彼女が N 循環の真っただ中にいて，「悪い運をたくさん引き寄せている」と教えた。

クライエントは「ぜひ P 循環を作りたい」と言うので，セラピストは「N 的な出来事や感情は仕方ないのでとりあえずは放っておき，積極的に P 循環を作るために，

毎晩感謝行を行ってみるよう」と提案した。

　セラピストはここで，次回以降の面接担当者として大学院生（女性）を紹介した。

　ところが，引き続き大学院生が面接してみると，クライエントは「感謝行」の課題に対してまったく積極的ではなかった。

　「ずいぶん怪しい話で，変な宗教みたい。こんなところに来るんじゃなかった」と言う。

　そこで大学院生は「あの先生は大変怪しいおっさんだ。私たち学生の中でも，怪しい人だと有名だ」と言い放った。

　そして二人は「怪しいおっさん」の話題で大いに盛り上がった。

　こうして意気投合したのち，大学院生は再びP循環の話題にうまく戻し「たしかにそのような方法で運が良くなる可能性もあるかもしれない」とクライエントに言わせることに成功し，面接の継続が契約された。しかも巧みなことに，大学院生は「P循環のポジティヴとかいう言葉自体が無理」と拒否感を示していたクライエントに対し「ポジティヴ」という言葉を「それなり（それなりに良い）」という言葉に改めることを提案し，面接までの1週間の様子を報告してもらう約束まで取り付けた。

　以後，約1年半にわたり面接は30回継続し，二人は「それなり話」を続けた。この間，クライエントはアルバイトを始め，高校卒業資格の認定を受け大学入試にも合格した。何より，整形手術には二度と行かなかったし，すでにそのような欲求もなくなっていた。「整形手術をしたいと願っていた以前の自分が信じられない」と言うほどまでになった。

　最終回，セラピストが久しぶりに会った彼女はもはや顔を何かで隠すこともなく，大変美しい笑顔を見せてくれたのだった。

事例3：不登校小学5年生男児の母親

　クライエントは30代の母親，専業主婦。主訴は「子ども（小学5年生の三男）の不登校をなんとかしたい」。家族構成は，クライエント，父親（40代，医師），長男（中学生），次男（中学生），三男（小学5年生）の5人家族。

　半ば無理やり母親に連れて来られた子どもは，相談室の前で恥ずかしそうに母親のうしろに隠れた。あまり相談室に入りたくなさそうに見えたため，セラピストは担任としばらくおしゃべりをしてから戻ってきてもよいと伝えると，子どもははにかみながらうなずき，担任と去っていった。以降，子どもが面接に入るときは毎回

終わりの５分程度であった。
　初回の面接の母親の話を要約すると以下のとおりであった。

　約１カ月前から子どもが学校に行けない。塾の宿題がこなせず別の塾へ移ったが，今はその塾にも通えていない。最近は好きだったテニススクールにも行かなくなった。兄たちはがんばって志望の中学校に合格した。父親と同じように医者になってほしいとは思っていないが，兄たち同様，中学受験をさせるつもりなので，勉強もさせないといけない。
　学校に行くように当初かなり厳しく言っていたが，登校の話になると，かんしゃくを起こすので，いま，朝は無理やり行かせようとはしていない。でも，せめて放課後には登校させたいので，毎日担任に会いに行くように促している。
　面接の終わりに顔を出した子どもと話をすると「学校に行けていないことはお母さんと僕を揉めさせる」と言う。セラピストは次回以降も一緒に来てほしいと伝えると子どもは小さくうなずいた。
　しかし１週間後，２回目の面接には母親一人が遅れて来談した。母親は硬い表情で「放課後登校をさせているストレスがたまってるようで」と話し出した。「今日も学校に行きたくないと言ったが，カウンセラーの先生と約束しているんだからと強く言うと抵抗して，私のことを殴ったり，蹴ったりして……」と言ったところで，瞳からは涙があふれた。
　セラピストはしばらく母親の話を傾聴したのち，タイミングを見計って「最近，毎日感謝の言葉を言うことで，ネガティブな気持ちや人間関係が改善するという研究がさかんに行われるようになってきている。感謝をするだけで？と，ちょっと変なことを言っているように聞こえるかもしれないが」と母親に切り出した。母親は「へえ，人間関係に……」とつぶやき，具体的な方法を知りたいと言う。
　セラピストは感謝行（実際には母親に受け入れてもらいやすいよう「感謝の実践」という言葉を用いた）のやり方をできるだけていねいに説明した。母親は熱心に耳を傾け「それだけですか？それなら，やれます」ときっぱりと宣言した。セラピストは感謝行をしたからといって急に子どもが学校に行くというような劇的な変化はないと思うが，なにか少しの変化があれば次回以降教えてほしいと母親に伝えて面接を終えた。
　次の面接に母親は表情よく来談した（子どもも一緒に来たが，担任と別室でおしゃべりして過ごした）。母親は，子どもがテニスに行きたいと言うようになったこ

と，久々に家族みんなでボウリングに出かけて楽しんだことを報告した。セラピストはこれらの良い変化に興味を示し，なるべくそれらの話題を広げるように努めた。

　母親はさらに「私に対してきつく当たることもなかった。以前は毎日のように『クソババア』『死ね』って言ってたのに。そういうことは言わなくなった。新しい塾は結局やめたが，ゲームのプログラミング教室に行くと言い出した」と語った。

　母親は感謝行について「毎晩，ありがとうと言っていた。あの子の名前も入れて。そしたら，なんだかスッとした。効果はよく分からないけど，スッと」と言い，胸の辺りを手でなでおろした。セラピストは今後も感謝行をぜひ続けてほしいと母親へ伝えた。

　この面接を境に母親は来談するたびに，子どもの良い変化について語るようになり，登校できていないことを憂う言葉が徐々に減っていった。面接の終わり頃に顔を見せる子どもにも笑顔が増え，再登校に至ってはいないが，日常生活ではテニスを再開したり，新たなことにチャレンジしたりしている様子がうかがえた。

　セラピストは，基本的には母親の語る肯定的な語りに焦点をあて続け，子どもとの短い会話の中でも，母親から伝え聞いている子どもに起きた良い変化について本人に詳しく尋ねた。

　その後，子どもは自ら保健室登校を始めることを決め，目標も少しずつ高くしていった。そして5年生のうちに教室に戻ることができ，約4カ月にわたる計8回の面談は終結となった。翌年の卒業式で出会った母親からは，面接終了以降も子どもはずっと元気に過ごしていたこと，希望する中学校に無事合格したことが報告された。

VII　Q ＆ A

　これまでにP循環療法に関して寄せられたことのある代表的な質問に回答したい。

Q①：どのような相談内容でもP循環療法は適用できますか？
A：原則的には問いません。しかし，セラピストとしての常識的な対応を忘れないでいただきたいのです。例えば，クライエントに身体症状があるような場合は，まずは専門の医師の診断と治療を受けることを勧めてください。身体症状もN循環の一部分であるからといって，医療受診を後回しにして重大な病気を見逃すな

どありませんよう。精神症状も同様です。ただ，しかるべき治療を一定期間受け
ても期待する効果が得られていないようなときにはP循環療法を試してみるとい
いでしょう。ほかにも，対人関係のN循環についても常識的な対応で変化する可
能性が見込めるなら，もちろんその方法について話し合うことが優先されます。
そのためにも，やはりはじめにクライエントの語る悩みをしっかりと聴くことが
大切です。

Q②：P循環療法を行うセラピスト自身も感謝行を毎日やったほうがいいのでしょ
　　うか？
A：セラピスト自身の個人内システムがP循環であることは，セラピスト─クライ
　　エント間のP循環形成のために最も重要です。そのためにセラピスト自らが感謝
　　行を行うことは大いに役に立つでしょう。しかしながら，P循環療法のセラピス
　　トだからと言って，一時的にN感情が出たり，対人関係のN循環に陥ったとして
　　も自分自身を責めないことです。いつなんどきもP循環というのは目標であって，
　　筆者らも日々修行中です。P循環を意識した毎日を過ごすこと，それがP循環療
　　法上達の近道です。

Q③：P循環療法に乗り気でないクライエントに対してはどうすればよいでしょう
　　か？
A：もちろん押し付けはいけません。なかには非科学的（近年は研究が進み科学的
　　になりつつあるのですが）だと嫌う人もいます。無理に導入しようとすれば，セ
　　ラピスト─クライエント間の相互作用はN循環を生み出す可能性は大。その人の
　　価値観に合わない場合は，ほかの方法を試すのがよいでしょう。

Q④：毎日の課題（感謝行など）が続かないクライエントの場合は，どのようにP
　　循環療法を継続していけばよいのでしょうか？
A：その人に合った工夫をするのが一番。自宅のトイレのドアに「ありがとうござ
　　います」と書いた紙を貼り付けているクライエントもおられます。目に止まるた
　　びに声に出して読む。これだけでずいぶん気分が良くなるそうです。また，しば
　　らくやるのを忘れていたとしても思い出したときに再開してもいいのです。もち
　　ろん「続けないから良くならないのだ」などとクライエントを責めないことです。
　　事例2のように，実はクライエントは感謝行に乗り気でないということも考えら

れます。くれぐれも導入は慎重に，ていねいに。

Q⑤：感謝行を始めても思うような効果がないと訴えるクライエントにはどのように対応すればよいのでしょうか？

A：実際のところ，感謝行をしたからといって何かの奇跡が起きることなどたまにしかありません。急に宝くじに当たったり，急に成績が上がったりするわけでは（残念ながら）ありません。ただ，感謝行をやり始めると，以前と比べて悲しんだり怒ったり……このようなN気やN感情はきっと減ることでしょう。なんとなく穏やか，なんとなく居心地がいい，当たり前のことがありがたい……「普通の幸福な生活」が実現するのみなのです。だからこそ，クライエントの語る小さな変化を見逃さないでほしいのものです。

Q⑥：感謝行以外にP循環を形成するのに役立つ課題はありますか？

A：先祖供養，神社参拝，ゴミ拾い，ボランティア，寄付，困っている人を見たら声をかける……などなど。その人のライフスタイルや文化や信条に合ったもので P気の収集が確実に見込まれるものであれば（もちろん社会的に好ましいとされている行動で）実際はなんでも構わないのです。しかし，条件は毎日誰にでも続けられるもの，できるだけ時間やお金がかからないものが望ましいでしょう。かつ，クライエントにその課題をやってみてもよいと思わせる説得力も必要になります。そのような意味では，どのような国，文化，年齢でも受け入れられやすい感謝行がやはり第一選択となるのではないでしょうか。

Ⅷ　ま　と　め

「誰にでもできるシステムズアプローチ」をP循環療法という新しい手法を用いて紹介した。

掲載した3事例は，1つ目はP循環療法の提唱者である筆者（東）が実践したもの，2つ目は筆者（東）のセラピーの失敗を大学院生が見事にカバーしてくれたもの，3つ目は筆者（牧）が臨床経験10年目ごろに実践したものである。

新しい心理療法が世に広まっていくためには，多少のアレンジを加えながらもその心理療法の提唱者以外の人が行ってもうまくいくという再現性が不可欠になる。その点においてもP循環療法はセラピストが導入をていねいに行えば（事例2のよ

うに挽回も可能！）成功に導かれる可能性の高い方法だと自画自賛している次第である。

　また，実際にはセラピーにＰ循環療法を用いなくとも，セラピスト自身が日々Ｐ循環を意識した生活をすることで，ほかのいかなる心理療法を用いたとしても，セラピスト―クライエント間の対人関係は自然にポジティヴなものへと導かれるのではないかと思われる。

　なお，本章は東豊著『人生の流れを変えるちょっと不思議なサイコセラピー』（遠見書房，2021）をベースに執筆したものである。さらに詳しくＰ循環療法を知りたい方は原著をあたってほしい。

　それでは皆さん，今日も一日Ｐ循環！
　ありがとうございます。

推薦図書
東豊（1993）セラピスト入門．日本評論社．
東豊（2019）新版セラピストの技法．日本評論社．
田中究（2021）心理支援のための臨床コラボレーション入門．遠見書房．
吉川悟（1993）家族療法．ミネルヴァ書房．

文　　献
東豊（2002）身体症状（心身症様愁訴）を伴う不登校に対するシステム論的家族療法―虫退治を用いた構造的アプローチの有用性．九州神経精神医学，48; 83-93.
東豊（2004）「虫退治」の枠組みで行う不登校の家族療法．In：日本ブリーフサイコセラピー学会編：より効果的な心理療法を目指して．金剛出版，pp.149-162.
東豊（2010a）セラピスト誕生―面接上手になる方法．日本評論社．
東豊（2010b）リフレーミングの秘訣―東ゼミで学ぶ家族面接のエッセンス．日本評論社．
東豊（2017）システムズアプローチにおけるＰ循環療法．龍谷大学論集，pp.78-91.
東豊（2019）Ｐ循環療法の枠組みと事例―教員の失敗と臨床実習生による機転．龍谷大学大学院臨床心理相談室紀要，15; 1-4.
東豊（2021）超かんたん　自分でできる人生の流れを変えるちょっと不思議なサイコセラピー―Ｐ循環の理論と方法．遠見書房．
牧久美子（2020）感謝の実践が日常生活や心身の健康へ及ぼす影響に関する臨床心理学的研究　第 10 章　不登校男児の母親に感謝の実践の介入課題を用いて著効をもたらした事例（博士論文）．龍谷大学大学院．
牧久美子・東豊（2020）感謝の実践が Well-being に及ぼす影響―質問紙調査およびテキストマイニングによる分析．対人援助学研究，9; 13-29.

おわりに

　「あたらしい日本の心理療法」とはいったものの，「日本の」などといったガラパゴス的実態は今日のようなワールドワイドでボーダレスな世界のなかであり得るのだろうかと第2章で話題提起してみた。こういった興味を持って本書の執筆・編集に挑んだ。本書に収められた各章を読んでいくと，それらは欧米の心理療法やインドに始まる仏教など，世界と繋がっていることが明らかだ。あたりまえのことだが，日本はガラパゴスではなかった。それでは「日本の」心理療法とは，いったいどんな意味をもつのだろうか？

　ガラパゴスから少し視点を変えてみると，これらの心理療法は日本語で執筆されており，また日本語で着想されているように思われる。日本語で何かが語られるとき，語られた内容は「日本の」になる。このあたりまえのようで不思議にさえ感じられる実態について少し考えてみたい。

　英語には「こころ」にあたる表現が存在しない。Mind（mental）は，どちらかといえば「頭脳」を指しているし，heart はあまりにも情緒的で通常は学術論文などでは用いられない。♥を連想させる表現である。それでは「心理学」はどう表現されているのか。Psychology の最初の部分 psych（psyche：プシケ）は実はギリシャ語である。英語には適切な表現が存在しないため，ギリシャ語を用いる必要があったのだ。Carl Rogers が気持ちは organic であるとしていたり，Eugene Gendlin が気持ちは bodily felt であるとして，気持ちが「有機体的」（Rogers）であったり「カラダ」（Gendlin）で感じられるといった表現を用いて指しているものは論理や頭脳的な認識ではなく，日本語の「こころ」に当たるように思われる。「有機体的感覚」よりも「こころが感じる」「カラダが知っている」よりも「こころが知っている」の方が日本語としてわかりやすい。「こころ」という一語を取り上げてみても，それは英語で表現することが難しい実態を指している。故に，日本語で語られたものは必然的に日本文化を言い表すものとなり，本書に収められている知見は「日本の」であると考えることができる。

　では，それらはどのような意味で「新しい」のか？　それを考えるにあたって最初に認識しておきたいことは，時代とともに日本語が変化しているということであ

る。「はじめに」で浅井氏が執筆しているように，通常「日本の心理療法」と言えば森田療法（1919年），内観療法（1940年代）と臨床動作法（1960年代）が思い浮かぶ。その時代から，日本文化も日本語も変化してきた。1990年代半ばに筆者が書いた著作には「看護婦」という表現があり，今では違和感を感じる。調べてみると，2001年に「保健婦助産婦看護婦法」が「保健師助産師看護師法」に変わったことに伴って，「看護師」という表現になったらしい。法律の旧名称では，看護の仕事は女性の仕事であると決めつけていた文化が前提されており，今となっては不思議にさえ思える。

　加えて日本語では外来語はカタカナ表記することができる。これとは対照的に中国語にはカタカナがないために，外来語も漢字表記する必要がある。筆者の専門領域「フォーカシング」は，「聚焦」（中国本土），「生命自覚道」（香港），「澄心」（台湾）などと漢訳されている。しかし，外来語に漢字を当てた場合，漢字がもつ意味連関が際立ってしまい，その外来語の意味するところは漢字の意味に解釈されてしまう。日本語では「フォーカシング」が何だかわからないままその語を使用することができるメリットがある。本書の第5章「ホログラフィートーク」や第9章「ホロニカル・アプローチ」といったように，カタカナ表記されているものは「ウ？これはなんだ？」と，その未知への興味を誘う。

　他方，第3章の章題「タッピング・タッチ」にあるように，今となっては「タッチ」は外来日本語として機能している。野球の「タッチ・アウト」はもちろん，最近は「タッチペイ」式のクレジットカードも登場している。「タッチ」という語を，辞書を使って「触れる」「接触する」「軽くたたく」「押す」「手を付ける」「口にする」などに訳さない方が正確に理解できる。インターネットのみならず，世界との交流が増えていく一方の日本文化にあっては，カタカナ外来語がますます増えていき，日本語として機能し始める。すなわち日本文化はどんどん変わっていき，常に更新されているのである。『あたらしい日本の心理療法』はこのように更新し続ける文化における今日のオリジナルな心理療法の試みを描き出した一冊である。

関西大学教授　池見　陽

さくいん

著者一覧
編者
池見　陽（いけみ・あきら＝関西大学文学部心理学科）
浅井伸彦（あさいのぶひこ＝一般社団法人国際心理支援協会）

執筆者（50 音順）
小栗康平（おぐり・こうへい＝早稲田通り心のクリニック）
定森恭司（さだもり・きょうじ＝心理相談室こころ）
千賀則史（せんが・のりふみ＝同朋大学社会福祉学部社会福祉学科）
中川一郎（なかがわ・いちろう＝大阪経済大学人間科学部人間科学科）
新谷宏伸（にいや・ひろのぶ＝本庄児玉病院）
東　豊（ひがし・ゆたか＝龍谷大学文学部心理学科）
平井愼二（ひらい・しんじ＝国立下総精神医療センター）
藤本昌樹（ふじもと・まさき＝東京未来大学こども心理学部こども心理学科）
牧久美子（まき・くみこ＝龍谷大学文学部心理学科）
松木　繁（まつき・しげる＝松木心理学研究所／花園大学社会福祉学部 臨床心理学科）
嶺　輝子（みね・てるこ＝アースシー・ヒーリング・セラピー）

編者略歴

池見　陽（いけみ・あきら）
　　兵庫県生まれ。ボストン・カレッジ卒業，シカゴ大学大学院修士課程修了，産業医科大学（医学博士）。北九州医療センター，岡山大学助教授，神戸女学院大学教授を経て，関西大学大学院教授。著書多数。2019年，アメリカ・カウンセリング・アソシエーションより Living Luminary（存命の輝ける権威）に任命。2020年，日本人間性心理学会より学会賞受賞。
　　主な著書に，『バンヤンの木の下で』（木立の森文庫），『傾聴・心理臨床学アップデートとフォーカシング―感じる・話す・聴くの基本』（ナカニシヤ出版，編著），『フォーカシングへの誘い』（サイエンス社）など多数。

浅井伸彦（あさい・のぶひこ）
　　大阪府生まれ。関西大学社会学部卒業，京都教育大学大学院修士課程修了。公認心理師，臨床心理士，保育士，オープンダイアローグ国際トレーナー資格（The certificate that qualifies to act as responsible supervisor, trainer and psychotherapist for dialogical approach in couple and family therapy）など。現在は一般社団法人国際心理支援協会 代表理事，株式会社 Cutting edge 代表取締役。
　　主な著書に，『はじめての家族療法：クライエントとその関係者を支援するすべての人へ』（北大路書房，編著）をはじめ多数。

あたらしい日本の心理療法
臨床知の発見と一般化

2022年9月10日　第1刷

編　　者　池見　陽・浅井伸彦
発 行 人　山内俊介
発 行 所　遠見書房

〒181-0001 東京都三鷹市井の頭2-28-16
TEL 0422-26-6711　FAX 050-3488-3894
tomi@tomishobo.com　http://tomishobo.com
遠見書房の書店 https://tomishobo.stores.jp/

印刷・製本　モリモト印刷

ISBN978-4-86616-152-5　C3011
©Ikemi Akira & Asai Nobuhiko 2022
Printed in Japan

新しい家族の教科書
スピリチュアル家族システム査定法
（龍谷大学教授）東　豊 著
プラグマティックに使えるものは何でも
使うセラピスト東豊による家族のための
ユニークな1冊が生まれました！　ホン
マかいなと業界騒然必至の実用法査定法
をここに公開！　1,870円，四六並

ホロニカル・アプローチ
統合的アプローチによる心理・社会的支援
定森恭司・定森露子著
人間のありようを部分⇔全体的にアプ
ローチする独創的な心理療法 ホロニカ
ル・アプローチ。その入門編とともに
統合的心理療法としての価値を考える。
2,860円，B5並

世界一隅々まで書いた
認知行動療法・認知再構成法の本
伊藤絵美著
本書は，認知再構成法についての1日
ワークショップをもとに書籍化したもの
で，ちゃんと学べる楽しく学べるをモッ
トーにまとめた1冊。今日から使える
ワークシートつき。3,080円，A5並

カルトからの脱会と回復のための手引き
改訂版＝本人・家族・相談者が対話を続けるために
日本脱カルト協会（JSCPR）編
宗教カルトや悪質なセミナー（商業カル
ト）からの脱会と離脱した後の回復，予
防までを視野にいれた，専門家集団によ
る手引きです。相談窓口データなど更新
した最新改訂版！　2,090円，四六並

公認心理師の基礎と実践　全23巻
野島一彦・繁桝算男 監修
公認心理師養成カリキュラム23単位の
コンセプトを醸成したテキスト・シリー
ズ。本邦心理学界の最高の研究者・実践
家が執筆。①公認心理師の職責～㉓関係
行政論 まで心理職に必須の知識が身に
着く。各2,200円～3,080円，A5並

物質使用障害への
条件反射制御法ワークブック
長谷川直実・平井愼二著
大好評の「条件反射制御法ワークブック：
物質使用障害編」がパワーアップして増
補改訂・題名変更！　条件反射制御法は
これらの改善を図る治療法として注目を
浴びています。1,320円，B5並

無意識に届く
コミュニケーション・ツールを使う
催眠とイメージの心理臨床　松木　繁著
松木メソッドを知っているか？　催眠を
知ればすべての心理療法がうまくなる。
トランス空間を活かした催眠療法とイ
メージ療法の神髄を描く。附録に催眠マ
ニュアルも収録。2,860円，A5並

臨床力アップのコツ
ブリーフセラピーの発想
日本ブリーフサイコセラピー学会編
臨床能力をあげる考え方，スキル，ヒン
トなどをベテランの臨床家たちが開陳。
また黒沢幸子氏，東豊氏という日本を代
表するセラピストによる紙上スーパービ
ジョンも掲載。3,080円，A5並

ひきこもりと関わる
日常と非日常のあいだの心理支援
（跡見学園女子大学准教授）板東充彦著
本書は，居場所支援などの実践を通して
模索してきた，臨床心理学視点からのひ
きこもり支援論です。コミュニティで共
に生きる仲間としてできることは何かを
追求した一冊です。2,530円，四六並

N: ナラティヴとケア
ナラティヴがキーワードの臨床・支援者
向け雑誌。第13号：質的研究のリアル
―ナラティヴの境界を探る（木下康仁編）
年1刊行，1,980円

価格は税込です